KB077407

어제와 똑같은 내가 싫어서
나를 바꾸기 시작했습니다

어제와 똑같은 내가 싫어서 나를 바꾸기 시작했습니다

초판 1쇄 2021년 08월 17일

지은이 전도훈 | **펴낸이** 송영화 | **펴낸곳** 굿위즈덤 | **총괄** 임종익

등록 제 2020-000123호 | **주소** 서울시 마포구 양화로 133 서교타워 711호

전화 02) 322-7803 | **팩스** 02) 6007-1845 | **이메일** gwbooks@hanmail.net

© 전도훈, 굿위즈덤 2021, *Printed in Korea*.

ISBN 979-11-91447-46-0 03190 | 값 15,000원

어제와 똑같은 내가 싫어서
나를 바꾸기 시작했습니다

CHANGE

전도훈 지음

굿위즈덤

"너는 대체 잘 하는 게 뭐야?"
"너처럼 못생긴 사람은 처음 봐."
"너는 아마 평생 모태솔로로 살 거야."

불과 몇 년 전까지의 나의 모습이었다. 잘난 것 하나 없고 평범하다 못해 밑바닥 인생을 살아가는 사람이 바로 나였다. 퇴근 후 집에 돌아오신 아버지께서는 게임 좀 그만하라며 잔소리를 하셨고, 그 모습을 옆에서 지켜보신 어머니께서는 "아버지 속 좀 그만 썩이고 취직 좀 해."라고 나를 다그쳤다. 25년 동안 여자친구가 없었고 스펙으로도 크게 내세울 만한 것이 하나 없었다. 하지만 지금은 상황이 달라졌다. 사람들은 나에게 이렇게 말한다.

"너 같은 사람이 성공하지 못하면 누가 성공하겠어."
"역시 넌 대단해."

"나도 너처럼 타고났으면 참 좋았을걸."

정말 신기했다. 내가 한 일이라곤 단지 나를 바꾸기 위한 노력을 한 것 뿐인데, 나를 바라보는 사람들의 평가는 이전과 천차만별로 달라졌다. 당신은 혹시 운명이란 정해져 있고 타고난 운명은 바꿀 수 없다고 생각하는가? 다른 사람은 다들 잘만 사는 것 같은데 나만 인생이 너무 안 풀리는 것 같아 답답한가? 그렇다면 나는 당신에게 말할 수 있다. 그건 모두 당신의 선택이었다고 말이다.

세상 사람들은 다양한 고민을 안고 살아간다. 생계, 취업, 상사와의 불화, 남녀 간의 갈등 등 인생에는 정말 다양한 문제들이 있다. 최근 일어난 코로나19로 인해 생계는 더욱 팍팍해졌고 집값은 나날이 폭등하며 사람들은 점점 더 예민해져가는 것만 같다. '세상은 요지경'이라는 말처럼 힘든 세상이 우리에게 주는 영향력은 어마어마하다. 그럼 우리는 앞으로도 이러한 세상에 굴복한 채 살아가야 하는 걸까? 결국 모든 답은 하나로 귀결된다. 답은 항상 내 안에 있다는 것이다. 우리가 세상을 바꿀 수는 없다. 하지만 나 자신은 노력만 하면 충분히 바꿀 수 있다. 그렇게 내가 바뀌면 그에 따라 세상도 바뀐다.

세상은 거울과도 같다. 나의 내면을 비추는 거울 말이다. 사람들은 세상을 향해 "이놈의 불공평한 세상!"이라며 욕을 하지만 사실 그건 받아들이기 힘든 자신의 현실을 향해 욕하는 것과 마찬가지다. 문제는 세상이 아닌 나에게 있다. 바꿔야 할 건 언제나 자신이다. 이는 불편한 진실이기에 많은 사람들이 애써 외면한 채 살아간다. 눈에 보이는 결과를 바꾸기 위해선 먼저 눈에 보이지 않는 내면을 바꿔야 한다.

나는 어제와 똑같은 쳇바퀴 같은 인생이 싫었다. 그래서 매일 세상을 욕했다. 부모님을 비난하고, 정부를 욕하고, 나 자신마저도 욕했다. 하지만 그렇다고 해서 현실이 달라지는 건 아무것도 없었다. 언제까지고 방구석 폐인처럼 살 수는 없었다. 하루빨리 지긋지긋한 운명을 벗어던지고 싶었다. 그래서 죽기 살기로 나를 바꿔보기로 했다. 나 자신을 바꾼다면 분명 새로운 세상이 열릴 것이라고 믿었다. 그 이후 나의 도전들은 시작되었다. 그동안 내게 불가능하다고 생각됐던 일들을 하나하나 적어보기 시작했다. 여자친구 만들기, 축가 부르기, 바디프로필 찍기, 작가 되기…. 목록을 적으면서도 괜스레 혼자 피식 웃음이 나왔다. '아무것도 잘난 것 없는 내가 이것들을 해내겠다고?' 하면서 말이다. 하지만 나는 지금 이 모든 것들을 이루었다. 나는 나 자신을 바꾸고 운명을 바꾸는 데 성공했다. '뭐야 고작 그것 좀 했다고 저렇게 자랑하는거야?'라고 말할 수 있다. 내가 남들보다 잘난 사람이라고 말하고 싶은 것이 아니다. 나보다 잘나고 뛰어난 사람들은 세상에 얼마든지 있다. 중요한 건 주어진 자신의 한계를 극복했다는 것이다. 나는 그것을 스스로 몸소 증명했다. 나 같은 사람도 할 수 있는데 누군들 못하겠느냐고 말이다. 인간은 누구나 현재의 자신을 뛰어넘어 거인이 될 수 있는 잠재력을 가지고 있다. 다만 그 능력을 깨우는 법을 알지 못하다 보니, 많은 사람들이 이를 잊고 미리 포기한 채로 자신을 비관하며 살아가는 경우가 다반사다. "나는 능력이 없어서.", "나는 나이가 많아서." 등의 핑계를 대며 자신 스스로의 한계를 설정해버린다.

나는 모든 사람들이 자신의 한계를 극복하고 원하는 운명을 창조할 수 있는 모든 방법을 이 책에 담아놓았다. 이 방법만 알면 누구보다 뛰어나고 잘난 사람이 될 수 있다는 허풍을 떨고 싶진 않다. 우리는 누구보다 잘난 'BEST ONE'이 될 수 없지만 단 하나뿐인 'SPECIAL ONE'은 될 수 있다. 그래서 이 책은 당신에게 특별한 책이 될 것이다. 단언컨대 이 책에 나온 방법을 그대로 실천한다면 더 이상 당신은 어제와 똑같은 사람이 아닌 나날이 성장하는 더 큰 존재로 거듭나게 될 것이다.

마지막으로 이 책이 나올 수 있게 도와주신 나의 스승 〈한국책쓰기1인창업코칭협회(이하 한책협)〉의 대표 코치 김태광 님께 진심으로 감사의 말씀을 드리는 바이다. 평생을 책 쓰기 코칭을 하며 자부심을 갖고 살아오신 스승님은 나의 숨은 재능과 가능성을 알아보시고 목숨걸고 나를 코칭해주셨다. 그러한 노력 끝에 이 책이 탄생할 수 있었다. 다시 한번 깊은 감사의 마음을 전해드리고 싶다. 또한 이 책이 빛을 발할 수 있도록 애써주신 굿위즈덤 출판사 관계자 여러분께 감사의 말씀을 전하고 싶다.

그동안 철없이 굴지 않고 씩씩하게 잘 자라온 사랑하는 나의 동생 전준영에게도 고맙다는 말을 전해주고 싶다. 끝으로 가족을 위해 평생을 헌신하며 살아오신 존경하는 나의 아버지 전상규, 항상 최고가 될 것이라며 오랜 시간 아낌없이 응원해주신 사랑하는 나의 어머니 한현주, 두 분이 계시기에 오늘의 내가 있을 수 있었다. 진심으로 그 은혜에 감사의 인사를 드린다.

목 차

1장 어떻게 살아야 할까?

2장 단단한 나를 만드는 독서의 힘

3장 원하는 것이 있다면 목적 있는 글쓰기를 하라

4장 당신의 인생을 바꿔줄 액션 플랜

5장 인생을 변화시킬 기회는 매일 찾아온다

어제와 똑같은 내가 싫어서
나를 바꾸기 시작했습니다

CHANGE

1 장

어떻게 살아야 할까?

01

어떻게 살아야 할까?

저학력 무스펙 고졸, 뚱뚱하고 못생긴 돼지, 은둔형 외톨이, 게임중독자. 뭐라고 부르던 이것들은 나를 부르는 또 다른 이름이었다. 남들에 비해 한참 뒤처진 밑바닥 인생, 전형적인 인생의 패배자. 대학 입시에 실패하고 갓 스무 살이 된 나는 삶의 길을 잃고 방황하고 있었다. 학창 시절에는 뚱뚱하고 못생겼단 이유로 친구들에게 놀림을 많이 받았다.

"얘들아, 저기 돼지가 걸어온다!"
"그건 어디서 주워온 옷이니? 엄마가 사주셨어?"

90kg에 육박하는 몸무게, 정돈되지 않은 머리, 부모님이 골라준 옷들

은 친구들의 놀림감이 되기 일쑤였다. 학교생활은 내게 고통이었다. 가뜩이나 소심한 A형 성격 탓에 나는 제대로 표현 한번 해보지 못하고 혼자 외롭게 울분을 삭히곤 했다. 먼저 다가와서 나를 위로해주는 친구는 아무도 없었다. 그래서인지 나는 친구를 사귀기보단 차라리 혼자 다니는 쪽을 선택했다. '친구 따위 인생에 아무 소용없어!'라고 하면서 말이다. 나는 세상으로부터 마음의 문을 굳게 걸어 잠궜다.

또 공부를 잘했던 것도 아니었다. 단지 "남들 다 하니까 너도 공부해." 라는 부모님의 말씀을 억지로 따랐던 것일 뿐 공부를 잘해서 좋은 대학을 가고 싶었던 마음이 있던 것은 아니었다. 나는 미래에 대한 아무런 비전도 계획도 없었다. 그래도 중학교 과정까진 어느 정도 공부를 잡고 있었는데 곧 인내심의 한계가 왔는지 고등학교에 진학한 뒤로는 이내 손에서 놔버린 것이다. 당연히 이후 나의 학교 성적은 늘 바닥을 쳤고 결과는 대학 입시 실패였다. 이상할 것 없는 당연한 결과였다.

나는 어릴 때부터 이상할 만큼 남들이 다 가는 평범한 길은 가기가 싫었다. 특히나 누군가 억지로 시켜서 하는 일은 더더욱 죽기만큼이나 하기 싫었다. 하지만 그렇다고 해서 특별히 내가 하고 싶은 것이 있던 것도 아니었다. 남들은 '어떻게 하면 좋은 점수를 받을지, 어떤 학과가 나와 잘 맞을지, 어떻게 해야 좋은 대학을 갈 수 있을지'를 고민했지만 나는 '내가 누구인지, 왜 사는 것인지, 인생의 목적이 무엇인지'를 고민했다. '어떻게 살아야 할까?' 나는 늘 이 질문에 대한 답을 찾고 있었다.

어머니는 늘 내게 말씀하셨다.
"도훈아, 남들 다 공부하는데 너는 왜 공부를 안 하는 거니?"

그러면 나는 화를 내며 대답했다.
"엄마, 공부가 인생의 정답은 아니야! 나는 내가 좋아하는 것을 하면서 살 거라고!"

부모님과의 말다툼은 하루에도 몇 번씩이나 계속됐다.

사실은 내가 좋아하는 것이 무엇인지, 앞으로 어떻게 살아야 할지 아무것도 몰랐다. 단지 지금 대답하지 못하면 마지막 남은 내 하나뿐인 자존심마저 무너질 것이 염려되었을 뿐이었다. 그렇게라도 하지 않으면 초라한 내 현실을 보호할 수 없었다.

그후로도 부모님의 잔소리는 계속됐다. 나는 그런 부모님의 모습이 점점 못마땅했다. 언젠가부터 나는 마치 세상에 대해 다 알고 있는 어른인 것처럼 부모님을 훈계하기 시작했다. "엄마는 집에서 살림만 하느라 아무엇도 모르잖아!" 집에서 가사노동만 하는 엄마가 뭘 아냐며 무시를 했다. 아무것도 가진 것 없는 내가 생존할 수 있는 유일한 길은 남을 내리까는 것뿐이었다. 세상에서 버림받고 집안으로 도망치면서까지 무시당하며 살고 싶진 않았다. 급기야 강도는 더 심해져 어느 시점엔가 가족 중 누구도 막을 수 없는 폭군이 되었다. 가진 것이라곤 그저 알량한 자존심뿐이었지만 적어도 이 집에선 내가 왕이었다.

하지만 이런 초라한 현실을 깨닫기까진 오랜 시간이 걸리지 않았다. 가족은 모두 나를 한심하게 바라봤다. 나는 세상으로부터 도망친 패배자였고 부모님에게 대신 화풀이를 하는 것뿐이었다. 하지만 내 잘못이라곤 생각하기 싫었다. 그래서 모든 책임을 남 탓으로 돌려야 했다.

"이게 다 가정교육을 제대로 못 시킨 부모님 때문이야."
"청년들을 힘들게 만드는 국가 때문이야."
"외모로 사람을 판단하는 더러운 세상!"

급기야 세상의 모든 것을 부정적으로 보기 시작했다.

내가 스무 살이었던 당시 청소년들에게 매우 유명했던 게임이 있었다. 바로 '리그 오브 레전드' 라는 게임이다. 나는 고등학교 때 만났던 친구를 통해서 이 게임을 알게 되었는데 어찌나 게임이 재미가 있던지 하루 12시간이 넘도록 방구석에서 게임을 했다. 밤늦게 새벽까지 컴퓨터 게임을 하고 나면 잠자리에 누워서까지 게임 영상을 보며 잠이 들곤 했다. 당연하게도 내 게임 실력은 날이 갈수록 월등히 좋아져 급기야 남들이 부러워하는 상위권 랭킹에까지 이를 수 있었다.

게임 속 세상에서는 내가 늘 왕이었다. "와, 저 사람 게임 진짜 잘한다!" 내가 게임을 할 때만큼은 모두 나를 인정해주었다. 마치 유명인이 된 듯했다. 심지어 메인 화면에서 내가 플레이한 영상을 관전할 수도 있었다.

어느 날은 낯선 사람에게서 메시지가 왔다.

"○○님."
"네. 누구시죠?"
"저는 ○○님 게임 영상을 본 사람입니다. 혹시 제게도 가르침을 주실 수 있을까요?"

처음엔 나를 모르는 사람에게 연락이 와서 적잖이 당황했다. 하지만 이내 나를 인정해주고 찾아와주는 것에 고마움을 느껴 기쁜 마음으로 가르쳐주곤 했다. 이후로도 꾸준히 메시지나 친구 요청 등을 통해 나를 찾는 사람들이 많아졌다.

이런 세상에서 사는 것이 마냥 행복했다. 내가 좋아하는 게임도 하고 또 나를 좋아해주는 사람들에게까지 인정받으며 살 수 있다는 것이 정말 행복했다. 현실은 비록 시궁창이지만 온라인 세상 속에서 나는 언제나 사람들에게 인정받고 존중받으며 살 수 있었으니까. 내가 늘 꿈속에서 그려오던 인생을 그곳에선 진짜로 살게 된 것이다. 나는 점점 더 현실과 벽을 두고 온라인 세상 속에 빠져들었다. 하루 종일 게임만 하며 살고 싶었다. 한동안은 내가 좋아하는 게임을 하며 사는 게 너무 행복했다.

하지만 그런 행복은 오래가지 않았다. 오래 지나지 않아 나는 현실의 초라한 자신의 모습을 마주해야만 했다. 오랜만에 SNS를 접속했다가 우연히 학창시절 친구들의 근황을 보게 되었다. '서울권 대학 입학에 성공한 친구', '성인이 된 후 더 예뻐진 친구', '대학교 CC가 되어 행복한 연애를 하는 친구', '가평 계곡으로 동기들과 MT를 가는 친구'. 심지어 어린 나이에 이미 대기업 취직에 성공한 친구도 있었다. 그 모습들이 너무 부러웠다. 사진 속 그들의 모습은 너무나 행복해 보였다.

사실 이러한 모습은 흔한 것일 수 있다. 하지만 다른 누군가에게 그것은 간절한 소원이었다. 그 흔한 대학, 흔한 친구, 흔한 여행, 흔한 연애…. 나는 정말 아무것도 없었다. 내가 가지지 못한 것들을 행복하게 누리며 살아가는 친구들의 모습이 마냥 부러웠다. 나는 혼자서 생각했다.

"어쩌다 내 인생이 이렇게까지 되어버린 거지?"
"뭐가 어디서부터 잘못된 걸까…?"

나도 친구들처럼 대학 생활을 즐겁게 해보고 싶었다. 친구들과 같이 계곡에도 놀러가고 싶었다. 예쁜 여자친구와 데이트도 해보고 싶었다. 나와 친구들의 차이점이 있다면 그들은 모두 학창시절 많은 노력을 통해 대학 입학에 성공하여 행복한 인생을 즐기고 있던 것이다. 그들은 충분히 그럴 만한 자격이 있었다. 반면 나는 학창시절 아무런 노력도 하지 않고 세상을 비난하며 방구석에 은둔했다. '대학이 인생의 전부가 아니야!', '친구 같은 거 필요 없어!'라면서 말이다. 그런 내 모습을 보며 점점 자신이 부끄러워지기 시작했다. "이런 내 모습을 과연 누가 좋아해줄까?" 뒤룩뒤룩 살찐 몸, 빨지 않아 냄새나는 옷, 기름진 머리. 오히려 나의 모습은 학창시절 때보다 더욱 심하게 망가져 있었다. 자신을 바라보면 바라볼수록 도무지 정이 갈 수 없었다.

언제까지 온라인 세상에서 살 수만은 없는 노릇이었다. 우리는 결국 현실을 살아가야 하는 인간들이었기 때문이다. 나는 하루빨리 가상현실에서 빠져나와야만 했다. 하지만 현실을 생각하면 생각할수록 머릿속은 더욱 복잡해져만 갔다. 나는 어느새 온라인 세상을 진짜 내 집처럼 편하게 느낀 것이다. 결국 얼마 지나지 않아서 나는 다시 나의 안전지대인 온라인 세상으로 돌아갔다. 아무 생각 없이 컴퓨터 게임만 하면서 사는 것이 마음이 가장 편했다.

밥은 어머니가, 돈은 아버지가 계속 벌어올 것이었다. 나는 단지 아들이라는 이유 하나만으로 아무것도 하지 않아도 이러한 특권들을 누리며 충분히 살 수 있었다. 잠깐씩 들려오는 부모님의 잔소리만 조금 견디고 나면 다시 나만의 세상에서 편하게 살 수 있었다. 그렇게 나 자신을 합리화하기 시작했다. 모든 책임으로부터 회피한 채 이기적인 하루를 보냈다. 정말이지 인간다운 삶을 포기했다. 그러던 어느 날 문득 이렇게 사는 것이 잘 사는 걸까 하는 의문이 들었다. 이 질문에 대한 답을 찾기 위해 책을 읽기 시작했고, 성공한 사람들의 스토리를 읽기 시작했다.

난 어제와 똑같은 내가 싫었다

나는 원래 전혀 책이란 걸 읽지 않았던 사람이다. 학창시절 공부와는 전적으로 담을 쌓고 지냈기 때문에 책은 앞으로도 내 인생에 전혀 상관 없는 것인 줄만 알았다. 정말이지 책이라면 학교에 다닐 적 몇 년간 질리도록 봤기 때문에 싫증이 날만큼 나던 상황이었다. 하지만 인생에 답답함을 느끼고 있던 당시 나는 지푸라기라도 잡고 싶은 심정이었다.

TV에 나오는 성공한 사람들이 하나같이 하는 말이 있다. 바로 '책 속에 답이 있다.'라는 말이다. '책 속에 답이 있다니… 그게 나에게도 해당이 되는 말일까?' 생각이 많아지기 시작했다. 이내 문득 궁금해졌다. 책이란 게 정말로 내게 답을 알려줄 수 있을지 말이다.

처음 서점에 갔을 때 나의 시선을 확 사로잡는 곳이 있었다면 바로 자기계발 코너였다. 수많은 자기계발 서적들이 '나의 성공 비법은 이러하다'며 자신만의 성공 비법과 노하우에 대해서 말해주고 있었다. '성공적인 인생을 사는 방법', '사람들에게 인정받는 법', '행복한 인생을 사는 법' 등 성공적인 삶에 관한 책들이 산더미처럼 쌓여 있었다. 어떻게 이렇게 세상에 성공한 사람들이 많나 싶었다. 나는 아무 책이나 들고 그 자리에서 읽기 시작했다. 대부분 책의 내용들은 이러했다. "당신도 꿈꾸는 삶을 살 수 있다.", "성공은 마음먹기에 달렸다.", "고난과 역경은 충분히 극복할 수 있다." 처음엔 약간 뻔한 말처럼 느껴졌지만 왠지 점점 책을 읽는 것만으로도 마음이 편해지고 위로받는 듯했다. '정말 나도 할 수 있을까? 그렇게만 될 수 있다면 얼마나 행복할까?' 마음속에 성공한 삶을 살아가는 자신의 모습을 그려보기 시작했다.

'다이어트에 성공하고 몸짱이 된 나', '친구들에게 둘러싸여 인정받는 나', '여자친구를 만나 알콩달콩 연애하는 나'. 정말이지 상상할수록 너무 행복했다. 그런 삶을 살 수만 있다면 얼마나 행복할까 싶었다.

책은 마치 신비한 마법과도 같다. 얼굴 한 번 본 적 없는 두 사람이 시공을 초월하여 만나 대화를 나눈다. 단지 글자를 읽는 것뿐인데도 마음속 깊이 깨달음이 오고 감화와 감동이 일어난다. 집에서 단순히 게임만 하며 쾌락적인 삶을 살던 내가 책을 읽을 때는 왠지 모를 기쁨이 느껴졌다. 정말이지 책을 읽는 그 순간만큼은 행복했다. 하지만 집으로 돌아온 나의 현실은 처량하기 짝이 없었다. '대체 어디서부터 시작해야 할까?' 혼란스러웠다. 도무지 이런 현실을 개선할 자신이 없었다. 그 당시에는 정말 부정적인 기운이 가득했다. 책을 읽을 때만 해도 느껴지던 행복한 감정은 온데간데없고 다시금 부정적인 마음이 올라와 나를 지배했다.

'너는 게임중독자잖아.', '너는 세상을 피해 도망친 패배자야.', '지금까지 성공한 거라곤 아무것도 없잖아.' 내 안의 부정적인 생각들이 수면 위로 올라오며 절망감이 찾아왔다. 나는 다시 좌절하고 말았다. 도무지 현실을 개선할 수 있을 것 같지 않았다. 결국 우울증이 찾아오게 되었다. 노력해도 결국 소용없을 것이란 무력감에 빠져들었다. 여태껏 한 번도 무언가를 성취해본 적 없던 나. 이 세상에서 가장 비참한 건 포기를 밥 먹듯이 하는 인생이다. 이러한 부정적인 상념들은 다시금 나를 침체시키기에 충분했다. 어제와 다를 바 없는 오늘, 앞으로도 변함없을 미래. 희망이 없고 반복되는 삶에 염증을 느껴 우울증에 시달렸다.

한동안은 계속해서 게임만 하며 살았다. 게임을 할수록 마치 고통을 줄여주는 마취제를 맞은 것처럼 애써 현재의 고통을 잊은 채 살아갈 수 있었다. '어차피 친구 같은 건 다 필요 없어.', '이제 와서 다시 공부한다고 달라지겠어?' 하며 자신을 합리화하곤 했다. 내가 하는 모든 생각이 옳을 것이라고 생각했다. 그것이 나를 옭아매는 부정적인 생각인지도 모른 채 말이다.

부정적인 생각은 마치 감옥과도 같다. 한 번 부정적인 생각에 사로잡히면 마치 온몸이 묶여 있는 것처럼 행동에 제약을 받기 때문이다. 스스로 헤어 나올 수 없는 감옥에 갇힌 셈이다. '긍정적인 사람은 한계가 없고 부정적인 사람은 한 게 없다.'란 말이 있다. 긍정적인 사람은 문제가 닥치게 되면 '어떻게 해야 이 상황을 해결할 수 있을까?' 하고 방법을 모색한다. 그들에게 결코 포기란 없다. 하지만 부정적인 사람들은 어떤 문제가 생겼을 때 어느 정도 시도해보다가 금세 좌절하고 포기해버리고 만다. 한쪽은 계속 앞으로 나아가는 반면, 다른 한쪽은 영영 멈춰 있는 삶을 살게 되는 것이다.

내가 하는 모든 선택은 부정적인 선택이었다. 그러니 시간이 지나도 늘 어제와 같은 삶이 반복된 것이다. 내 인생에는 아무런 변화가 없었다. 내 모습은 점점 더 피폐해졌고 먹고 자고 싸기만 하는 하루가 매일매일 반복됐다. 도무지 이게 사람이 사는 건지 짐승이 사는 건지 알 수가 없었다. '앞으로도 평생 이렇게 살아야 하는 건가?' 하며 답답해했다. 앞으로도 평생 이렇게 살 수는 없는 노릇이었다. 그때 나는 깨닫게 되었다. 나는 살아는 있지만 죽은 사람이나 다름이 없다는 것을. 사람은 늙어서 죽는 사람이 있고 젊어서도 죽는 사람이 있다고 하는데 나는 이미 죽은 사람이었던 것이다.

문득 전에 무심코 읽은 책의 내용이 떠올랐다. '당신은 당신이 원하는 삶을 살 수 있다.'라는 내용이었다. 그 말이 사실이든 아니든 그것은 나에게 중요하지 않았다. 더 이상 이러한 고통스런 삶에 한시도 머물고 싶지 않았다. 어제와 다른 것 없는 삶을 살고 싶지 않았다. 그리고 결심했다. '이렇게 죽을 만큼 힘들게 사느니 차라리 죽을 만큼 노력해서 인생을 바꿔보자'고 말이다. 그 고통이 나를 움직이기 시작했다.

환골탈태(換骨奪胎). 뼈를 바꾸고 태를 빼낸다는 뜻으로 몸과 얼굴이 몰라볼 만큼 좋게 변한 것을 비유하는 말이다. 무능력 무스펙, 게임 중독자, 은둔형 외톨이, 90kg 고도비만. 당시 나를 표현하는 말들이었다. 더 이상은 이렇게 살고 싶지 않았다. 자신에 대한 분노에 몸이 떨려 눈물이 났다.

나는 한창 자신이 금수저로 태어나지 못한 것에 대해서 부모님께 화풀이를 하곤 했다. '왜 우리 집은 사고 싶은 것도 마음대로 못 사냐?'라며 부모님을 비난했다. 내가 이런 처량한 삶을 사는 이유는 모두 부모님 때문이란 생각을 했다.

하지만 책을 읽어보면 의아한 점이 있었다. 책에 나오는 위인들은 모두 어릴 적 찢어지게 가난했던 사람들이 대부분인 것이다. 반면 내가 그렇게 부러워하던 금수저로 태어난 자녀들은 부모님이 애써서 모은 재산을 탕진하거나 방탕하게 사는 주인공으로 뉴스에 등장하곤 했다. 그런 모습들을 보자니 '태어난 환경이 한 사람의 인생을 결정하는 건 아니구나.'라는 결론에 이르게 됐다. 특히 성공한 사람들은 대부분 자수성가한 사람들이 많았다. 그들이 원래부터 특별했던 사람들이었을까? 비록 태어난 환경이 보잘것없더라도 자신에게 주어진 고난과 시련을 모두 극복하고 성공의 자리까지 오른 사람들이었던 것이다.

1880년 미국에서 태어난 헬렌 켈러는 태어난 지 19개월 만에 삼중고의 불행을 당하게 된 사람이다. 그녀는 큰 병을 앓아 눈을 볼 수 없게 되었고, 귀는 들을 수 없게 되었으며, 입으로는 말도 할 수 없는 가련한 사람이 되었다. 보통 사람들이라면 이미 희망이 없는 삶과 다름이 없었지만, 그녀는 피나는 노력을 통해 자신의 현실을 극복하고 결국 역사적인 인물이 되었다.

세계적인 발명가인 토머스 에디슨은 또 어떠한가? 그는 여덟 살 때 초등학교를 3개월 다닌 후 중퇴했다. 에디슨의 담임선생님은 "이 아이는 생각하고 행동하는 것이 상식 밖이어서 도저히 못 가르치겠어요. 다른 학교로 전학을 보내야겠어요."라고 말하며 그를 무시했다. 더군다나 불의의 사고로 인해 그는 귀머거리가 되었지만, 훗날 자신의 연구에 초인적인 집중력을 발휘하여 결국 발명왕이라는 칭호를 얻게 되었다. 이러한 사례들은 지금껏 셀 수 없이 많았다.

그러한 위인들의 모습을 보며 나도 그들처럼 '할 수 있겠다'는 희망을 얻게 됐다. 비록 지금 처한 상황은 보잘것없더라도 나 또한 그들처럼 현실을 극복하여 위대한 성공을 이룰 수 있을 것이란 믿음이 점점 생겨나기 시작했다.

나는 진심으로 내 삶을 바꾸고 싶어졌다. 그들도 했다면 나라고 못할 것이 뭐가 있겠냐는 생각이었다. 그들도 우리와 똑같은 사람이 아닌가?

헨리 포드는 이렇게 말했다.

'할 수 있다고 생각하든 할 수 없다고 생각하든 당신이 옳다.'

나는 '할 수 없다' 대신 '할 수 있다'는 쪽을 선택하기로 했다.

얼마 뒤 친구들을 봤을 때 이런 말을 듣는 상상을 하곤 했다.

"야 도훈아, 너 왜 이렇게 달라졌어?"
"예전에 내가 알던 도훈이가 맞니?"
"너는 참 대단하구나!"

이 모든 일이 가능했던 건 내가 일전에 읽었던 책 덕분이었다. 어느새 내 안의 부정적인 상념들은 점점 힘을 잃어가고 있었다. 잠깐이지만 책에서 읽었던 긍정의 말들이 내 안을 지배하기 시작했다.

03

아무도 내 인생을 대신 살아주지 않는다

나는 어엿한 성인이다. 스스로 자신의 선택에 책임지고 결과에 책임질 줄 아는 성인 말이다. 성인이 되기 이전에는 부모의 품 안에, 국가의 품 안에서 보호받으며 자신의 선택에 책임지지 않아도 되는 삶을 살 수 있었다. 나 대신 책임을 떠맡아줄 수 있는 사람이 있었기 때문이다.

이제 나는 법적으로 더 이상 미성년자가 아닌 성인이었다. 자기 자신의 선택에 책임을 져야 할 나이였다. 늘 자신의 인생을 누군가에게 기대오며 의탁하고 살아오던 나에게는 당시 내가 가졌던 책임이 꽤 무겁게 느껴졌다. 한 번도 무언가를 책임져야 한다는 생각을 해본 적이 없었다. 용돈을 달라고 부모님을 조르면 쉽게 돈이 생겼다. 입을 옷이 없어서 옷을 사 달라고 하면 어느새 방 안으로 옷이 배달되었다. 배고파서 밥을 해 달라고 하면 정성 가득한 밥상이 눈앞에 차려졌다. 얼마나 편한 인생인가? 굳이 힘들여 살아갈 필요가 없었다.

하지만 부모님의 모습은 어느샌가 점점 늙어가고 있었다. 흘러가는 세월만큼이나 부모님의 이마와 얼굴에는 주름살이 한 줄씩 생겨나고 있었다. 몸이 아파 병원에 가봐야겠다는 부모님께 "뭐가 그리 아프다고 생색을 내냐?"라며 화를 내곤 했다.

부모님이 편찮으신 게 마음이 아픈 것이 아니라 나를 보호해줄 사람이 없어진다는 공포감에 그만 화를 낸 것이다.

나는 장남이었다. 내 자신의 인생을 책임져야 하는 것뿐만 아니라 훗날 가족들을 책임져야 하는 장남 말이다. 이러한 현실을 애써 외면할 수 없었다.

진정한 자식 사랑은 과연 무엇일까? 부모님은 제 자식을 세상 그 누구보다 사랑하기 때문에 모든 요구를 들어주곤 한다. 자식이 원하는 것이 있다면 간이든 쓸개든 빼서라도 다 해주고 싶은 것이 바로 부모 마음일 것이다. 하지만 오히려 그러한 행동은 반대로 자식을 망치는 길이 된다.

사랑이라는 미명하에 자식을 과잉보호하게 된다면 자녀는 스스로 일어나 살아갈 힘을 잃게 된다. 우리가 살아가는 사회는 철저한 야생이다. 야생에서 살아남기 위해선 철저히 본인의 힘을 통해 살아갈 수 있게끔 이끌어줘야 한다. 어느 정도 나이를 먹어서도 스스로 살아가는 법을 모르는 성인이 된다면 결국 사회 부적응자가 되어 더욱 집 밖을 벗어나지 못하거나 심하면 우울증에까지 시달릴 수 있다. 진정 자식을 사랑한다면 자식의 먼 미래까지 내다볼 줄 알아야 한다.

누구도 나의 인생을 대신 살아줄 수 없다. 부모에겐 부모의 인생이 자식에겐 자식의 인생이 있는 것이다. 부모가 자식에게 자신의 삶을 억지로 강요해서도 안 된다. 그것은 순전히 부모의 인생인 것이다. 자녀에게 무한한 가능성이 잠재되어 있음을 믿고, 그 가능성을 끄집어낼 수 있도록 도와줘야 한다. 그것만이 바로 부모의 참된 역할이다.

나는 스스로 책을 읽으며 이러한 깨달음을 얻을 수 있었다. 부모님은 계속해서 늙으실 것이었고 곧이어 나를 보살펴 줄 존재가 없어진다면 나는 아무것도 아니었다. 지금 내가 누리는 자유 또한 따지고 보면 내 것이 아닌 모두 부모님의 것이었다. 나는 이제 움직이지 않을 수 없었다.

나는 스스로를 책임지지 못하는 인생을 살았다. 인생을 일으킬 수 있는 아무런 힘이 없었고 스스로 원하는 것도 이룰 수 없는 무력한 인생을 살았다. 나는 왜 이런 인생을 살게 된 것일까? 자식 교육을 제대로 못 시킨 부모님을 만났기 때문일까? 사실 그것들은 모두 나의 책임이었다.

내 말이 이상하게 들릴 수도 있다. '그렇다면 무슨 상황이 벌어지든지 모든 게 내 탓이란 말인가요?'라고 반문할 수 있다. 하지만 그럼에도 모든 책임은 언제나 나에게 있고 반드시 내가 져야만 한다.

나는 '리그 오브 레전드'라는 게임을 굉장히 재밌게 했다고 앞서 말했다. 당시 나의 랭킹은 대부분 사람들도 인정해주는 '다이아몬드 1티어'라는 꽤 상위권에 속한 등급이었다. 처음부터 이렇게 높은 등급이었던건 아니었다. 여러 시행착오를 겪으며 그곳에까지 이를 수 있었다. 사실 중간중간 게임을 때려치우고 싶을 때도 많았는데 그 이유는 아무리 재미있는 게임이라도 계속 패배만 하면 전혀 재미가 없었기 때문이다. 연속으로 15연패를 했던 적도 있었다. 그럴 때면 정말이지 게임을 삭제해버리고 싶었다.

이 게임은 다섯 명의 얼굴도 모르는 사람이 서로 한 팀이 되어 게임을 한다. 얼굴도 모르고 어차피 볼 사람들도 아니기 때문일까. 게임이 안 좋은 방향으로 흐를 때면 서로에게 막말하거나 남 탓을 하기 십상이었다.

"너가 실수만 안 해도 분명 이겼을 거야!", "나는 팀운이 왜 이리 안 좋을까?", "이번 판을 진 것은 다 너희들 때문이야!"라는 식이다.

나도 한때 그렇게 남 탓을 하며 모든 책임을 남에게 떠넘겼던 적이 있었다. 나에게 문제가 있다고 생각하고 싶지도 않았고, 남에게 문제가 있다고 생각하는 것이 훨씬 더 마음이 편했기 때문이다. 하지만 문제는 그렇게 남에게 책임을 떠넘기다 보면 정작 내 실력은 발전하지 않고 늘 그대로였다는 점이다. 문제가 생길 때마다 자신을 돌아보고 부족한 점을 개선하려 하기보다는 온갖 문제의 원인을 남에게서만 찾았다. 결국 내 실력은 그대로이거나 점점 등급이 떨어지기만 했다.

그 후로 나는 게임에서 패배할 때마다 지게 된 모든 이유와 원인을 나에게서 찾기 시작했다. 절대로 남 탓을 하지 않았다. 그런데 신기하게도 점점 내 부족한 점들이 보이기 시작하고 개선되기 시작했다. 그리고 얼마 지나지 않아 점점 실력이 기하급수적으로 상승하여 나는 곧 '다이아몬드 1' 등급까지 오를 수 있었다.

내가 이 이야기를 한 것은 우리의 현실도 이와 같기 때문이다. 만약 지금 내 현실이 불만족스럽다면 그 이유는 바깥에 있지 않고 언제나 나에게 있다. 내 인생에 대한 문제를 늘 남에게서만 찾으려고 하다 보면 정작 자신의 인생은 그대로이고 절대 변함이 없게 된다.

내가 하고 싶은 말은 '남에게는 아무 문제가 없으니 항상 내 탓을 하라'는 말이 아니다. 모든 문제의 원인과 해답은 내 안에 있다는 것이다. 우리는 평소 어떤 문제든 너무 쉽게 남을 탓하곤 한다. '내가 가난한 건 모두 부모님 때문이야, 대통령이 문제라서 취업이 어렵네, 내가 여자만 잘 만났어도!' 늘 이런 식이다.

인터넷 댓글들만 봐도 긍정적인 말보단 부정적인 글들이 더 많다. 자신을 돌아보고 반성하기보단 남을 욕하거나 헐뜯는 글들이 더 많다. 분명한 건 남 탓도 습관이다. 우리는 언제나 남 탓을 하기보단 나에게서 원인을 찾아야 한다. 스스로 변화하고자 노력하고 힘써야 한다. 책임은 언제나 부모님에게 사회에게 있지 않고 언제나 나 자신에게 있다.

존 앳킨슨 그림쇼 라는 사람은 이런 말을 했다. '자신의 인생을 스스로 이끌지 않으면 다른 사람이 이끌게 된다.'라는 말이다. 우리는 자신이 좋든 싫든 간에 상관없이 스스로 인생을 책임지려 하지 않는다면 결국 다른 사람에게 자신의 인생을 빼앗기게 된다.

나는 내 인생에 벌어지는 모든 책임을 남에게 전가했다. 그 때문에 스스로 원하지도 않는 인생을 살게 됐다. 그것은 다름 아닌 '내 인생의 주인은 당신입니다.'라는 말과 다를 것이 없었다. 우리는 어려서부터 스스로 인생의 주인이 되는 법을 배우기보단 인생의 노예가 되는 법을 더 많이 배우곤 한다. 학교에서조차 스스로 생각하고 답을 도출해내는 교육을 하기보다도 이미 정해진 답을 달달 외워서 머릿속에 집어넣는 식이다. 답이 정해져 있으니 굳이 생각할 필요가 없는 것이다.

문제는 이러한 수동적인 교육을 지속하다 보면 학생들은 스스로 생각하는 능력을 잃어버리고 만다는 것이다. 어느새 자신도 모르는 사이 자연스레 남에게 의지하는 성향이 머릿속에 자리잡고 만다. 결국 스스로 생각하고 판단하는 주체적인 사람을 만들어낼 수 없다.

우리나라 수많은 젊은 청년들이 자신이 누구인지, 좋아하는 것이 무엇인지, 어떻게 살아야 할지 갈피를 잡지 못해 방황한다. 그저 사회가 시키는 대로 살았을 뿐인데 막상 그 끝에 도달한 곳은 자신이 원하던 곳이 아닌 경우가 많다. 많은 학생이 성인이 되어서도 방황하고 우울증에 시달리는 이유이다.

모든 원인은 스스로 생각하는 법을 알지 못해서이다. 사실 우리는 모두 생각하며 살아간다고 하지만 사실은 생각을 당하며 살아간다는 것을 알지 못한다. 나는 책을 통해 이러한 사실을 알게 되었다. 문제는 본인조차 그것을 인지하지 못한다는 것이다. 자신이 원하지도 않는 인생을 살아가는 건 노예나 다름이 없다.

　이제라도 우리는 자신의 인생을 스스로 책임져야 한다. 현실에 불평불만을 하다 보면 자신이 피해자라고 인정하는 셈이다. 패배자의 의식이 아닌 주인의식과 책임감을 갖고 살아가야 한다. 주인은 절대로 남에게 인생을 맡기지 않는다. 당신은 인생의 주인인가 인생의 노예인가?

　어제와 똑같은 내가 싫어서 나를 바꾸기 시작했습니다

가장 위험한 삶은 현재에 안주하는 삶이다

이 세상에서 가장 위험한 삶은 무엇일까? 앞서 말한 바처럼 자신의 인생을 남에게 맡기는 행동은 절대로 해선 안 될 행동이다. 하지만 정말로 위험한 삶은 현재에 안주하며 제자리에 멈춰 있는 삶이다.

세상엔 두 부류의 사람이 있다. 지나간 과거에 머물러 있는 사람. 다른 하나는 미래를 바라보며 앞으로 나아가는 사람이다. 전자는 과거에 얽매여 살아가는 사람이다. '내가 왕년에 말이야.'라며 과거에 사로잡혀 살아가고 과거의 기억으로부터 헤어 나오지 못한다.

그 결과 과거와 다를 바 없는 삶을 살아간다.

인간의 내면은 생각하는 것을 늘 외부 세계로 실현하려는 성향을 갖고 있다. 외부 세상은 내면의 세계를 비추는 거울에 불과하다. 그들은 자신의 인생이 달라지지 않는 이유가 자신이 가진 생각 때문인 것을 모른다.

반면에 미래를 바라보는 사람들은 다르다. 그들은 현실주의자가 아닌 이상주의자들이며 눈에 보이지 않는 힘을 믿는다. 그렇기에 눈에 보이지 않는 것을 그려본 뒤 그 생각에 힘을 싣고 곧 현실로 만들어낸다. 그들은 매일 성장하는 사람들이다.

과거든 미래든 내 안의 포커스를 어디에 집중하고 살아가느냐에 따라 앞으로의 인생이 크게 달라지게 된다. 사람은 발전하지 않으면 점점 퇴보하게 된다. 아무것도 하지 않으면 안 된다. 끊임없이 자신을 갈고닦아야 한다. 그렇지 않으면 결국 우리의 인생이 녹슬고 만다.

우리 인류의 역사를 생각해보면 인간은 원시시대부터 지금까지 끊임없이 발전하고 진보해 왔다. 더 나은 삶을 살고 싶다는 인간의 욕망이 계속해서 새로운 물건과 기술들을 창조했다. 인간은 자신의 생각을 물리적 현실로 만들어낼 수 있는 영적 존재이기 때문에 가능한 것이다. 아인슈타인은 '지식보다 중요한 것은 상상력이다.'라고 말했다. 그는 눈에 보이지 않는 힘의 중요성을 잘 알고 있었다.

내가 과거에 늘 제자리에 멈춰 있고 발전적인 인생을 살 수 없었던 이유는 바로 꿈과 목표가 없었기 때문이다. 내가 지금껏 가지고 살아온 지식만을 믿고 앞으로 변화할 세상과 내 미래를 연결 지어 상상해보지 않았다. 눈에 보이지 않는 것보다 당장 눈앞에 보이는 현실만을 믿었다. 그래서 앞으로 나아갈 수가 없었다.

마치 바다 위를 표류하는 갈 곳 잃은 배처럼 누구든지 꿈과 목표가 없다면 바다 위를 표류하며 인생을 살 수밖에 없다. 그렇게 살다간 아무 섬에나 도착하여 원하지 않는 인생을 살게 된다.

꿈과 목표가 없는 사람들은 대개 자존감이 낮다. 살면서 무언가를 성취해본 경험이 없기 때문에 자신을 존중하는 마음이 결여된 것이다. 인간의 마음은 끊임없이 무언가를 채우고 싶은 욕구로 가득하다. 그래서 우리는 보통 식욕, 수면욕, 성욕과 같은 일반적인 욕구를 통해 우리의 욕구를 채우곤 한다.

인간은 동물과 달리 무언가를 추구하며 그것을 성취할 때 비로소 완전한 욕구충족을 느끼게 된다. 바로 꿈과 목표를 추구하며 이루는 삶, 즉 자아실현이다. 하지만 꿈과 목표가 없는 사람들은 그저 동물적인 욕구만을 의지한 채 그것에 쉽게 중독된다. 인스턴트 중독, 게임 중독, 인터넷

중독, 술·담배 중독과 같은 것이 대표적인 예이다. 공허한 마음을 채울 무언가를 원하지만 그것들은 아무리 채워도 채워지지 않는 것이다.

식욕, 수면욕, 성욕은 우리 인간에게 없어서는 안 될 꼭 필요한 기본적인 욕구이다. 하지만 이러한 일반적인 욕구만을 의지한 채 살아가다 보면 정작 삶은 아무런 발전이 없다. 대다수 사람들이 우울증에 걸리는 이유는 어제와 같은 삶이 반복되기 때문이다.

자신의 인생에서 한 줄기 희망을 느끼지 못한다. 인간은 꿈과 목표를 향해 나아갈 때야 비로소 내면이 삶에 대한 기쁨으로 가득 차고 진정으로 가치 있는 삶을 살게 된다.

꿈과 목표를 성취하며 얻는 쾌락은 일반적인 쾌락과는 전혀 비교할 수 없다. 그것들은 내 안에 평생 남는다. 언제나 내 안에서 답을 찾는다. 반면 꿈과 목표가 없는 이들은 욕구 충족을 위해 늘 외부의 것들에 의존하고 그것들을 필요로 한다. 채워도 채워도 끝이 없고 갈증만 느끼게 된다.

동물과 인간을 비교했을 때, 가장 큰 차이점이 있다면 동물은 자신의 한계를 벗어날 수 없지만, 인간은 마음먹기에 따라 자신의 현실과 한계를 극복하고 살아갈 수 있다는 것이다.

혹시 '벼룩 효과'라는 말을 들어본 적 있는가? 여기 하나의 흥미로운 실험이 있다. '벼룩 여왕'으로 유명한 미국의 루이저 로스차일드 박사는 어느 날 벼룩의 점프력을 실험했다. 벼룩을 탁자에 놓고 그 옆을 손바닥으로 한 번 치자 벼룩이 갑자기 뛰어올랐다. 그런데 그 높이가 약 30cm로 벼룩 자신의 키보다 몇백 배가 넘었다. 일종의 단백질 유전자가 있기 때문에 엄청난 높이의 점프가 가능했다. 벼룩은 강력한 뒷다리 두 개를 갖고 있다. 이 때문에 가볍게 1m가 넘는 높이를 점프할 수 있다. 그는 두 번째로 투명한 뚜껑이 있는 1m 높이의 캔 안에 벼룩을 담아놓고 실험을 진행했다. 캔 안에 담긴 벼룩은 열심히 뛰어올랐지만 점프할 때마다 뚜껑에 부딪히고 또 부딪혔다. 어느 정도 시간이 흐른 후, 생물학자는 뚜껑을 열어두었다. 하지만 벼룩은 뛰어난 점프 능력이 있음에도 불구하고 밖으로 나오지 못했다. 1m 이상의 높이는 뛸 수 없다고 스스로 한계를 설정했기 때문이다. 이미 벼룩은 캔의 높이에 적응했고, 자신의 점프 능력도 거기까지라고 생각하여 더 이상 변화시킬 수 없었던 것이다.

이처럼 무의식적으로 비교적 낮은 목표를 마음속에 정한 후 자신의 실제 능력을 제한하는 현상을 심리학자들은 '벼룩 효과'라고 부른다.

이러한 효과가 인간에게 똑같이 적용되는지 검증하기 위해 하버드대학교 심리학자들은 젊은 학생들을 대상으로 25년 간 추적조사를 진행했다. 조사에 참여한 학생들의 지적능력, 학력, 환경 등 관련 조건은 모두 비슷했지만 유일한 차이가 있다면 미래에 대해 뚜렷하고 장대한 목표가 있는지의 여부였다. 25년 후 조사 대상자들의 결과는 다음과 같았다.

뚜렷하고 장기적인 목표를 가지고 있었던 3%의 사람들은 거의 모두가 사회 각계각층에서 최고 성공 인사가 되어 있었다. 뚜렷하지만 단기적인 목표를 10%의 사람들은 대부분 사회 중상층에 속했다. 모호한 목표를 가지고 있었던 60%의 사람들은 대부분 사회 중하층에 속했다. 목표가 없었던 나머지 27% 사람들은 그저 평범하게 사회 최하층에 속했다. 이처럼 한 사람이 뚜렷하고 장기적인 목표를 갖는 것과 중대한 인생의 성취를 하는 것 사이에는 아주 밀접한 관계가 있다.

과거에 나는 하루하루 동물적인 쾌락만 의지한 채 짐승과 다를 것이 없는 삶을 살았다. 먹고, 자고, 싸고 늘 같은 하루와 일상의 반복이었다. 내가 그러한 삶을 살았던 이유는 이루고자 하는 꿈이 없었기 때문이라고 확신하고 있다. 꿈이 없기 때문에 목표 또한 없고 목표가 없으니 굳이 고생하여 움직일 필요가 없었던 것이다. 되고 싶은 나, 갖고 싶은 것, 원하는 삶… 아무것도 없었다.

헨리 데이비드 소로는 자신의 저서 『월든』에서 이렇게 말했다.

"우리가 가장 분발해야 할 것은 생활 능력을 개선하기 위해 결심하는 것이다. 만약 자신감을 가지고 우리의 이상향을 향해 노력하며 우리가 생각했던 삶을 살고자 마음을 먹는다면 우리는 뜻하지 않게 성공을 얻을 수도 있다."

— 데이비드 소로, 『월든』

우리의 마음속에는 엄청난 힘이 잠재되어 있고 주위 환경에 어떤 제한이 있더라도 해결할 수 없는 문제는 없다.

지금의 나는 지금 내가 되고 싶은 모습, 갖고 싶은 것, 내가 원하는 삶이 있다. 마음속에 이루고 싶은 꿈을 품기 시작한 후 내 삶은 그 이전과 180도 달라졌다.

90kg에 육박한 비만이었던 내가 30kg 다이어트를 성공하고서 바디프로필을 찍었다. 또 25년 간 아는 여자도 없이 평생 모태솔로로 살았던 내가 어느새 남들이 부러워하는 예쁜 여자친구를 사귀었다. 또 성격이 소심하단 이유로 남들 앞에 나서기 싫어하고 주목받기를 죽기보다 싫어하던 내가 당당하게 무대에 서서 결혼식 축가를 불렀다. 이 모든 것이 가능했던 것은 바로 내가 꿈을 꾸는 사람이었기 때문이다. 인간은 스스로 마음먹기에 따라 자신의 한계를 뛰어넘는 무한한 인생을 살아갈 수 있다.

자신을 가로막는 건 언제나 자기 자신이다. 이 세상에 꿈을 향한 열망보다 강력한 힘은 없다.

세상에는 꿈 없이 살아가는 사람들이 많다. 그들의 인생은 늘 제자리이다. 많은 사람들이 성공하지 못하는 이유는 능력이 부족해서가 아니라 자신의 잠재능력에 한계를 두었기 때문이다. 나도 어제와 똑같은 내 모습이 싫어서 달라지기로 결심했다. 그랬더니 정말로 삶이 바뀌기 시작했다. 내 모습은 많은 사람들이 인정할 정도로 많은 부분이 개선된 상태다. 내가 했다면 당신도 할 수 있다.

05

내가 성형수술을 결심한 이유

대한민국은 성형 강국이다. 한때 '강남 언니'라는 단어가 유행할 만큼 엄청난 성형 열풍이 불었던 때가 있었다. 대한민국의 성형 시장은 연간 5조 원의 규모로 세계 시장의 4분의 1을 차지할 만큼 활성화되어 있다. 인구 1,000명당 연간 성형수술 건수는 13건 정도로 세계 1위다. 의료기술 수준 또한 가히 뛰어나 원정 성형을 하기 위해 한국을 찾는 외국인들도 증가하는 추세이다.

'외모지상주의'라는 말을 들어본 적 있을 것이다. 외모에 가치의 중심을 두는 사고방식을 의미한다. 똑같은 사람이더라도 못생긴 사람보다 잘생긴 사람이 더 주목을 받고, 똑같은 강아지더라도 귀엽고 예쁜 강아지가 더 많은 사랑을 받는다. 잘생기거나 귀여울수록 많은 사람들에게 쉽게 호감을 얻을 수 있다. 그만큼 다른 사람들보다 세상을 살아가기가 더욱 유리한 것이다.

대한민국은 특히나 다른 나라들에 비해 외모지상주의 성향이 강한 나라라고 생각한다. TV나 SNS를 보면 예쁘고 잘생긴 스타들과 인플루언서들이 화려한 외모를 바탕으로 대중들에게 많은 인기를 얻고 있다. 그래서일까. 요새는 중학교에 다니는 청소년들조차 성형외과 방문율이 점점 증가하고 있다고 한다. 오죽하면 쌍꺼풀 수술은 이젠 수술도 아닌 시술로 불릴 정도이다.

약 7년 전쯤, 대중들로부터 큰 화제를 불러일으켰던 방송 프로그램이 있다. 바로 tvN 〈렛미인〉이라는 프로그램이다. 못생긴 외모로 인해 고통받는 사람들을 대상으로 성형 솔루션을 진행하여 외모를 개선해주고, 더 나아가 인생까지 변화시켜 주는 내용을 담고 있다. 참가자들은 대부분 일반인보다도 못한 외모로 인해 주변으로부터 비웃음과 무시를 당하며 고통받고 살아가던 사람들이었다. 렛미인 성형전문의들은 그들을 대상으로 솔루션을 진행하였고 더 이상 외모 때문에 고통받으며 살지 않도록 도와주었다. 그 결과 솔루션 참가자들은 이전의 모습은 온데간데없고 환골탈태한 새로운 모습으로 재탄생했다. 그들의 라이프 스타일 또한 크게 개선되었고 잃어버린 자신감과 자존감을 되찾을 수 있었다. 시청자들은 그러한 모습을 보며 '누구나 힘든 과거에서 벗어나 새로운 삶을 살 수 있구나.'라는 희망과 용기를 얻을 수 있었다. 이렇듯 성형은 한 사람의 삶을 크게 개선해주는 훌륭한 수단이다. 성형수술은 분명 좋은 수술이라고 생각한다.

나는 학창시절 외모에 대한 결핍이 많은 사람이었다. 과거에 내가 주변 친구들로부터 따돌림을 당했던 이유는 모두 나의 못생긴 외모 때문이라고 생각했다. 친구들에게 수시로 '와 너 정말 못생겼다.', '너처럼 못생긴 애는 처음 봐!'라며 놀림을 당하곤 했다. 내가 먼저 다가가서 대화를 시도해보려 해도 '못생긴 애는 접근금지야!', '얘들아, 어디서 못생긴 냄새 나지 않니?'라며 놀림을 당했다. 그럴 때면 나는 속상해서 그 자리에서 울곤 했다. 뭘 하든 놀림을 받고 따돌림을 당하니 매사에 늘 자신감이 없었고 우울했다. 나를 도와주는 사람이 아무도 없다는 생각에 너무 마음이 아팠다. 길을 걸을 때도 늘 고개를 푹 떨군 채 걸어 다녔다.

반면 키 크고 잘생긴 친구들의 모습은 나와는 확연히 달랐다. 그들 주위엔 남녀 가릴 것 없이 언제나 많은 친구들이 모여 있었다. 나는 그 모습이 정말 부러웠다. 내 주변에 모이는 친구는 아무도 없었고 그저 초라하기 짝이 없었으니 말이다. 무엇보다 내가 정말 부러웠던 것은 잘생긴 친구들 주위에는 늘 예쁜 여학생들이 모여 있었다는 것이다. 여학생들과 대화하는 데도 전혀 긴장되지 않는 듯 여유가 넘쳤다. 나도 그들 사이에 끼고 싶었지만 여학생들과 마주하면 늘 몸이 굳었기 때문에 그럴 수 없었다. 여학생들과 대화를 나눈다는 건 내겐 마치 꿈과도 같았다. 일종의 여자 공포증에 시달린 것 같다.

나는 스스로의 모습을 한심하게 바라보며 자학했다. 내가 이렇게 사는 이유는 모두 못생긴 외모 때문이라고 생각했다. 나는 외모 콤플렉스에 시달리고 있던 것이다. '나도 저 친구처럼 잘생겨진다면 많은 사람들이 나를 좋아해 주겠지?'라는 생각으로 어떻게 하면 더 나은 외모를 가질 수 있을지 고민하기 생각했다. 그러한 고민은 점점 성형수술을 하고 싶다는 생각으로까지 이어졌다.

성인이 된 나는 본격적으로 성형수술을 알아보기 시작했다. 강남과 압구정에 있는 성형외과가 유명하다는 소식을 듣고는 혼자 지하철을 타고 가서 여러 군데서 상담을 받기 시작했다. 여러 군데 병원을 돌다가 어느새 수술 일정을 잡게 되고 눈, 코, 귀, 안면윤곽까지 총 네 군데 수술을 했다. 합치면 약 5년이라는 긴 시간 동안 성형을 했다. 수술 비용만 하더라도 족히 3,000만 원은 넘을 것이다. 뼈를 깎는 고통을 견뎌내면서까지 어린 나이에 많은 수술을 했다. 밤에 제대로 잠을 못 이룰 정도로 너무 아팠지만, 그 고통을 견딜 수 있었던 이유는 이것만 버티면 인생이 변할 것이라는 희망 때문이었다. 그만큼 인생을 변화시키고 싶은 마음이 간절했다. 다시는 과거로 돌아가고 싶지 않았다.

성형수술을 할 만큼 돈이 많았던 것은 아니었다. 부모님을 어떻게든 설득시키고 싶은 나머지 "엄마! 요즘 면접은 외모가 정말 중요해!"라는 식으로 설득을 했다. 그 결과 나는 부모님과 친척들로부터 성형자금을 지원받았다. 돈이 없다고 불평하는 대신 어떻게든 방법을 찾기 위해 노력하였고 곧장 실행으로 옮겼다.

성형수술을 하고 나니 나의 외모는 정말로 많은 부분이 개선되었다. 이전의 모습은 온데간데없고 정말 환골탈태나 다름이 없었다. 주변 사람들은 고사하고 나조차도 놀랄 정도였으니 말이다. 심지어 다이어트까지 성공했다. 하루 세 끼를 토마토만 먹으며 극단적인 다이어트를 했다. 나도 참 독한 놈이라고 생각한다.

오랜만에 만난 사람들은 나를 제대로 알아보지 못했다. "도훈아 정말 너 맞아? 목소리는 그대로네! 정말 몰라볼 뻔했어."라며 모두가 수술이 성공적이라고 말해주고 축하해줬다. 그때 기분은 정말이지 말로는 표현할 수 없을 정도로 기뻤다. 세상 모든 것을 다 가진 기분이었다. 그동안 힘들었던 시간을 모두 보상받는 느낌이었다. '나도 이제는 드디어 행복한 삶을 살 수 있겠구나.'란 생각이 들었다.

신은 인간의 내면을 본다고 하지만 평범한 우리, 사람들은 외모를 본다. 이것은 부정할 수 없는 사실이다. 사람들은 똑같은 강아지를 보더라도 몸집이 큰 강아지보다 작고 귀여운 강아지를 더 좋아하고, 똑같은 아기더라도 좀 더 귀엽게 생긴 아기를 더 좋아한다. 이렇게 말하는 나조차도 귀엽고 예쁜 강아지를 더 좋아한다. 분명 외모는 인생을 살아가는 데 정말로 중요하다.

나는 성형수술을 한 후 한동안 잘생겨졌다는 말을 많이 들었다. 생전 처음 듣는 칭찬을 듣게 되니 기분이 좋았다. 그런데 뭔가 이상했다. 분명히 뚱뚱했던 몸도 날씬해지고 못생긴 얼굴도 개선되었지만 내 기대만큼이나 삶은 크게 변화하지 않았다. 성형만 하면 인생이 완전히 달라질 것이라고 기대했다. 친구들로부터 인기도 많아지고 방구석 인생에서 탈출해서 새로운 인생을 살 수 있을 것 같았다. 하지만 그런 드라마틱한 일은 내게 일어나지 않았다.

나는 문제를 고민하기 시작했다. '왜 나는 렛미인의 참가자들처럼 인생이 달라지지 않는 거지?', '역시 방송은 믿을 게 못 되네.', '아니, 아직 수술할 곳이 더 필요한가?'라며 여러 생각이 끊임없이 교차하고 불안감에 시달렸다. 그렇다고 해서 성형수술을 더 할 수는 없는 노릇이었다. 남은 돈도 없었고 무엇보다 수술의 고통을 다시 겪고 싶지 않았다. 그동안 내가 쏟아부었던 노력이 모두 허사인가 하는 생각에 좌절감이 들었다.

그러다 어느 날 문득 예전에 읽었던 한 권의 책이 떠올랐다. 대한민국 국민이라면 모두가 잘 알고 있는 생텍쥐페리의 『어린 왕자』라는 책이다. 그 책에는 이런 구절이 있다.

"사막이 아름다운 것은 그것이 어딘가에 우물을 감추고 있기 때문이야."
— 생텍쥐페리, 『어린 왕자』

나의 마음은 언제나 메마른 사막과도 같았다. 사막과 같은 세상을 살아가며 언제나 나의 갈증을 해결해줄 우물을 간절히 찾아 헤맸다. 그러한 바람으로 성형수술을 했었지만 그럼에도 여전히 내 마음은 사막과 같았다. 생각해보면 언제나 나의 마음을 시원하게 적셔주었던 건 다름 아닌 책이었다. 책을 읽을 때면 언제나 마음이 치유되는 느낌이었다.

"가장 중요한 것은 눈에 보이지 않아."
— 생텍쥐페리, 『어린 왕자』

나는 늘 눈에 보이는 것에만 가치를 두고서 삶을 살아왔다. 오직 외모에만 국한된 채 인생과 세상, 그리고 나 자신을 바라보았다. 그러다가 이 책을 보고서 깨닫게 됐다. 진정 중요한 것은 보이지 않는 내면에 있었다는 것을 말이다. 나는 눈에 보이는 것만을 중요하게 여긴 나머지 눈에 보이지 않는 것의 중요함을 잊고 살아왔던 것이다.

나의 외모는 성형과 다이어트 등 많은 노력을 통해 개선했다. 그 노력은 정말 칭찬받아 마땅하다. 하지만 나의 내면은 변함없이 그대로였다. 마치 겉만 깨끗한 쓰레기통이나 다름없었다. 어느샌가 나는 지금의 생활에 물들어 있었다. 지금의 환경에 너무 익숙해져 있었던 것이다. 단지 성형만 하면 인생의 모든 부분이 크게 개선되는 줄 알았지만 그것은 내 착각이었다. 나는 내면의 변화 없이는 인생의 큰 변화가 이루어질 수 없음을 깨달았다.

어제와 똑같은 내가 싫어서 나를 바꾸기 시작했습니다

06

무너진 나를 일으킨 것은 책이었다

책은 마치 오아시스와 같다고 생각한다. 책을 읽을 때면 마른 갈증이 시원하게 해소되는 느낌이 든다. 사막에서 헤매며 갈피를 잡지 못해 방황하던 내게 책은 한 줄기 희망이 되어주었다. 『어린왕자』는 세계적인 스테디셀러 작품이다. 정식판매 부수만 8,000만 부가 넘고 해적판까지 합치면 약 1억 부수가 판매된 것으로 추정되는 작품이다. 이 책은 매년 읽을 때마다 나에게 새로운 느낌과 깨달음을 준다. 이런 것이 바로 고전의 묘미가 아닌가 싶다.

우리는 대부분 눈에 보이는 것을 중점으로 둔 채 세상을 살아가고 있다. 그래서일까. 많은 사람들이 현실이라는 무게에 치여서 '눈에 보이지 않는 것'의 중요성을 간과한 채 정신없이 세상을 살아가고 있는 것 같다. 뉴스, TV, 게임, 자격증시험, 취업준비, 업무, 술자리. 세상은 우리의 시선을 빼앗기에 충분한 온갖 소음들로 가득하다. 내가 하루를 사는 건지 하루가 나를 사는 건지 모를 정도다. 겉으론 평화로워 보일지라도 우리의 마음은 늘 전쟁터와 같다. 정작 중요한 것은 우리 스스로 자신의 내면을 들여다보는 것인데도 말이다.

여기서 '정신없이'라는 단어에 주목해보면 좋겠다. 우리는 왜 그리 정신없이 세상을 살아가고 있는 것일까? 세상은 늘 바쁘게 돌아가고 있다. 그렇기에 나 또한 뭔가에 정신 팔린 채, 정신없이 살아가고 있는 것일까? 이것은 다름 아닌 자신조차 자신의 삶을 제대로 살지 못하고 있다는 말이다.

사람들은 자신이 누군지도 모르는 채 공허한 삶을 살아간다. 이러한 상태는 스트레스, 우울증, 비만이라는 온갖 사회적 질병으로 나타나게 된다. 이러한 모든 질병이 나타나게 된 원인은 다름 아닌 마음에 있다. 자신의 마음이 풍요롭지 않으니 그런 좋지 못한 상태가 외부로 발현된 것이다.

사람들 대부분은 이러한 공허함을 채우기 위해 게임을 하거나 술을 마시고 힐링 여행을 떠난다. 하지만 그럼에도 삶은 절대로 달라지지 않는다. 그 이유는 다름 아닌 자신을 위한 혼자만의 시간이 없기 때문이다. 자신을 위한 시간이 없다는 것은 정신이 없다는 말과 다르지 않다. 사람들은 자꾸만 원인을 외부에서 찾으려고 한다. 하지만 답은 언제나 내 안에 있는 것이다. 외부에서 에너지를 얻으려 하다 보면 정작 그것들로 인해 자신의 내면을 들여다볼 기회를 잃게 된다.

나는 아무도 없는 이른 아침에 혼자 카페에 가서 책을 읽는 것을 좋아한다. 책은 정말 신기한 힘이 있다. 가만히 앉아 한 문장씩 천천히 읽다 보면 어느새 복잡한 마음이 정리되고 마음의 평화가 찾아온다. 마치 더러운 방이 깨끗이 청소된 것 같고 마음의 크기 또한 넓어진 느낌이 든다. 게임을 하는 것과는 비교도 할 수 없을 만큼 커다란 행복감이 느껴지곤 한다.

실제로 독서는 뇌의 스트레스를 감소시켜주는 효과가 있다고 한다. 인터넷 뉴스는 70%가 대부분 부정적인 기사들로 보면 볼수록 스트레스가 생기지만, 책의 스토리에 빠지다 보면 직장, 인간관계에서 얻은 스트레스는 순식간에 날아간다. 독서는 두말하면 입 아플 정도로 인생에 많은 유익이 있다. 책을 읽다 보면 스트레스가 감소하여 점차 풍요로운 안정감이 찾아온다. 또한 독서를 하다 보면 활발한 두뇌활동을 통해 점차 사고력이 확장되고 지식이 축적된다. 집중력, 기억력, 분석력 등이 눈에 띄게 향상되어 잠재된 뇌의 기능을 깨우고 완전히 새로운 인간으로 만들어버린다. 책이 이렇게나 유익한 데 비해 가격은 한 권당 13000원 정도로 엄청나게 저렴하다. 사실상 공짜나 다름없는 것이다. 나는 만나는 모든 사람에게 책을 권한다. 실제로 내가 책의 효과를 보았기 때문이다. 어떠한 것도 나에게 행복을 줄 수 없었지만 유일하게 책만이 내게 큰 행복을 주었다. 나는 어느새 책과 사랑에 빠져 있었다.

과거의 나는 게임 중독, 비만, 우울증 등 여러 복합적인 질병을 앓고 있었다. 그 이유는 다름 아닌 내 마음이 항상 혼란하고 스트레스로 가득 찼기 때문이다. 그 당시는 내가 환자라는 사실조차 깨닫지 못했다. 하지만 책을 읽기 시작한 후로 나는 점차 마음의 안정을 찾게 됐다. 인생이 크게 달라지기 시작했다. 단지 책을 읽었을 뿐인데 말이다. 책이 가진 신비한 힘은 나조차도 제대로 설명할 수 없을 정도다. 분명한 것은 책은 나를 게임 중독에서 벗어나게 해주고 우울증과 외모 콤플렉스를 극복하여 새로운 인생을 살 수 있게 해주었다는 점이다. 세상에서 가장 고치기 힘든 건 마음의 병이라고 한다. 책은 내가 앓던 모든 마음의 질병을 치유해주었고 풍요롭게 해주었다. 책은 내 인생을 극적으로 변화시켜주었다.

독서는 일종의 백신과도 같다. 내 마음 안에 있는 온갖 질병들을 물리칠 수 있는 백신 말이다. 책을 읽다 보니 나는 내 안의 질병과 싸워 이길 수 있는 힘을 얻게 됐다. 바로 사고력이 확장되어 현명해진 것이다.

세상에는 똑똑한 사람들이 많다. 학교에서 공부 잘하는 많은 학생들이 좋은 대학을 가고 좋은 회사에 취직한다. 그들은 소위 사회가 말하는 엘리트들이다. 많은 지식을 소유한 사람일수록 사회는 똑똑한 사람으로 규정한다. 그래서 대중들은 학교 성적이 좋고 서울권 대학을 나온 사람일수록 당연히 똑똑한 사람이라 판단한다. 하지만 나는 한 가지 의문이 들었다. 지식을 그저 머릿속에 많이 집어넣는 것이 과연 똑똑함의 기준인지 말이다.

나는 학창시절 공부를 열심히 하지 않았다. 그래서 당연히 성적은 바닥을 쳤다. 나는 열심히 공부해서 좋은 대학에 입학한 이들의 노력을 비하하고자 이런 말을 하는 게 아니다. 똑똑함의 기준에 대해서 한 번쯤 생각해볼 필요가 있다는 말이다.

천재란 옛날부터 하늘이 내려준 사람이라고 했다. 세기의 천재 중 한 명인 아인슈타인은 '지식보다 중요한 것은 상상력이다.'라고 말했다. 그는 왜 이런 말을 한 것일까? 지식이 쓸모없다고 말한 것은 아닐 것이다. 단지 지식 그 자체보다는 그 지식을 활용할 줄 아는 능력 즉 상상력이 더 중요하다는 말을 하고 싶었던 것은 아닐까?

또 '지혜의 왕'으로 널리 알려진 이스라엘 왕국 제3대 국왕 솔로몬 왕은 하나님께 한 가지 소원을 빌었다. 그 소원은 바로 '금은보화보다도 백성을 잘 다스릴 수 있는 지혜를 달라'는 것이었다. 그 결과 솔로몬은 지혜로운 왕으로 널리 알려져 주변 많은 나라의 왕들이 솔로몬에게 막대한 금은보화를 바쳐가면서까지 그에게서 지혜를 얻으려 했다.

나는 단순히 머리에 지식을 담아내는 것보다는 그 지식을 활용하는 방법이 더 중요하다고 생각한다. 그것을 '지혜' 또는 '현명함'이라고 부른다. 지식은 담아내는 게 아니라 그것을 활용할 때 빛을 발하는 것이다. 그저 남들보다 많은 지식을 담아내는 것으로 똑똑함을 판단한다면 그것이 기계와 다를 것이 무엇이란 말인가? 얼마든지 사람 대신 기계가 그 자리를 대신할 수 있을 것이다.

인간은 스스로 사고할 수 있기에 가치 있는 존재라고 생각한다. 하지만 이 시대의 교육방식은 일명 '주입식 교육'으로 답을 생각할 필요가 없는 교육을 시킨다. 미리 정해진 답을 달달 외워서 머릿속에 집어넣으면 되니 굳이 생각할 필요가 없는 것이다. 그래서 학생들은 많은 지식을 담아낼수록 똑똑하다고 생각한다.

이 시대의 교육방식은 분명히 개선되어야 할 부분이 있다고 생각한다. 마치 유대인처럼 스스로 생각하고 행동할 줄 아는 독창성을 키우는 교육 말이다. 그런 사람이라야 시대에 뒤처져 따라가기 급급한 사람이 아닌, 앞서 발전적인 미래를 만들며 시대를 이끌어가는 리더가 되는 것이다.

나는 학창시절 공부를 못해서 대학 입시에 실패하고 게임 중독자로 살았다. 하지만 스스로 많은 책을 읽으며 스스로 사고하는 법을 익히다 보니 지금은 이렇게 작가가 될 수 있었다. 우린 모두 주체적이고 능동적인 인간이다. 우리에게 필요한 것은 정답이 아닌 의문과 비판이다. 남이 시키는 대로만 움직이는 것은 노예나 다름없지 않은가? 그동안 내가 읽은 책만 해도 대략 1,000권은 될 것이다. 언젠가 나는 정말 신기한 경험을 한 적이 있다. 책을 약 1,000권쯤 읽었을 때 머릿속에 큰 지진이 일어나고 머리가 깨지는 듯한 느낌이 들었다. 마치 뇌세포들이 재배열되고 재정립되는 듯한 느낌이었다. 이때 내가 느꼈던 것은 우리의 뇌세포도 단지 우리가 느끼지 못할 뿐 생생하게 살아서 활동한다는 것이었다. 우리의 뇌에는 약 100~150억 개나 되는 뇌세포가 있다고 한다. 이러한 뇌세포들을 잘 활용해봐야 하지 않겠는가?

내가 집구석에서 은둔하여 삶의 길을 잃고 방황하며 게임 중독에 빠져 동물처럼 살았던 것은 스스로 생각하는 법을 몰랐기 때문이다. 그래서 늘 누군가가 시키는 대로 움직일 수밖에 없었다. 나는 인생에 대한 정답을 항상 남에게 물어봤지만 스스로 사고하기 시작하면서부터는 인생에 대한 답을 내 안에서 찾기 시작했다.

그러다보니 간절히 이루고 싶은 꿈이 저절로 생겼다. 그동안 잊고 살아왔던 나의 오랜 꿈 말이다. 스스로 생각한다는 것은 이렇게나 중요한 것이다. 사람은 꿈을 이루기 위해 살아갈 때 진정 행복한 인생을 살아갈 수 있다. 나는 작가라는 꿈을 이루었고 누군가의 꿈이 되었다. 또한 앞으로 남은 꿈들을 이루기 위해 열심히 살아가고 있다. 당신도 이런 삶을 살길 바란다.

07

나는 나 자신으로 살기로 했다

학교 선생님은 "너희들 대학만 가라! 그럼 그때부터는 마음껏 놀아도 되니까."라고 말했다. 하지만 알고 보니 진짜 공부는 성인이 된 이후로 시작되는 것이었다. 회사에 취직을 하고 나면 공부를 아예 손에서 놔버리는 사람들도 많다. 하지만 배움이란 끝이 없는 것이다. 꾸준히 앞으로 나아가지 않는다면 결국 뒤쳐지게 된다.

마커스 초운 저자의 『만물 과학』이라는 책에는 멍게의 뇌에 관한 하나의 흥미로운 이야기가 등장한다.

"어린 멍게에게는 원시적인 수준의 뇌(척색과 척수)가 있어서 물속을 떠돌다가 정착해서 살 적당한 바위나 산호를 찾을 수 있게 해줍니다. 그런데 다 자란 멍게는 뇌가 없습니다. 미국의 인지과학자 대니얼 데닛(Daniel Dennett)은 '멍게는 적당한 장소를 찾아 정착하면 더는 뇌가 필요 없다. 그래서 뇌를 먹어버린다.'라고 했습니다. 정보를 탐색하고 판단할 일이 없어지면 곧 에너지 소모가 큰 뇌를 없앤다는 것이지요."

— 마커스 초운, 『만물 과학』

이처럼 우리의 뇌 또한 쓰지 않으면 점점 제 기능을 잃게 된다. TV를 흔히 바보상자라고 한다. TV는 온갖 사람들의 흥미를 유발하는 재미난 오락거리들로 가득하다. 그래서 TV를 계속 시청하다 보면 그 속에서 점점 헤어 나오기가 힘들어진다. TV를 보기 위해 굳이 생각할 필요도 없으니 마음이 얼마나 편한가? 가만히 앉아서 시청만 하면 되니까 말이다. 하지만 그 시간에도 우리의 뇌는 점차 그 기능을 잃고 있다. 나는 TV야말로 훌륭한 대중 최면장치라고 생각한다. 내가 말하고자 하는 것은 '바보로 살고 싶다면 지금처럼 계속 TV 보면서 살라'는 것이 아니다. 적어도 하루 30분 정도는 혼자만의 시간을 통해 자신을 돌아보고 아껴줄 수 있는 시간이 있어야 하지 않겠냐는 마음이다.

사람은 스스로 생각할 수 있을 때라야 비로소 인생에 발전이 있고 변화가 있는 것이다. 하지만 대부분 학생들과 직장인들은 어떠한가? 세상에서 남들이 하라는 공부, 상사가 시키는 일만 하다가 녹초가 되어 집에 돌아오면 TV 앞에 앉기 바쁘다. TV에 나오는 각종 오락거리들로 스트레스를 푼 뒤엔 침대에 누워 잠들기 전까지 스마트폰을 보며 늦게 잠이 든다. 그리고 어제와 똑같은 오늘을 반복한다. 영원히 반복되는 쳇바퀴 같은 삶이다. TV만 보는 사람은 평생 TV만 보며 살 수밖에 없다. 하지만 자신을 우선해서 돌보며 스스로 생각할 수 있는 사람은 시간이 흘러 자신이 그 TV 속에 출연하는 인생을 살게 된다. 어느 인생을 선택할지는 자신의 선택에 달려 있다.

내가 이런 말을 하는 이유는 나 또한 TV에 빠져 살아봤기 때문이다. 하루 중 정작 나 자신을 돌볼 수 있는 시간도 없고, 단 한순간도 나 자신으로 살았던 적이 없었다는 것을 깨닫게 됐다. 나는 꿈과 목표가 없었다. 그것은 자신의 인생을 살고 있지 않다는 말과 다름없다. 내가 누구인지, 무엇을 좋아하는지, 어떻게 살아야 하는지 아무것도 알 수 없었다. 삶의 목적과 방향을 잃어버리니 결국 그저 주위에서 말하는 대로 부모님이 하라는 대로 살아야만 했다. 그런데 그것은 결국 부모님의 인생이다. 나는 한 번도 나 자신으로 산 적이 없었다.

자신이 자신의 인생을 책임지고 이끌어가야 한다. 그렇지 않으면 남이 시키는 대로 인생을 살게 된다. 만약 자신이 가진 꿈과 목표가 없다면 그리고 하기 싫은 일을 억지로 하고 있는 자신을 발견한다면, 나는 지금 누구의 인생을 살고 있는 것인지에 대해 한번 자신에게 진지하게 물어봐야 한다.

얼마 전 군대에 입대한 친척 동생과 통화를 한 적이 있다. 오랜만의 통화라 그런지 무척이나 반가운 목소리였다. 우리는 서로의 근황을 주고받으며 재밌게 통화를 했다. 그러다 문득 제대 후에 무엇을 할 것인지에 대해 물어봤다.

"제대하면 뭐 하고 지낼 거야?"
"글쎄… 대학교는 졸업을 해야겠지?"
"왜 그렇게 생각해?"
"그냥 남들 있는 졸업장 하나쯤은 있어야 할 것 같아서, 그리고 친한 형들이 추천해준 곳이라 그만 다닌다고 말하기도 좀 어려워."
"그럼 대학교를 졸업하고 나면 뭐 할 거야?"
"음, 아직 생각해본 적은 없는데 아는 친구가 프로그래밍 일을 한다고 해서 같이 일해볼까 생각 중이야."

친척 동생은 자신의 미래에 대한 계획과 확신이 없었다. 비록 한 명과의 대화였지만 내 주변에는 이런 사람들이 대다수였다.

내가 지금껏 봐온 사람 중 자신의 꿈과 목표에 대해 명확한 계획이 있는 사람은 열 명 중 한 명꼴이었다. 대다수 사람이 자신이 어떤 인생을 살아가는지조차 제대로 알지 못한 채 살고 있었다. 삶을 제대로 산다는 건 자신이 직접 생각하고 결단하여 원하는 삶을 만들어가는 것이다.

나는 앞서 게임 중독자로 살았지만, 책을 읽은 뒤 스스로 사고하는 법을 익혀 자신의 인생을 살게 되었다고 말했다. 나를 옭아맨 사슬을 끊어내고 내 인생의 주인으로 살아갈 수 있었다. 자신이 직접 운명의 선장이 되지 않는다면 누군가가 내 배를 대신 이끌게 된다. 주도적인 인생이 아닌 수동적인 인생을 살 수밖에 없다. 인생의 주인이 아닌 노예가 되는 것이다.

그 누구도 내 인생을 대신 살아줄 수 없다. 자신의 인생은 자신이 책임져야 한다. 적어도 누군가가 내 앞날의 계획을 물었을 때 10년, 아니 적어도 3년 후의 자신의 모습 정도는 그릴 수 있고 말할 수 있어야 하지 않을까?

심리학 용어 중 '크랩 멘탈리티 효과'라는 말이 있다. 어부들이 그물을 이용해 게를 잡으면 뚜껑 없는 양동이에 집어 던진다. 커다란 발로 기어나와 도망치면 어쩌나 싶지만, 탈출하려고 기어오르는 게를 다른 게가 벗어나지 못하도록 아래에서 잡아당긴다. 또 다른 게가 기어오르면 다시 아래 있던 게가 끌어당긴다. 수없이 이런 광경이 반복되고 도저히 탈출이란 불가능하다. 한 마리도 양동이 밖으로 기어 나올 수 없다. 이러한 현상을 심리학에서는 크랩 멘탈리티 효과라고 한다. 서로 양동이를 탈출할 수 있도록 도와주면 쉽게 밖으로 빠져나와 바다로 돌아갈 수 있음에도 불구하고 네가 혼자 탈출하는 꼴은 못 보겠다고 이를 제지하고 방해한다. 결국 다 같이 죽음을 맞이하게 되는 것이다.

인생을 제대로 산다는 건 자신의 꿈을 우선순위로 두고 살아가는 인생을 말한다. 그 무엇도 내 꿈보다 우선순위인 것은 없다. 사람이 가장 빛나는 순간은 바로 자신이 좋아하고 원하는 인생을 살아갈 때이다. 나는 그렇게 살았고 덕분에 이렇게 작가가 되었다. 문제는 우리가 꿈을 이루기 위해 살아갈 때 방해하는 사람들이 생긴다는 것이다. 그들은 대부분 가장 가까운 주변 사람들일 가능성이 높다.

"송충이는 솔잎을 먹고 살아야지. 너에게는 어울리지 않는 자리야."
"현실적으로 생각해. 나도 하지 못한 일을 네가 한다고? 웃기지 마. 불가능한 일이야."
"뱁새가 황새 쫓아가다가 가랑이 찢어지는 격이지."
"내가 해봐서 잘 아는데 그거 안 돼."

사람들은 당신이 실패하기를 원해서 이런 말을 하는 게 아니다. 다만 그들은 자신이 그 일로 성공한 경험이 없기에, 당신도 자신들과 같은 사람이 되는 것을 원할 뿐이다. 그들은 언제나 '다 널 위해서 하는 말이야.'라고 말할 것이다. 안전한 길을 벗어나 도전적인 일을 하라거나 적당한 삶을 살며 적당하게 누리는 것을 벗어나 진정으로 자신이 원하는 삶을 살라고 말하는 사람은 거의 없다. 하지만 그렇게 하지 말라는 사회적 압력은 압도적으로 많다. 당신이 성공한다면 그들의 선택은 잘못되었다는 것을 증명하는 것이기 때문이다. 우리는 미래를 바꿀 수 있는 현재가 매일 주어지며 누구든지 확고한 신념과 노력으로 자신이 원하는 미래를 만들 수 있다. 현재를 바꾸는 사람은 누구든지 자신이 원하는 미래를 살 수 있다.

만약 내 주변이 온통 게들로 득실거린다면 그들로부터 빠져나와 환경을 바꿔야만 한다. 나의 꿈을 응원해주는 사람, 긍정적인 말을 하는 사람, 용기를 북돋아 주는 사람, 더 나은 미래를 위해 노력하는 사람, 매일 자신의 능력을 계발하기 위해 땀 흘리는 사람, 다른 사람의 성공을 축복하는 사람, 이런 사람들이 모인 곳으로 가야만 한다. 부정적인 사람들에게 둘러싸여서는 절대로 꿈을 이룰 수 없다.

어제와 똑같은 내가 싫어서
나를 바꾸기 시작했습니다

CHANGE

2장

단단한 나를 만드는 독서의 힘

책 한 권을 통해 인생 혁명이 시작됐다

나는 어려서부터 책 읽는 것을 좋아하는 사람이 아니었다. 내 외모가 전혀 책과는 어울리지 않다고 말하는 사람들도 있었다. 책을 읽기보다 차라리 그 시간에 게임을 한 판 더 하는 게 좋았다. 게임을 하다 보면 시간이 어느새 훌쩍 가버리지만, 책은 읽은 지 10분도 안 되어 눈이 절로 감기곤 했다. 그래서 항상 밤에 잠이 오지 않을 때면 책을 수면제 대용으로 쓰기도 했다.

인생을 살다 보면 누구나 한 번쯤 자신의 인생에 있어 큰 변혁을 이루는 시기가 있다고 생각한다. 내겐 그때가 대학 입시에 실패했던 때였다. 방구석에 틀어박혀 은둔형 외톨이가 된 후 나는 무언가 잘못되었다고 이

대론 살면 안 되겠다고 어떻게든 변화해야겠다고 느꼈다. 나는 변화가 간절하였지만 내 주위엔 누구도 나를 도와줄 사람이 없었다. 매일같이 반복되는 부모님의 잔소리도 더 이상 버티기 힘들었다. 나는 신에게 간절히 빌었다.

'더 이상 이렇게 살고 싶지 않아요. 저 좀 살려 주세요. 제발…!'

사람은 죽을 때가 다 되어서야 자신의 인생을 돌아보고 지나온 날을 후회한다고 한다. '그때 마음껏 도전했어야 했는데….', '그때 그녀에게 고백해야 했는데….'라면서 말이다.

세상에서 가장 비참한 것이 무엇인 줄 아는가? 가난하게 태어난 것? 중요한 시험에서 떨어진 것? 거액의 빚을 지는 것? 아니다. 바로 자기 자신을 포기하는 것 그리고 사람들에게 잊혀지는 것이다. 사람이 세상을 살다 보면 오랜 친구에게든, 사랑하는 연인에게든 얼마든지 다른 사람에게 버림받을 수도 있다. 나도 믿었던 사람에게 버림받은 적이 있다. 그렇다고 내 인생이 끝난 것은 아니었다. 하지만 자신이 자기 자신을 버린다면 그땐 진짜 끝인 것이다. 사람이 목을 매달아야만 죽는 것은 아니다. 나는 그때 이미 한 번 죽었었다. 나는 나를 버렸다. 내 인생이 한심했기 때문이다. 나는 그날 이후 나를 버린 대가를 단단히 치러야만 했다. 죽음이란 무엇인지 몸소 체감해야만 했다.

 내가 정말로 비참했던 건 내가 아무리 힘들고 아프고 괴로움에 몸부림
치든 아무도 나를 기억해주지 않는다는 것이었다. 그때 겪은 고독과 외
로움이 얼마나 공포스러운지는 직접 겪어보지 않으면 모른다. 자신을 버
린 대가는 몹시 가혹했다.

 내가 책을 읽기 시작한 것은 단순히 좋은 것 좀 없나 하는 마음에 집어
들었던 게 아니다. 어떻게든 살아보고 싶은 마음에 간절한 심정으로 발
버둥치며 붙잡았다. 살면서 그때만큼이나 간절했던 때가 없었다. 사람
들은 내게 묻는다. 어떻게 책 한 권 읽지 않던 사람이 그렇게 책을 좋아
하게 되었냐고 말이다. 마치 다른 사람이 된 것처럼. 그럴 때면 나는 '책
이 얼마나 유익한데요. 처음엔 낯설지만 읽다 보면 재밌어져요.'라고 말
하곤 한다. 하지만 남들에게 말하지 않는 진짜 진실은 이렇다. 나는 이미
한 번 죽었다가 다시 태어난 사람이라는 것이다. 책은 나를 구원해주었
다.

 이렇듯 책은 한 사람의 인생을 바꿔주는 원동력이기도 하다. 책을 읽
을수록 마음이 정말 편했다. 독서에는 많은 유익이 있다. 책을 읽을수록
사고력이 확장되고 생각이 깊어져 사람을 새롭게 만든다. 책이 정말로

좋다고 생각하는 것은 다른 사람의 경험과 지혜를 얻고 내 인생에 접목시켜 인생에 큰 변화를 이끌어낼 수 있다는 것이다. 단돈 2만 원도 안 되는 가격에 성공자의 경험을 살 수 있다는 건 엄청난 축복이다. 책만큼 가성비 좋은 자기계발 수단이 어디에 있을까? 불과 100년 전 조선 시대 때만 해도 책은 일반 평민들은 손댈 수 없는 양반들만의 전유물이었다. 하지만 지금의 시대는 누구나 마음만 먹으면 서점에 가서 책을 쉽게 얻을 수 있지 않은가? 우리는 정말 복 받은 시대에 태어난 사람들이다.

　내가 책을 읽을 때 가장 경계하는 것이 있다면 바로 책을 읽는 데에서만 그치고 그 내용을 실천하지 않는 것이다. 나는 늘 책을 읽을 때면 나에게 도움이 될 만한 부분을 마음에 새기고서 알려주는 그대로 실천했다. 나는 이 방법을 써서 인생을 빠르게 바꾸었다. 가령 누군가 어떠한 방법으로 큰 효과를 봤다는 내용을 본 즉시 그 방법을 내게도 적용했다.

　나는 책 중 특히 자기계발서를 좋아한다. 나보다 앞선 성공자의 인생을 들여다보고 나와 비슷한 경험과 닮은 부분을 찾을 때면 책 속으로 점점 빠져든다. 궁극적으로는 나 자신을 끊임없이 계발시켜나가는 것이 좋다.

　하지만 세상에는 자기계발서가 시시하다며 무시하는 사람들도 많은 것 같다. 얼마 전 서점에서 있었던 일이다. 자기계발 코너에서 책을 읽고 있는데 우연히 옆에 있는 연인의 대화를 듣게 됐다.

"자기계발서는 매번 똑같은 이야기만 해."
"내가 책에 나온 대로 한번 시도해봤는데 아무런 소용이 없더라고, 이런 책이라면 나도 쓸 수 있겠다."

그때 대화를 듣고서 생각했다. '똑같은 책이라도 누군가에겐 큰 힘이 되고 누군가에겐 한낱 종잇조각에 불과하구나.'라고 말이다.

〈대한문화출판협회〉(이하 출협)의 통계에 따르면 2019년 한 해 발행된 책만 해도 총 63,476종에 달한다고 한다. 이처럼 많은 책이 쏟아지는 가운데 모든 책이 양질의 도서라고 볼 수는 없다. 나도 책을 구매할 때는 늘 신중한 편이다. 양질의 책보다 그렇지 못한 책들도 많다는 것을 잘 알고 있기 때문이다. 나는 책을 고를 때 먼저 책의 제목과 저자의 약력, 목차를 본다. 이쯤 보면 책이 어느 정도 수준인지 그리고 나에게 도움이 될지에 대한 대략적인 판단이 가능하다. 나는 특히 책을 고를 때 저자의 약력을 주의 깊게 보는 편인데 저자가 그 분야의 실제 경험자인지 아니면 단순한 이론가인지를 살펴본다. 경험만한 스승이 없다는 말이 있다. 나에게 실질적인 도움이 되는 정보는 그 분야의 경험자만이 잘 알고 있다. 가장 확실한 것은 뚜렷한 결과물이 있는 사람이다. 반드시 책을 볼 때 저자가 그 분야의 실제 경험자인지 잘 살펴봐야 한다. 가령 주식 책을 고를 때는 저자가 실제 그 분야에서 실제 투자에 성공하여 큰 이익을 낸 사람인지 잘 살펴봐야 한다. 또한 부동산 경매에 관련된 책이라면 실제 부동산 경매 분야에서 큰 수익을 내고 전문가로 인정받은 사람인지를 잘 따져봐야 한다. 세상에는 직접 겪어본 적도 없으면서 겉만 번지르르한 이론가들이 넘쳐나는 게 사실이다.

나는 '책에 나온 대로 따라 해봤지만 효과가 없었다'는 사람들에 대해 어느 정도 이해하는 편이다. 하지만 그렇다고 모든 자기계발서가 쓰레기라거나 필요가 없다는 말에는 절대 동조할 수 없다. 세상에는 우리가 모르는 양질의 자기계발서 또한 정말 많기 때문이다.

자기계발서를 좋아하며 반복적으로 읽는 사람들은 어느샌가 자신도 모르게 사고방식이 달라졌음을 느끼곤 한다. 이는 반복 독서가 뇌를 새롭게 리빌딩했기 때문이다. 성공학의 거장 나폴레온 힐의 『놓치고 싶지 않은 나의 꿈 나의 인생 1』에는 이런 내용이 있다.

"어느 유명한 범죄심리학자는 '처음으로 죄를 범했을 때는 누구나 자신을 증오하고 슬퍼하지만 두 번, 세 번 죄를 거듭할수록 점점 익숙해져서 끝내는 완전히 죄의식이 없어져 버린다.'라고 말한다. 이것은 어떤 정보든 계속 되풀이하여 잠재의식 속에 주입하면, 차츰 그 사람의 성격이 변화하여 마침내 인간 그 자체가 변화한다는 것을 가르쳐준다."

—나폴레온 힐, 『놓치고 싶지 않은 나의 꿈 나의 인생 1』

책을 읽는 것이 중요한 이유는 책을 읽을수록 '긍정적인 사고방식'을 갖게 되기 때문이다. 세상에는 온갖 자극적이고 폭력적인 것들이 많다. 뉴스, TV, 게임 등 온갖 자극적인 것들을 계속 접하다 보면 자신도 모르는 사이 긍정적인 사고방식에서 멀어지게 된다. 하지만 반복 독서는 긍정적 사고를 만든다. 긍정적인 사고는 긍정적인 감정을 낳고 긍정적인 감정은 결국 사람을 변화시켜 성공한 인생을 만든다. 부정적인 사람은 아무것도 해낼 수 없다.

모든 사람은 변화된 인생, 행복한 인생을 꿈꾼다. 하지만 인생이 달라지지 않는 이유는 바로 자신을 모르기 때문이다. '지피지기면 백전백승'이라는 말이 있다. 상대를 알고 나를 알면 백 번 싸워도 위태롭지 않다는 뜻으로, 상대와 나의 약점과 강점을 충분히 알고 승산이 있을 때 싸움에 임하면 이길 수 있다는 말이다. 우리는 끊임없이 과거의 나와 싸워야 한다. 그리고 과거의 나로부터 승리해야 한다. 책을 읽는 것이 중요한 또하나의 이유는 책에 나온 수많은 성공자의 지혜를 통해 과거의 나와 싸워 이기고 극복할 수 있는 힘을 얻을 수 있기 때문이다. 과거의 나와 싸워서 승리하지 않으면 영영 과거에 얽매여 살아가게 된다.

'유유상종'이라는 말을 들어본 적이 있을 것이다. 나는 이 말이 진리라고 생각한다. 사람은 늘 끼리끼리 어울린다. 나와 비슷한 성격인 사람들과 어울리는 것이 편하기 때문이다. 현재 내 모습이 어떠한지 알고 싶은가? 그렇다면 나와 가장 가까이 지내는 사람 한 명을 떠올려보자. 그 사람의 모습이 바로 당신이다. 나와 가장 가까이 지내는 사람 다섯 명의 평균이 바로 자신의 모습이다.

나는 변화가 간절했다. 그래서 나의 모든 과거와 결별하고 미래를 선택하기로 했다. 내가 처한 환경에서 벗어난 것이다. 그랬더니 인생이 정말 빠른 속도로 달라지기 시작했다. 앞서 말한 '크랩 멘탈리티 효과'처럼 변화된 인생을 살고 싶다면 내 주위 사람 즉 환경에서 벗어나야 한다. 이 책을 읽는 사람들은 누구보다 변화가 간절한 사람들일 것이라 생각한다. 하지만 대다수 사람들은 변화를 선택하지 않는다. 왜냐면 과거만큼이나 새로운 환경 또한 두렵고 낯설기 때문이다. 누구나 변화를 원하지만 변화를 선택하는 사람은 극소수이다. 이 말은 앞으로도 변화하는 사람들은 적을 것이란 이야기다. 그러니 용기를 가져라. 당신은 상위 1%이다. 과거의 나와 결별하지 않으면 미래의 나와 결별해야 한다. 세상은 용기를 가지고 행동하는 자의 것이다.

보이지 않던 것이 보이기 시작했다

나는 책을 통해 인생을 변화시켰다. 단언컨대 책은 나를 구원해주었다. 책은 나 자신을 제3자의 입장에서 객관적으로 바라볼 수 있게 해주었다. 어느샌가 나 자신의 모습이 보이기 시작했다. 앞선 성공자의 지혜를 통해서 내가 가진 문제들을 해결하고 한 걸음씩 진보할 수 있었다. 내가 정말로 신기했던 것은 내 모습이 보이고부터 점점 세상의 모습들 또한 보이기 시작했다는 것이다. 오직 나에게만 집중하던 이기적인 삶을 살아가다가 어느 정도 문제가 해결되고 나니 자연스레 세상으로 눈을 돌리게 됐다. 책을 읽다 보니 점점 아는 것이 많아지고 똑똑해졌다. 그리고 내가 지금껏 모르고 살아오던 모순된 세상의 모습들이 보이기 시작했다.

나는 서울 여의도 국회사무처에서 공무직으로 일했다. 25세 사회초년생이 되어 처음 겪어본 직장생활은 마냥 설레고 신기했다. '나도 이제 어엿한 사회인이구나.' 기대에 잔뜩 부푼 채 정장을 입은 멋진 사람들과 함께 출근을 했고 근무를 했다. 이전까지 쭉 아르바이트만을 하며 푼돈만 받아오던 내가 처음으로 200만 원이 넘는 급여를 받았을 때는 기분이 그렇게 좋을 수 없었다. 또한 젊은 나이에 벌써 성공한 사람이라는 주변으로부터의 시선과 인정이 그렇게 좋을 수 없었다. 처음 겪어보는 사회생활이 그리 녹록지만은 않았지만, 좋은 사람들과 좋은 환경에서 일할 수 있다는 것만으로도 마냥 행복했다.

그렇게 직장생활을 시작한 지 2년 차에 접어들었던 어느 날이었다. 나는 매일 쳇바퀴처럼 반복되는 삶에 지쳐가고 있었다. 어제와 다를 것 없이 반복되는 삶. 마치 기계 속 부품이 된 것 같은 매일 똑같은 일과 똑같은 일상의 반복이었다. 직장생활을 하다 보면 누구나 제2의 사춘기가 온다고 하던데, 바로 그때가 아닌가 싶었다. 내가 느끼는 이러한 감정을 주변에 말할 수는 없었다. 그들이 보기에 나는 젊은 나이에 멋지게 성공한 샐러리맨이었기 때문이다. 남들은 그 회사에 들어가고 싶어도 못 들어가는데 아주 배가 불렀다는 소리를 들을 것이 뻔했다. 그래서 한동안은 아무 말 없이 꾹 참고서 일을 했다. 주변의 다른 사람들도 다들 그렇게 사는 것 같았다.

하지만 나는 생각했다. 본인이 원하지도 않는데 억지로 하기 싫은 일을 하는 게 노예나 다름없지 않은가? 내가 추구하는 목표를 이루기 위해 인내하는 것과 단순히 하기 싫은 일을 억지로 참는 것은 전혀 다른 이야기이다. 난 더 이상 이런 삶을 견딜 수가 없었다. 나를 바라보는 타인의 시선보다 내가 원하는 인생을 살아가는 것을 선택하기로 했다. 나의 젊음과 무한한 가능성을 이렇게 가만히 앉아 시장시키고 싶지 않았다. 그 이후로 나는 매일 아침 출근하기 전 1시간 정도 일찍 일어나 회사 근처 스타벅스에서 책을 읽기 시작했다. 그리고 퇴근하고 나서도 스타벅스에서 1시간 동안 책을 읽었다.

사람의 마음은 마치 자석과도 같아서 마음속에 간절히 원하는 것이 있다면 그것을 끌어당겨 현실로 나타나게 한다고 한다. 론다 번의 『시크릿』이라는 책에는 이러한 현상을 '끌어당김의 법칙'이라고 말한다. '생각에는 끌어당기는 힘과 주파수가 있다. 어떤 것을 생각하면 그 생각한 것이 우주로 전송되고, 이는 자석처럼 같은 주파수에 있는 것들을 끌어당긴다. 전송한 것들은 모두 원점, 즉 당신에게 돌아간다.' 이렇듯 우리의 생각은 우주의 법칙을 통해 현실로 나타난다.

나는 노예와 같은 직장생활이 싫었다. 하루라도 빨리 이곳을 벗어나고 싶었다. 그러한 생각이 우주로 전송된 것일까. 나는 나의 인생을 180도 바꿔준 책을 한 권 읽게 됐다. 그 책은 바로 엠제이 드마코의 『부의 추월차선』이었다.

처음 그 책을 읽었을 때 나는 큰 충격에 빠질 수밖에 없었다. 그 책의 저자는 30세 젊은 나이에 이미 억만장자가 되고 돈과 시간으로부터 자유로운 인생을 살고 있었다. 그가 자신의 드림카인 람보르기니 앞에서 찍은 사진을 보고 내 가슴은 두근거리기 시작했다. '아니, 이런 인생이 가능하다고?' 도무지 믿을 수가 없었다. 지금껏 살아오면서 주변의 그 누구도 나에게 이러한 삶이 존재한다는 것을 알려준 사람이 없었기 때문이다. 그는 일주일에 5일이 넘는 시간을 저당잡혀 원하지도 않는 인생을 살지 말라고 했다. 그것이 바로 현대판 노예라면서 말이다. 인생에서 가장 중요한 것은 시간이라는데 그의 말대로 나는 시간과 돈을 푼돈과 맞바꾸며 가장 소중한 자산인 젊음을 소비하고 있던 것이다. 만난 적도 없는 사람에게 마치 내 속마음을 훤히 드러내 보이는 듯한 느낌이었다. 직접 얼굴과 얼굴을 마주 보고 대화하는 느낌말이다. 그의 책을 읽고 나서 지금껏 내가 가지고 살아오던 사고방식은 산산이 부서졌다. 내가 바로 현대판 노예였다는 사실에 눈을 뜨게 됐다.

세계적인 문학작품 중 하나인 헤르만 헤세의 『데미안』이라는 책에는 이런 내용이 있다.

"새는 알을 깨고 나온다. 알은 곧 세계이다. 태어나려고 하는 자는 하나의 세계를 파괴하지 않으면 안 된다."

– 헤르만 헤세, 『데미안』

우리가 사는 세상은 자본주의 세상이다. 오늘날 세상은 겉으로 보기에 모두가 평등한 민주주의 사회이지만 자본을 중심으로 보이지 않는 새로운 계급사회가 형성됐다. 바로 빈자 계급과 부자 계급이 나뉘게 된 것이다. 빈자일수록 평생 중노동을 하며 푼돈만을 손에 쥔 채 살아야 한다. 하지만 부자는 굳이 노동을 하지 않아도 빈자들이 벌어들이는 돈의 수십 배 혹은 수백 배까지 단기간에 기하급수적인 돈을 벌어들인다. 빈자는 평생 돈에 시달리며 살아가지만 부자는 돈을 통제하며 자유롭게 살아간다. 만인의 평등을 위해 시작된 자본주의는 아이러니하게도 새로운 계급사회를 형성했다.

사람들 대부분은 자신이 알 속에서 살고 있다는 사실을 모르고 살아간다. 하지만 세상에는 내가 모르는 훨씬 거대한 세계가 있다. 내가 원하든 원치 않든 세계는 분명 그들의 주관하에 돌아가고 있다. 그러니 우리도 반드시 그 세계에 편승해야 한다. 그러기 위해서 내가 사는 세계를 깨뜨리고 나와야 한다. 알을 깨고 나오지 않으면 새로운 세상을 알 수 없다. 책을 읽다 보면 내가 우물 안 개구리로 살아왔단 것을 절로 깨닫게 된다.

나는 공무원 집안에서 자라왔다. 학교에서 시험성적을 잘 받고 좋은 대학을 나와서 좋은 회사에 들어가는 것이 인생의 전부라고 생각해오던 사람이었다. 그것만이 내가 인생에서 성공할 수 있는 유일한 길이라고 믿었다. 하지만 이제는 시대가 달라졌다. 2000년대 이전까지는 분명 대학이 취직과 안정을 보장해주던 시대였다. 하지만 지금은 대학이, 회사가 나의 미래를 보장해주지 않는다. 아시아나 항공이 망할 줄 누가 알았겠는가? 두산중공업이 망하게 될 줄 누가 알았겠는가? 세상은 한 치 앞도 알 수 없고 4차 산업혁명을 중심으로 빠르게 급변하고 있다. 인공지능 로봇의 발달로 인해 기존 화이트 칼라의 일자리는 더욱 위협받게 될 것이다. 옥스퍼드 대학의 조사 자료에 의하면 앞으로 10~20년 이내에 현재 직업의 절반 이상이 사라진다고 한다. 인공지능 로봇의 발달로 인해 인간의 미래가 풍족해질 것처럼 보이지만 한편으로 로봇들은 생산성에 중점을 둔 인간의 노동 대부분을 앗아갈 수도 있다는 것이다. 저널리스트인 마커스 울슨은 '인간이 작업해야 할 일들을 점차 로봇이 대신하게 되면서 미래에 인간은 오로지 창조하는 일에만 열중하게 될 것'이라고 예측하기도 했다. 이제는 스스로가 스스로를 책임져야 하는 시대가 온 것이다. 오늘 배운 지식이 내일은 쓸모없어지는 시대가 바로 지금이다. 하지만 아직도 많은 사람들이 학벌 지옥과 자격증에 목을 매단 채, 과거의 전유물 속에 살아가고 있는 것 같다. 이는 얼마나 많은 사람들이 스스로 생각하는 법을 모르고 실체도 없는 말에 속아온 것인지를 말해준다. 남이 시키는 대로만 하며 살아온 대가는 가혹하다. "나는 그저 열심히 살았을 뿐이야!"라고 말해도 소용없는 것이다.

하지만 그와 반대로 변화하는 세상에 발맞춰 깨어나는 사람들도 많이 생기고 있다. 변하지 않는 진리는 세상은 끊임없이 변화한다는 것이다. 그러니 우리도 그에 발맞춰 나아가야 한다. 그렇지 않으면 그만 도태되고 만다. 인간은 끊임없이 발전하며 진보하는 존재이다. 우리 모두는 과거에 얽매여 살아가는 사람이 아닌 멋진 미래를 만들기 위해 시대를 읽고 시대를 앞서나가는 리더가 되어야 한다.

03

독서가가 세상을 지배한다

인류 역사는 지금껏 항상 두 개의 계급이 존재해왔다. 바로 지배 계급과 피지배 계급이다. 옛 그리스 스파르타에 대해서 알고 있을 것이다. 영화 〈300〉으로도 유명한 스파르타는 강력한 국력을 자랑했고 그 나라의 용사들은 강한 육체만을 추구한 국가로 널리 알려져 있다. 하지만 플라톤의 '프로타고라스'에 따르면 사실 스파르타는 체육보다 철학을 더 사랑했다고 한다. 그들은 고대 그리스의 7현인이 부러워하고 칭송할 만큼 최고의 철학 교육을 실시했다. 그렇다면 이들은 왜 강한 육체만을 추구한 국가로 알려져 있을까? 바로 그들의 뛰어남이 지혜로 인한 것임이 밝혀지면 모든 사람들이 지혜를 갖추려 할 것이기 때문이었다. 그들은 자신들이 다른 민족보다 뛰어난 것은 지혜로 인함이 아닌 싸움과 용기로 얻은 것이라고 인식시키려 했다.

　또한 고대 중국의 지배층은 수시로 바뀌었으나 인문고전 독서를 지나칠 정도로 중시했으며 일본의 쇼군 계급은 중국 고전을 마치 비밀 문서처럼 전수했다. 유럽 왕가와 명문 귀족 집안에서 실시한 교육도 인문고전 독서였다.

　과거 일본은 기본적으로 검도를 연마하는 것이 업이었던 무사들이 지배층이었다. 일본은 당시 시대에 뒤떨어진 미개국 취급을 받았다. 그런 그들이 한국과 중국에 머리를 조아려가며 문물을 수입했다. 그 후 일본은 메이지 유신을 통하여 아시아 최강대국으로 변신하고 세계적인 경제대국으로 성장하게 되었다. 메이지 유신의 아버지인 후쿠자와 유키치는 게이오 대학을 창립한 위대한 교육가로 칭송받는다. 그는 하급 무사의 아들로 태어났으나 스물다섯 살에 동경 게이오 대학의 기원이 되는 학당을 열 정도로 진보한 지식인으로 변했는데 그 비결은 바로 인문고전 독서에 있었다. 중국 인문고전을 바탕으로 철저히 두뇌를 근본적으로 변화시킨 후 서양 학문인 난학과 영학을 공부한 뒤 메이지 유신의 사상적 토대를 닦았다. 일본은 19세기 동양과 서양의 고전 대부분을 번역하여 국민들에게 대량 공급할 수 있었다. 메이지 시대 국가 주도의 인문고전 독서 열풍은 20세기까지 계속되었으며 국력을 혁명적으로 신장시킬 수 있었다.

　조선 시대 최고의 군주 중 세종대왕과 정조가 있다. 두 사람에게 큰 공통점이 있다면 바로 인문고전 독서에 광적으로 몰입했다는 것이다. 왕과 신하들이 인문고전을 읽고 토론하는 경연을 수시로 열어 국가경영의 지혜를 얻었으며 인문고전을 깊이 연구해서 얻은 결과를 토대로 왕에게 자문하는 기관인 집현전과 규장각을 세웠다. 그들은 국가경영 능력이 인문고전 독서를 바탕으로 비롯되었다고 고백했다. 삶의 근본적인 변화란 사물의 본질을 꿰뚫는 지혜가 있을 때 생겨난다. 바로 독서를 통한 근본적인 변화이다. 단순한 지식은 인간을 변화시키지 못한다. 당신이 학교에서 그렇게 오랫동안 배우고도 삶에 큰 변화가 없던 이유를 알아야 한다. 책을 읽는 사람이 책을 읽지 않는 사람을 지배한다. 이는 만고불변의 진리이다. 돈 없고 능력 없는 사람일수록 치열하게 독서를 해야 한다. 그렇게 자신의 두뇌를 혁명적으로 바꾸어야 한다.

　미국의 대부호인 존 데이비슨 록펠러가 설립한 대학인 시카고 대학이 있다. 이 대학은 1890년부터 1929년까지 둔재들만 가던 소문난 삼류학교였다고 한다. 하지만 1929년을 기점으로 놀라운 변화가 일어나게 된다. 이 학교를 졸업한 사람 중 노벨상 수상자들이 하나둘씩 나타나기 시작하더니 싹쓸이라는 표현이 어울릴 정도로 노벨상 수상자가 폭증한 것이다.

약 100년간 시카고대학 출신의 노벨상 수상자는 약 100명에 달한다. 어떻게 이런 일이 일어날 수 있던 것일까? 1929년은 인문고전 독서교육의 광신도라 할 수 있는 로버트 허친스가 시카고대학 제5대 총장으로 취임한 해이다. 전 세계의 위대한 고전 100권을 달달 외울 정도로 읽게 하고, 읽지 않은 학생은 졸업을 시키지 않았으며, 대학 4년 교육 과정의 대부분이 인문고전 독서를 하는 시카고 플랜이 시작된 해이다. 만약 시카고 대학에서 이러한 독서 교육을 하지 않았다면 지금과 같은 노벨상 왕국이 될 수 있었을까?

독서의 근본적 목적은 두뇌 변화를 목적으로 한다. 한 페이지를 넘기는 데 하루 혹은 일주일이 넘는 시간이 걸리더라도 자신보다 몇십 배 혹은 몇백 배 높은 사고능력을 가진 천재들과 씨름하는 과정을 겪으며 두뇌의 근본적인 변화가 이루어진다. 뇌 또한 마치 근육과 같아서 쓰면 쓸수록 더 강화되고 발달한다.

약 100년 전 경상남도 의령과 강원도 통천에서 태어난 두 아이가 있다. 통천에서 태어난 아이는 가난한 소작농 아버지를 두었다. 의령에서 태어난 아이는 재벌 집안에서 태어나 당시 최고의 코스인 일본 유학까지 다녀왔다. 통천에서 자란 아이는 너무도 가난한 나머지 하루 종일 일하고 보리밥, 콩죽으로 끼니를 때우는 빈농의 삶을 살았다. 너무나 다른 환경에서 자란 두 사람에게도 공통점은 있었는데 바로 인문고전 독서였다. 의령에서 태어난 아이는 바로 삼성그룹 이병철 회장이고 통천에서 태어난 아이는 현대그룹 정주영 회장이다. 이병철 회장은 자신의 세심한 인재경영은 모두 '논어'에서 비롯되었다고 고백했다. 정주영 회장은 자신의 불굴의 의지경영은 '채근담'과 '대학'에서 비롯되었다고 말했다. 이렇듯 각 시대의 리더들은 책을 통해 인생을, 더 나아가 세계를 변화시켰다.

지금까지 세상을 지배한 0.1%는 모두 독서가였다. 단순한 독서가가 아닌 책벌레라고 불릴 수준의 엄청난 독서광들이었다. 세계 제1의 부자인 빌 게이츠, 전설의 투자자인 워렌 버핏, 일본 제일의 부자 손정의, 상대성 이론의 아인슈타인, 한글을 창제한 세종대왕, 불멸의 영웅 이순신. 더 나열하자면 아마 끝도 없을 것이다. 빌 게이츠는 자신의 성공 비결은 어릴 적 도서관에서 익힌 독서 습관 덕분이라고 했다. 그는 자신의 하버드 졸업장보다 어렸을 때부터 익힌 독서 습관이 훨씬 더 중요하다며 독서의 중요성을 강조했다. 오마하의 현인으로 불리는 워런 버핏 또한 도서관에 있는 모든 투자 서적을 다 읽을 정도였다고 한다. 그는 지금도 매일 하루에 5~6시간씩 책과 신문 읽기에 몰입한다. 손정의는 젊은 시절 병원에서 4000권 독서를 한 후 일본 제1의 부자가 될 수 있었다고 고백했다. 세종대왕은 어린 시절부터 왕위에 오른 후까지 시력이 나빠질 정도로 독서하며 역사상 가장 위대한 지도자가 되었다. 이순신 장군은 술을 마시고 집에 돌아와서도 닭이 울면 반드시 촛불을 켜고 독서를 했다. 늦은 밤에도 독서를 통해 자신에게 필요한 지혜를 얻는 책벌레였다.

독서는 뇌의 정보처리 회로를 바꿈으로써 운명을 바꾼다. 운동을 하면 몸이 발달하듯 독서를 하면 뇌 또한 발달한다. 좀 더 고차원의 인간이 되는 것이다. 독서는 마치 그 책의 저자와의 개인적인 만남과도 같다. 직접 대면하기조차 힘든 위대한 사상가, 전문가, 성공자들과의 간접적인 만남을 통해 자신의 인생도 발전한다. 뇌 근육은 눈에 보이지 않아서 실감하기는 어렵다. 그러나 일정 수준의 독서를 하고 나면 뇌가 리빌딩되는 것을 느낄 수 있다. 우리 뇌에는 1,000억 개의 뉴런과 100조 개가량의 시냅스가 존재한다. 문제는 대부분의 인간들은 이러한 뇌세포를 대부분 깨우지 못한 채 살아간다는 것이다. 천재 아인슈타인조차 뇌기능의 10%도 채 사용하지 못했다고 한다. 많은 양의 독서는 뇌의 뉴런과 시냅스의 정보처리 회로를 바꾼다. 우리는 이러한 뇌의 능력을 깨워야만 한다. 뇌의 정보처리 회로의 변화는 의식의 변화를 이루고 좀 더 나은 생각과 행동을 하게 만들어서 결국 한 사람의 운명을 바꾼다. 독서는 행복한 인생을 살게 하는 신비로운 마법이다.

하지만 보통 사람들에게 독서란 열심히 평일 동안 일하고서 남는 시간에 즐기는 힐링 수단과도 같다. 당장 다음 달에 치러야 할 토익시험과 한

국사 시험이 더욱 우선이다. 대부분 사람에게 독서는 취미활동 중 하나일 뿐이다. 하지만 일부 특별한 사람들은 독서를 취미를 넘어선 평생의 노력으로 활용하여 인생을 바꾸었다. 그들은 독서를 삶의 최우선 순위로 두었다. 단순히 책을 교양 삼아 읽은 수준이 아니라 미친 듯이 수불석권하여 책에 파고들었다. 결국 그들은 사회 각 분야에서 세상의 주인으로 우뚝 서게 됐다. 미국의 사상가 랄프 왈도 에머슨은 이렇게 말했다.

"인간의 성공은 독서량에 정비례한다. 책을 많이 읽은 사람은 그만큼 위대하게 되는 것이다. 지금 우리 시대에 위대한 사람이 많이 나오지 않는 것은 위대한 사람이 될 만큼의 독서량이 없기 때문이다."

여제와 똑같은 내가 싫어서 나를 바꾸기 시작했습니다

04

지식보다 귀한 것이 지혜이다

우리는 지금껏 늘 인풋(Input)만을 하면서 살아왔다. 학창시절 최고의 인생을 사는 방법은 우수한 시험성적을 거두는 것이었다. 좋은 시험 점수가 나오기 위해서 지식을 기계처럼 달달 외우고 정해진 답만을 말해야 했다. 하지만 그러한 교육은 개인의 고유성과 창조성을 죽이는 교육임을 깨달아야 한다. 이제는 반대로 해야 한다. 그동안 집어넣기만 했다면 이제는 끄집어내야 한다. 바로 아웃풋(output) 인생을 살아야 한다. 기계마냥 달달 외워서 정해진 답만을 말하는 자동응답기가 아닌 세상에 둘도 없는 창조적인 인간이 되어야 한다. 인간은 창조적일 때라야 빛을 발하는 존재이기 때문이다. 이 세상에 완전히 똑같은 사람이란 없다. 태어날 때부터 지닌 내면의 원석을 가공하여 다이아몬드 인생으로 거듭나야 한다. 본인이 가진 개성을 바탕으로 창조적인 인생을 살아야 한다.

가수, 화가, 배우, 작가, 발명가 등 세상이란 무대 위에서 찬란한 빛을 발하는 사람들은 모두 개인의 창조성을 끄집어낸 예술가들이다. 지식은 단순 재료에 지나지 않으며 그것을 활용해야만 진정한 의미가 있는 것이다. 절대 지식을 단순히 집어넣는 데만 그쳐서는 안 된다. 21세기 가장 영향력 있는 비즈니스 전략가 중 한 명인 세스 고딘은 자신의 저서 『린치핀』에서 이렇게 말했다.

"어느 누구도 거대한 기계 속 이름 없는 작은 톱니바퀴가 되기 위해 태어나지는 않았을 것이다. 하지만 우리는 모두 그런 톱니바퀴가 되도록 훈련받았다. 하지만 이제는 톱니바퀴가 아니어도 살 수 있는 방법이 생겼다. 바로 '린치핀'이 되는 길을 따라 한 걸음씩 나아가는 것이다. 우리는 모두 누구도 대체할 수 없는 존재, 없어서는 안 되는 존재가 될 수 있다. 스스로 중요한 존재로 거듭날 수 있다."

– 세스 고딘, 『린치핀』

린치핀이란 누구도 대체할 수 없는 존재 곧 예술가를 뜻한다. 문자 그대로의 '예술가'를 이를 뿐만 아니라 창조적으로 일을 계획하고 실행하는 모든 이들을 그는 예술가라고 한다. 애플의 스티브 잡스, 아마존의 제프

베조스 같은 사람이 대표적인 예이다. 멀리 가지 않더라도 국내 유튜브 스타들 또한 대표적인 린치핀이다. 스스로 컨텐츠를 기획하고 제작하여 유포하는 모든 일이 개인의 창조적 역량을 발휘하는 일이기 때문이다. 이들은 수많은 사람들을 대상으로 자신의 예술을 선물로 주고 감정노동을 기꺼이 해내며 사람들과 적극적으로 상호작용을 하는 사람들이다.

세스 고딘은 우리가 평범함에서 벗어나지 못하는 이유에 대해 다음 두 가지를 말했다.

1. 학교와 시스템에 의해 세뇌당했다.

직장에서 하는 일이 곧 내 일이고 규칙을 지키는 것이 내 일이라고 믿게 되었다. 하지만 그런 시스템은 더 이상 작동하지 않는다.

2. 모든 사람은 겁에 질린 채로 마음속에서는 끊임없이 화난 목소리를 낸다.

도마뱀 뇌가 저항하는 목소리다. 평범해지라고(그래서 안전을 지키라고) 말한다. 아무리 노력해도 생각만큼 좋은 성과가 나오지 않는다면 그것은 게임의 규칙이 바뀌었기 때문이다. 하지만 그러한 사실을 이야기해주는 사람은 아무도 없다. 지금 우리가 따르는 규칙은 200년 전에 만들어진 것들이다. 비록 오랫동안 작동하기는 했지만, 이제는 더 이상 먹히지 않는다. 이제는 새로운 규칙을 배워야 한다. 그리고 규칙을 배우기 위해 약간의 시간을 투자해야 한다. 그 정도 시간을 투자할 만한 가치가 충분히 있는 일이다.

산업혁명 이후 약 300년간 우리 삶을 지배해온 시스템은 '시간 맞춰 출근하라, 열심히 일하라, 상사의 말을 잘 들어라, 무조건 참아라, 시스템의 일부가 되어라. 그러면 보상과 안전을 보장받을 것이다'였다. 이렇듯 우리 사회는 기본적으로 시스템 안에서의 '돌봄'에 길들여져 있다. 시대는 지금도 빠르게 변화하고 있고 기술의 진보 앞에 우리가 선택한 거래는 모두 물거품이 되고 말았다. 일자리는 늘어나지 않고 임금도 오르지 않는다. 중산층은 세금으로 인해 집중포화를 받고 있고 빈부격차는 날로 심해지며 은행은 더 이상 믿을 수 없고 미래는 점점 암울해질 뿐이다.

이제는 스스로가 스스로를 책임져야 할 때이다. 직장인 대부분이 퇴직 후에 아무것도 할 것이 없어 백수가 되고 말거나 퇴직금을 끌어모아 치킨집을 창업하기도 한다. 말이 창업이지 사실상 제2의 직장이나 다를 게 없다. 이처럼 많은 직장인들이 퇴직 후 스스로 책임질 수 있는 능력이 없는 것은 계속해서 돌봄에 길들여진 채로 살아왔기 때문이다. 평생 회사만을 의지하며 살아왔는데 나이가 차고 나니 결국 다른 톱니바퀴로 대체되고 만 것이다.

블루 칼라란 노동자를 말한다. 그들은 쇠와 구리를 만지며 살아간다. 화이트 컬러는 직장인이다. 그들은 사무실에서 흰 종이를 만진다. 골드 컬러는 예술가이다. 그들은 황금을 만지며 살아간다. 우리는 이처럼 각자가 지닌 고유한 예술성과 창조성을 바탕으로 골드칼라가 되어 살아야만 한다. 예술가로 살지 않는 것은 자신의 무한한 가능성과 잠재능력을 사장시키는 것이나 다름없다. 한 번쯤은 자신의 인생을 돌아봐야 한다. 나 자신이 실체도 없는 목소리에 따라서 움직이고 있는 것은 아닌지 점검해봐야 한다. 우리는 끊임없이 내면의 것들을 끄집어내는 창조적인 인간이 되어야 한다.

세상은 이제 기계 속 톱니바퀴와 같은 사람에게 기회를 제공하지 않는다. 하지만 학교와 사회는 수 세대에 걸쳐 우리에게 단순한 톱니바퀴가 되는 교육만을 고집해왔다. 지금 우리나라 취업난이 역대 최고치라고 한다. 모두가 공무원이 되려 하고 대기업에 취직하기 위해 안간힘을 쓰며 살고 있다. 노량진을 가면 공시생들로 넘치지만 합격 인원은 극소수에 불과하다. 그 길만이 유일하게 살아남을 수 있는 길이라고 믿어왔기 때문에 달리 그만둘 수도 없는 노릇이다. 너 나 할 것 없이 모두 공무원이 되어야 하고 정해진 길에서 이탈한 사람이 있다면 인생 패배자 내지는 바보 취급을 당한다. 하지만 진정 똑똑한 사람은 남이 정해놓은 길만을 맹목적으로 따르지 않는다. 그들은 자신만의 길이야말로 유일한 정답이라는 것을 알고 있다. 갈수록 취업의 문이 좁아진다고 한다. 그 말은 곧 이제 공부를 통해 성공할 수 있는 시대는 끝났다는 말이다. 물론 어느 정도 밥벌이는 가능할 것이다. 하지만 현명한 자라면 지는 해가 아닌 떠오르는 해를 향해 나아가야 할 것이다. 시대를 읽고 새로운 시대가 추구하는 새로운 방향을 향해 나아가야 한다. 떠오르는 해는 곧 예술가이다. 시간이 갈수록 단순노동은 더욱더 기계로 대체될 것이며, 독창적이고 창의적인 사람만이 살아남는 시대가 올 것이다.

지금의 시대는 무한경쟁 시대라고 한다. 모두가 1등만을 외치는 사회이다. 내가 살아남기 위해서 남을 짓밟고 올라가야 한다. 저 사람보다 좋은 점수를 받아야지만 내가 더 풍요로운 인생을 살 수 있다. 그래서일까 세상은 점점 더 사랑을 잃어가는 사회가 되는 것 같다.

"옆집 민수는 이번에도 전교 1등이라며?"
"우리 애는 공부도 못하고 도대체 어떻게 먹고 살려고 하나."

남 잘되는 꼴을 못 보는 게 요즘 세상이다. 남이 잘될수록 진심으로 축하해주기보단 시기와 질투심을 보인다. 뒤쳐진 이들의 자존감은 바닥이고 성적에 대한 열등감만 남는다. 서로 위로 올라가기 위해 남을 끌어내리려는 세상이다. 한국은 다른 나라들에 비해 자살률이 월등히 높다. 한국의 자살률은 타 비교대상 국가들 가운데서도 최상위 수준으로 OECD 평균의 두 배에 가까운 수치이다. 좋은 점수를 받지 못해 고시원을 전전하는 사람들은 인생의 패배자로 낙인찍혀 혼자 조용히 쓸쓸하게 생을 마감하곤 한다.

　내가 다닌 회사도 마찬가지였다. 남들 앞에선 환히 웃으면서도 뒤돌아서면 서로를 헐뜯기에 바빴다. 겉으론 평화로워 보이더라도 다들 보이지 않는 경쟁 속에서 살았다. 내가 승진하기 위해 남을 뭉개고 짓밟아야 한다는 것이었다. 설사 그렇게 해서 올라간다 하더라도 그 끝은 과연 행복할까? 그러한 경쟁은 끝없이 반복될 것이며 결국 행복이 아닌 불행만이 남을 것이다. 마치 지옥이나 다름없다. 학교에서는 모든 인간이 소중하고 특별한 존재라고 가르치면서 현실에서는 왜 우리를 하나같이 똑같은 사람으로 만들려 할까? 언제까지 남들과 똑같아지려고 할 필요가 없다. 이제는 규칙이 바뀌었다. 독일의 철학자 쇼펜하우어는 이렇게 말했다. '인간은 다른 사람처럼 되고자 하기 때문에 자기 잠재력의 4분의 3을 상실한다.' 무한경쟁이라는 지옥의 굴레에서 벗어나 모두 개개인의 독창성을 추구하는 특별한 인생을 살아야 한다. 바로 최고의 것(Best one)이 아닌 특별한 것(Special one)을 지향하는 삶을 살아야 한다. 그것이 진정 진보된 사회를 만드는 지름길이다. 나 또한 평범한 직장인이었다. 하지만 더 나은 세상을 만들고 싶고, 내가 깨달은 것을 세상에 전달하고 싶은 간절한 바람이 나를 작가로 만들었다. 나의 메시지로 인해 모두가 한 걸음씩 더 나아간 세상이 된다면 그것만큼 행복한 일은 없을 것이다. 누구나 자신 안에 위대함이란 씨앗을 가지고 있다. 위대한 사람이 되어 좀 더 아름다운 세상을 만들고자 하는 소망은 하늘을 움직여 결국 그 씨앗을 꽃 피우게 한다. 우리는 언제나 더 나은 존재가 될 수 있다. 우리의 앞길을 가로막는 과거의 악습을 제거하고 자신이 꿈꾸는 인생을 살고자 노력한다면 누구나 원하는 인생을 살 수 있을 것이다.

어제와 똑같은 내가 싫어서 나를 바꾸기 시작했습니다

05

독서는 나를 단단하게 만든다

이 세상에서 진정 강한 사람이란 스스로를 믿고 의지하는 사람이다. 어떠한 시련과 역경이 와도 자신을 믿고 의지하는 사람은 결코 무너지지 않는다. 그러기 위해서 우리는 모두 뿌리 깊은 나무가 되어야 한다. 어지러운 세상 속 자신을 지킬 수 있는 힘을 길러주는 것은 바로 독서하는 습관이다. 독서는 자신이 세상의 중심이 되어 세상을 바라볼 수 있는 통찰력을 길러준다. 통찰력이란 사물이나 현상을 예리한 관찰력으로 꿰뚫어 보는 능력이다. 즉 사물이나 현상을 관찰하여 미래를 예측하는 힘을 말한다. 세상의 모든 위인들은 책을 통해 기른 통찰력으로 시대를 앞서가며 성공적인 인생을 쟁취할 수 있었다. 다가올 세상을 미리 준비하고 예측하여 시장을 선점한 것이다. 금융의 황제 조지 소로스는 이렇게 말했다. '철학적 사고를 통해 얻은 이론들을 현장에 적용한 결과, 나는 주가가 오를 때나 내릴 때나 언제든지 돈을 벌 수 있었다.' 그는 어릴 적 접시닦이, 웨이터, 공장 노동자 등 긴 세월을 힘든 일을 하며 살아왔다. 하지만 그러한 고된 나날을 보내는 와중에도 그는 밤을 지새워 가며 철학책을 읽었고 1992년 세계금융의 황제가 되어 일주일 만에 10억 달러, 우리나라 돈으로 1조 원이 넘는 돈을 벌어들였다. 그는 자신의 투자 성공 비결을 '철학 하는 것'이라고 말했다.

우리는 너무나 바쁜 세상을 살아가는 탓일까? 하루 종일 자신을 돌볼 새 없이 오직 앞만 보며 정신없이 살아가는 것 같다. 처리해야 할 업무, 쏟아지는 뉴스, 내 시선을 사로잡는 온갖 유흥과 일락 거리들이 주변에 가득하다. 하지만 이렇게 바쁜 세상일수록 우리는 의도적으로라도 여유를 가진 채 생각할 시간을 만들어야 한다. 바로 자신을 돌아볼 수 있는 시간을 만들어야 한다. 크게 성공한 사람일수록 오히려 일만큼이나 휴식을 중요시하게 여기는 것을 알 수 있다. 그들은 빨리 가는 것만큼 잠시 멈춤의 시간을 가지는 것도 중요하다는 것을 잘 알고 있는 사람들이다. 일반 대중은 스스로 생각할 시간이 없다. 그렇기에 그저 누군가가 이끄는 대로 따라갈 뿐이다. 의도적으로라도 스스로 생각할 시간을 만들지 않으면 미래를 불안해하며 전전긍긍하는 삶을 살 수밖에 없다. 독서를 통해 얻은 통찰력은 과거와 현재를 깊이 있게 살펴보고 미래를 내다볼 수 있는 강력한 힘을 준다.

  마이크로소프트사의 창업자 빌 게이츠는 1년에 두 번, 한 번에 일주일 동안에 걸치는 생각주간을 가진다고 한다. 그는 이 기간엔 회사 직원들을 포함해 가족들까지 아무에게도 연락을 받지 않은 채, 온전히 자신의 생각에 몰입하여 앞날을 구상한다. 이 기간에는 그 어느 누구의 방문도 허락되지 않는다. 그는 일주일 동안 수십 편의 논문, 수 권의 책을 읽으며 생각을 정리한다. 눈치가 빠른 독자들이라면 이미 눈치를 챘겠지만 사실 이 시간은 단순히 세상 사람들이 생각하는 휴가와는 성질이 다르다. 그는 제대로 시간을 들여 몰입할 수 있는 자신만의 시간을 최소한으로 확보해둔 것이다. 이 기간은 100개 이상의 논문, 심지어 어떤 날은 18시간 동안 글을 읽으며 치열하게 미래를 대비하는 시간이다. 빌 게이츠는 자신만의 시공간에서 최대한의 집중력을 이끌어내어 최선의 결과를 뽑아낸 것이다. 생각하는 시간이란 이렇게나 중요한 것이다. 쉴 새 없이 울리는 메신저와 뉴스 소식으로 마치 홍수 속을 휩쓸려 다니는 듯한 우리의 일상에 빌 게이츠의 생각주간은 큰 교훈을 준다. 우리도 하루에 몇 분, 일주일에 몇 시간 정도는 바쁜 삶의 속도를 잠시 늦추고 스스로 생각하는 시간을 가져야 한다. 미래를 예상하는 가장 바람직한 방법은 자신이 생각한 대로 만들어가는 것이다. 치열하게 생각하고 치밀하게 만들어진 계획을 통해 우리가 원하는 미래를 만들어가야 한다. 미래는 시간이 흐르면 다가오는 것이 아닌 자신이 직접 고안하여 창조해나가는 것임을 알아야 한다.

　한창 청년들 사이에서 유행하던 단어가 있다. 바로 '금수저'라는 말이다. 부유한 부모를 만난 덕분에 살면서 금전적인 걱정을 할 필요가 없는 자제를 뜻하는 말이다. 그 집안의 자제들은 '금수저 물고 태어나서 좋겠다.'라며 주변에서 온갖 부러움의 대상이 되기도 한다. 태어날 때부터 돈 많은 부모님께 물려받은 자산 덕분에 굳이 노력할 필요가 없겠다며 말이다. 하지만 많은 재산을 물려받았다고 해서 그 사람이 반드시 성공적인 인생을 살리란 법은 없다. 많은 재산을 상속받더라도 그 재산을 쌓기까지의 경험까지는 물려받을 순 없기 때문이다. 성취감, 자신감, 자존감, 강인함, 인내 이러한 품성들은 재산처럼 물려줄 수 없는 것이다. 간혹 뉴스를 보다 보면 오히려 금수저 집안에서 태어난 자제들이 부모가 가진 자산을 모두 탕진하거나 사회적인 물의를 일으키는 경우를 종종 볼 수 있다. 노력 없이 쉽게 얻은 만큼 그 가치를 알지 못하고 쉽게 잃어버리고 마는 것이다. 노력 없이 얻은 모든 것들은 오히려 복이 아닌 재앙일 수 있다.

　우리는 많은 수의 자수성가형 부자들이 과거 찢어지게 가난한 흙수저의 삶을 살았다는 아이러니한 사실을 접하곤 한다. 하다못해 노숙자의 삶을 살았던 사람들도 있다. 하지만 그들은 그러한 모든 역경을 극복하여 부유한 삶을 이루었다. 그들은 빈털터리였던 시절의 경험을 통해 가난이란 것이 얼마나 무서운 것인지 그렇기에 노력해서 얻은 것들이 얼마나 가치 있고 소중한 것인지를 누구보다 잘 알고 있다. 아무것도 없던 빈손으로 시작해 많은 재산을 축적하는 과정 가운데 재산을 지키기 위한 능력을 키우고 높은 지위를 유지하기 위한 강인함을 키운 것이다. 노력을 통해 단련된 사람은 시련 앞에 쉽게 굴복하지 않는다. 오히려 아무 노력도 없이 삶을 일군 사람일수록 어떠한 난관에 부딪힐 때마다 쉽게 좌절하고 무너지기 쉽다. 가장 가치 있는 자산은 돈이 아닌 경험이라는 자산 자체인 것이다.

우리가 당면한 문제에 대한 책임을 외부로 전가하는 것은 해결에 어떤 도움도 되지 않는다. 보다 빠르고 쉬운 해결을 위해서는 더더욱 자신에게서 원인을 찾아야 한다. 가장 쉽고도 지혜로운 것이 바로 자신을 바꾸는 것이다. 남 탓을 밥 먹듯이 하는 사람일수록 인생에 발전을 기대하기는 어렵다. 그것은 자신이 능력도 없는 약한 사람이라는 말을 하는 것과 다르지 않다. 하늘은 스스로 돕는 자를 돕는다고 했다. 노력을 통해 모든 것을 일궈낼 수 있다는 자신감을 가져야 한다. 우리는 지금껏 너무나 외부의 존재에 의지하며 살아왔다. 우리가 진정으로 믿어야 할 존재는 다름 아닌 자기 자신인 것이다. 그것만이 험난한 세상에서 가장 잘 살아남을 수 있는 비결이다.

당신은 말이 지닌 힘과 권위에 대해 알고 있는가? 사람들은 대부분 자신이 무심코 던진 말이 자신의 삶에 얼마나 큰 영향을 끼치는지 알지 못한 채 살아간다. 나는 말이 지닌 힘에 대해 잘 알고 있는 사람이다. '말이 씨가 된다.'라는 말이 있듯, 말의 힘은 놀라울 정도의 창조력을 가지고 있다.

일본의 파동 연구가이자 『물은 답을 알고 있다』의 저자 에모토 마사루 박사가 있다. 그는 물의 실험을 통해 말의 위력을 잘 알려주었다. "고맙습니다."라는 말을 들려준 후 전자현미경으로 확대해서 찍은 물의 결정은 선명하고 예쁜 육각형의 결정을 나타냈다. 하지만 온갖 폭언과 욕설을 들려준 물의 결정은 화산구처럼 흉측하게 일그러졌다. 그는 "결정 사진을 볼 때는 육각형이 뚜렷한 결정구조를 이루고 있는지가 중요하다. 나는 촬영을 위해 결정체가 이루어지는 과정을 몇천 번이나 봤다. 그렇게 하다 보니 신기하게도 물에 생명이 있음을 느끼게 되었다."라고 말했다.

또 몇 년 전 MBC 방송국에서 한글날 특집으로 〈말의 힘〉에 대한 실험을 했었다. 막 지은 쌀밥이 담긴 두 병에 각각 '고맙습니다, 사랑해' 같은 좋은 말과 '짜증나, 미워' 같은 나쁜 말이 적힌 종이를 붙인 뒤 며칠간 종이에 적힌 말을 들려주는 실험을 했다. 두 병에 담긴 쌀밥은 3~4일 후 변화가 생겼다. 그런데 두 병은 믿기 힘들 정도로 큰 차이가 있었다. 좋은 말을 해준 '고맙습니다' 병의 쌀밥은 하얗고 뽀얀 곰팡이가 생겨 비교적 예쁜 상태를 유지했다. 하지만 '짜증나' 병의 쌀밥은 까만 곰팡이가 쾌쾌하게 핀 것을 볼 수 있었다. 이렇듯 물과 미생물조차 말의 지배를 받는 것이다. 우리 인체의 70%는 물로 이루어져 있다고 한다. 우리가 하는 말은 결국 우리의 몸을 지배한다. 말에는 권위가 있다. 그래서 나는 어떠한 상황에서도 절대 말을 함부로 하지 않는다.

나는 가난한 사람이 싫다. 정확히 말하자면 가난한 생각을 가진 사람들을 싫어한다. 그들은 매사에 부정적이다. 끊임없이 자신을 향해 '난 희망이 없어, 난 불행해, 난 지지리도 운이 없어, 세상에 나만큼 불행한 사람이 있을까?' 등 온통 부정적인 말을 한다. 또한 자신을 욕하는 것 만큼이나 쉽게 남을 욕하곤 한다. 스트레스를 푼다는 식으로 온갖 뒷담화, 욕설을 입에 달고 살며 매사에 불평불만이다. 하지만 그 말을 가장 가까이에서 가장 먼저 듣는 사람은 누구인가? 정작 본인이다. 자신이 뱉은 말에 가장 큰 영향을 받는 것은 다름 아닌 자기 자신이다. 평소 자신에게 들려주는 말이 자신의 현실을 만든 것이다. 우리는 행복해서 웃는 것이 아닌 웃기 때문에 행복한 것이라는 말을 기억해야 한다.

06

독서를 통해 새로운 세상에 눈을 떠라

나는 독서를 시작하고부터 내가 지금껏 모르고 살아온 세계가 존재하고 있음을 깨닫게 됐다. 우리가 사는 세상은 단지 눈에 보이는 세상이 다가 아니다. 눈에 보이는 세상은 눈에 보이지 않는 세상의 부산물에 불과할 뿐이다. 우리는 어쩌면 눈에 보이지 않는 것의 중요성을 간과한 채 살아가고 있는지도 모른다.

책은 나에게 '진짜'를 볼 수 있는 지혜를 주었다. 비로소 현실의 한계를 벗어나 의식세계에 눈을 뜰 수 있게 해준 것이다. 사람들 대다수는 자신의 현실에 갇혀서 스스로의 한계를 규정한 채 그곳을 벗어나지 못하고 있다. 그것은 단지 그 사람의 운명 때문이라서가 아니다. 눈에 보이지

114 어제와 똑같은 내가 싫어서 나를 바꾸기 시작했습니다

않는 의식세계를 깨닫지 못하기에 단순히 눈에 보이는 현실이라는 한계에 갇혀 살아가는 것이다. 이는 마치 수면 위에 떠 있는 빙산과도 같다. 수면 위에 떠 있는 빙산은 단지 빙산의 일각일 뿐 수면 밑에는 그 크기와 비교도 안 될 만큼 거대한 빙하가 있다. 정신분석 연구 분야에 있어 세계적인 권위가로 잘 알려져 있는 조셉 머피 박사는 인간의 잠재의식이 가진 무한한 능력에 관한 연구로 유명한 사람이다. 그가 발견한 이론인 '머피의 법칙'은 인간이 지닌 잠재의식의 힘을 이용해 우리의 깊은 사고 속에 각인시킨 후 그것을 지속적으로 발전시켜나간다면 무엇이든 이룰 수 있게 된다는 내용이다. 정신분석학의 대가인 프로이트 박사 또한 비슷한 말을 했다. 그는 우리가 인식할 수 있는 의식이라는 영역 아래에는 우리가 의식적으로는 전혀 느낄 수 없지만, 인간의 사고와 행동을 지배하는 무의식이라는 영역이 존재한다고 말했다. 이 무의식의 영역을 이용해 지속해서 자신이 원하는 것을 간절히 염원한다면 그것이 반드시 이뤄지게 된다고 주장했다. 여기서 의식과 무의식은 바다에 떠 있는 큰 빙하에 비유하자면 수면 위로 올라와 있는 부분을 눈에 보이는 '의식세계', 수면 아래의 보이지 않는 부분을 '무의식 세계'라고 부른다. 눈에 보이지 않는 무의식 세계야말로 사실상 우리의 모든 현실을 주관한다.

나는 한때 게임 중독에 빠져서 조그마한 자신만의 세상 속에 갇혀 살았다. 그랬던 내가 인생을 완전히 뒤집을 수 있었던 것은 바로 무의식의 세계를 깨닫고부터였다. 나는 눈에 보이지 않는 잠재의식의 힘을 이용한다면 내가 원하는 어떠한 것이라도 현실로 만들어낼 수 있다는 것을 깨닫게 됐다. 처음에 나는 내가 원하는 것들을 마음속에 그리기 시작했다. 그리고 그것이 이루어진 모습들을 끊임없이 상상했다. 마치 지금의 내 현실이 된 것처럼 생생하게 상상했다. 그 내용을 종이에 글로 써서 벽에 붙여놓기도 하고 사진을 붙이기도 했다. 집안 온 벽면을 꿈이 이루어진 모습으로 도배했다. 그랬더니 신기한 일들이 나타났다. 나는 이미 내가 원하는 모든 것이 이루어진 사람처럼 살고 있었다. 나의 눈빛, 표정, 걸음걸이, 말투 모든 것이 내가 원하는 이상적인 모습의 분위기를 풍기기 시작했다. 내가 원하는 모든 것은 이미 내 안에 실현되어 있던 것이다. 나의 꿈은 하나둘씩 현실에 모습을 드러내기 시작했고 결국 모두 이루어졌다. 나는 매일 꿈을 이루며 살고 있고 꿈과 함께 살고 있다. 내가 원하는 대로 꿈꾸는 대로 인생이 만들어진다니 얼마나 인생이 행복한지 모르겠다. 당신도 이런 인생을 살아보면 좋겠다.

세상에는 꿈을 이룬 사람보다 그렇지 못한 사람들이 많은 것 또한 사실이다. 그렇다면 꿈은 특별한 사람들만이 손에 거머쥘 수 있는 전유물인 것일까? 일반인들은 절대 꿈을 이루지 못한 채 살아가야만 하는 것일까? 꿈은 분명 아무나 이룰 수 있는 것은 아니다. 하지만 누구나 이룰 수 있는 것이기도 하다. 많은 사람들이 꿈을 이루지 못한 이유는 중간에 포기했기 때문이다. 단지 그뿐이다. 윈스턴 처칠은 제2차 세계대전을 승리로 이끈 영국 총리이다. 그는 명문대인 옥스퍼드 대학의 졸업식 축사를 맡게 되었다. 청중은 모두가 숨을 죽인 채 그의 입에서 나올 근사한 축사를 기대했다. 그리고 드디어 그가 입을 열었다. '절대로, 절대로, 절대로 포기하지 마십시오.' 그는 이 한마디만을 반복해서 말했다. 그것이 축사의 전부였다. 청중은 이 연설에 우레와 같은 박수를 보냈다. '강한 자가 살아남는 것이 아닌 살아남는 자가 강한 것이다.'라는 말이 있다. 그는 인간의 나약한 점을 잘 알고 있던 것 같다. 좌절하고 무너져도 끝까지 포기하지 않고 나아가는 자만이 꿈을 이룰 수 있다.

나는 독서를 통해 성공자들의 사고방식을 익히고 삶에 적용하여 인생의 뚜렷한 변화와 성과들을 이룩할 수 있었다. 나의 의식이 변화함으로 내가 바라보는 세상이 변하고 내가 사는 세상이 변하기 시작했다. 의식은 눈에 보이지 않는다. 그렇다면 내가 의식이 바뀌었다는 것을 알 수 있는 간단한 방법은 무엇일까? 그것은 바로 내가 만나는 사람이 바뀌었을 때이다.

나는 의식이 바뀌고부터 가장 먼저 주변 환경을 정리하기 시작했다. 눈을 뜨고 보니 내가 인생이 변하지 못한 가장 큰 이유가 바로 내 주변 환경 때문이었다는 것을 알게 됐기 때문이다. 유유상종이라는 말이 있다. 사람은 서로 엇비슷한 사람들끼리 관계를 맺으며 살아간다. 어떠한 큰 사건이 일어나지 않는 한 딱히 이러한 굴레를 벗어날 일은 없다. 내 주변 사람들은 모두 꿈과는 거리가 먼 사람들이었고 그들은 꿈보다는 현실을 선택했다.

내가 책을 쓴다고 했을 때 있었던 일이다. '나 하고 싶은 말이 있어. 나는 책을 쓴 멋진 작가가 될 거야!' 주변 지인들에게 나의 꿈에 대해 당당하게 말했었다. '너 정말 대단하구나!' 나는 진심 어린 응원을 받을 것이라고 생각했다. 하지만 그것은 내 착각이었다. 응원은커녕 오히려 비난과 욕설을 들었다. 나는 아직도 그 순간을 생생하게 기억한다. "너가 책을 쓴다고?", "책은 아무나 쓰는 줄 아니? 쓸데없는 짓 하지 말고 평소대로 살아."라는 말을 들었다. 내가 유튜브를 한다고 했을 때는 '요즘은 개나 소나 유튜브 한다.'라고 무시를 받았다. 내가 직장생활이 아닌 사업을 하고 싶다고 말했을 때는 회사 사람들에게 '이 시국에 무슨 사업이니? 정신 좀 차려'라는 말을 들었다. 심지어 여자친구를 잘못 만나서 그런 것이냐며 내 주변의 소중한 사람들까지 욕했다. 이상하게 만큼 주위의 많은 사람들이 나를 필사적으로 막으려 했다. 마지막에 "다 너를 위해서 하는 말이야."라는 말도 빼먹지 않았다.

우리는 어렸을 때 '큰 꿈을 꾸고 도전하라'고 가르침 받았다. 하지만 현실은 왜 크게 꿈을 꾸는 사람을 공상가로 매도하고 도전하는 사람을 전력으로 막아서는 것일까? 그 사람을 미워해서일까? 그것은 아니라고 생각한다. 그들은 단지 자신이 이뤄본 적 없는 것을 가까운 누군가가 이루는 것을 지켜보는 게 불편할 뿐이다. 나와 다를 바 없어 보이는 사람이 자신도 하지 못한 것들을 성취해내는 것을 보는 것만큼 배 아픈 것은 없기 때문이다. 사촌이 땅 사면 배 아프다는 말과 다르지 않다.

꿈을 이루기 위해선 부정적인 사람들에게서 벗어나야만 한다. 나의 꿈을 짓밟고 해치려는 사람들에게서 나의 소중한 꿈을 보호해야만 한다. 부정적인 사람들 사이에 둘러싸여선 절대로 꿈을 이룰 수 없다. 나를 끄집어 내리려는 사람이 아닌 나를 끌어올려 주는 사람들이 있는 곳으로 가야만 한다. 만약 내가 계속 부정적인 사람들 사이에 둘러싸여 있었다면 작가라는 꿈을 이룰 수 있었을까? 나는 불가능했을 것이라고 생각한다. 내가 꿈을 이룰 수 있었던 이유는 내가 힘들 때 옆에서 힘을 보태줄 사람들이 있었기 때문이다. 그러니 필연적으로 주변 환경을 정리하고 나의 꿈을 응원해주는 사람들이 있는 곳으로 가야 한다. 나를 존중하지 않는 사람들은 존중해줄 가치도 없다. 세상엔 나를 도와주려는 사람들이 얼마든지 있다. 마냥 참는 것이 능사가 아니다. 때론 인생에 한 번쯤은 과감한 용기가 필요하다. 성공하고자 하는 사람이라면 설령 주변에서 욕을 먹는 한이 있더라도 꿈을 지켜낼 수 있어야 한다. 반드시 성공하고자 하는 사람이라면 과감한 결단력은 필수다.

특히 가족이나 인간관계에 연연해서는 안 된다. 사람들은 대개 성공한 사람들을 향해 "저 친구는 성공하더니 변했어."라는 말을 하곤 한다. 하지만 사실은 다르다. 성공해서 변한 것이 아니라 변했기 때문에 성공할 수 있었던 것이다. 과거에 얽매이는 사람은 절대 미래로 나아갈 수 없다. 과거 속에 사는 사람은 그냥 그대로 냅두면 된다. 같이 가자고 억지로 잡아당기느라 힘쓸 필요도 없다. 앞서 모범을 보인다면 본인들이 알아서 깨닫게 된다. 나는 인간관계와 주변 환경을 정리하고부터 인생이 빠르게 변화하기 시작했다. 나의 하루 중 대부분의 시간을 생산적으로 사용할 수 있었다. 그렇다 보니 남들이 내지 못하는 성과를 쉽게 낼 수 있게 되고 이렇게 책을 쓰는 작가가 되었다. 내가 변하니 만나는 사람들 또한 바뀌었다. 이제 책 속에서만 만나던 사람들을 당연하다는 듯 만난다. 꿈을 이룬 사람들과 함께 사는 게 얼마나 행복한 삶인지 모른다.

어제와 똑같은 내가 싫어서 나를 바꾸기 시작했습니다

07

독서는 나 자신을 사랑하는 법을 알게 해주었다

　우리가 세상을 살다 보면 자존감이라는 말은 그저 배부른 말처럼 들리곤 한다. 오늘 하루를 살아가기에도 바쁘고, 남들과의 경쟁 속에서 살아남아야 하기 때문이다. 마음을 챙기고 다스린다는 것은 그저 사치에 불과하다. 남들보다 더 많은 스펙을 쌓고 남들보다 더 좋은 점수를 받기 위해 다들 안달복달하며 살아간다. 그렇게 사는 것만이 행복으로 이르는 길이라고 배웠기 때문이다. 스펙이 없고 시험점수가 낮으면 사회로부터 무능한 사람 혹은 패배자라는 낙인이 찍히고 만다. 아무리 "너는 소중한 사람이야, 너는 하나뿐인 소중한 존재야."라고 하지만 와닿기가 쉽지 않다. 하지만 사람의 가치는 시험 점수에 있는 것이 아니다. 이렇게 각박한 세상 속에 청년들에게 어떻게 자기 자신을 존중하는 마음이 생길 수 있겠으며 타인을 존중하는 마음이 생길 수 있을까? '학벌 지옥'이라는 정체 조차 알 수 없는 이러한 시스템이 이 땅의 수많은 젊은 청년을 우울증에 걸리게 하고 극단적 선택을 하게 만든 것은 아닐까?

나 또한 학창시절 낮은 시험 점수로 인해 자존감이 낮았던 때가 있었다. 단지 시험 점수가 낮다는 이유만으로 주변에선 나를 걱정 어린 시선과 한숨 섞인 말로 나를 대했다. 나는 사람을 점수로만 판단하는 이러한 세상을 이해할 수가 없었다. 하지만 매일같이 나를 안쓰럽게 바라보는 시선 탓인지 어느새 나 자신조차도 자신을 똑같은 시선으로 바라보기 시작했다.

하지만 나는 독서를 통해 내가 생각보다 얼마나 가치가 있는 존재인지를 알게 됐다. 독서를 하고부터 나는 자존감이 높아질 수 있었다. 비로소 시스템 밖을 벗어나 나를 바라볼 수 있었다. 이 세상은 언제나 나에게 'BEST ONE'이 되라고 말했다. 하지만 독서는 나에게 'SPECIAL ONE'이 되라고 말했다. 이 세상에 나와 똑같은 사람은 아무도 없다. '전도훈'이라는 이름을 가진 동명이인은 있을지언정 얼굴, 성격, 몸까지 완전히 같은 사람은 아무도 없다. 우리는 개개인이 모두 특별한 존재들이다. 하지만 이 땅의 시스템은 모든 사람을 똑같은 기계로 만들려는 것 같다. 그저 학력만으로 인간의 가치를 평가하는 세상. 그러한 세상에서는 절대로 자존감이 생길 수 없다. 남들보다 좋은 점수를 얻더라도 남들을 짓밟고 올라갔다는 찜찜함만이 남을 뿐이다. 하지만 나와 너가 모두 다르고 한 사람 한 사람이 모두가 특별한 존재임을 인식하는 한 모두가 행복한 세상이 될 것이라고 생각한다.

나는 작가이다. 이 세상에 나와 똑같은 사람은 아무도 없다. 나를 창조하고 결정하는 것은 바로 나 자신이다. 그렇기에 어떠한 세속적인 틀에 얽매일 필요도 없다. 아무리 같은 작가라도 각자가 만들어내는 창조적인 결과물들이 모두 다르기에 단 한 사람도 같은 사람이 있을 수 없다. 베스트셀러를 만들기 위해 서로 경쟁하지 않느냐고? 그런 사람이라면 절대 작가가 될 수도, 그럴 자격도 없다고 생각한다. 하지만 세상에 더 나은 메시지를 전달하고자 베스트셀러 작가가 되기를 원한다면 그것은 언제나 찬성이다. 세상에 선한 메시지와 가치를 주는 것이야말로 작가라는 직업의 진정한 소명이라 생각하기 때문이다. 굳이 말하자면 선한 경쟁인 것이다.

나는 모두가 예술가의 인생을 살아간다고 생각한다. 나처럼 작가를 하라거나 가수, 배우를 하라는 것이 아니다. 청소부를 하더라도 막노동을 하더라도 나의 손길이 더 나은 세상을 만든다는 예술가적 관점의 인생을 말한다. 단지 돈 때문에 하는 것이 아닌 각자가 지닌 소명을 깨닫고 실천하며 살아가는 삶이다. 모든 사람이 예술가가 된다면 진정 행복하고 아름다운 세상이 될 것이라고 생각한다. 내가 작가가 된 것은 많은 사람들이 숨겨진 자신의 가치를 깨닫고 가치 있는 인생을 살게 하는 데에 이바지하려는 마음에서 비롯되었다. 더 나은 사회, 더 나은 세상을 만드는 가치 있는 인생 말이다.

책을 쓰면서 어느 순간 깨닫게 됐다. 인생에 단 한순간도 의미 없는 순간은 없다는 것을 말이다. 지금의 나는 진심으로 나를 사랑한다. 진심으로 나의 인생을 사랑하고 있다. 내 아픈 과거, 치욕적인 과거, 슬픈 과거들도 알고 보니 모두가 나의 삶을 더욱 빛나게 해주는 거름이었던 것이다. 매일같이 불행한 과거에 대해 불평했다. 하지만 결국 그러한 순간들이 모인 덕분에 오늘의 내가 있다는 것을 알게 됐다. 만약 나에게 결핍된 과거가 없었다면 나는 지금처럼 책을 쓰려고 하지 않았을 것이다. 나처럼 힘들고 고생하는 청년들을 위한 메시지를 전달하기 위해 책을 쓰려고 하지 않았을 것이다. 예수님이 이 땅에 오셔서 사역할 때 태어날 때부터 소경인 자가 있었다. 제자들은 물었다. "랍비여 이 사람이 소경으로 난 것이 뉘 죄로 인함이오니까? 자기오니이까, 그 부모오니이까?" 당시 유대 사회는 어느 집에 소경이 태어나면 그 집은 '저주를 받은 집'이라는 소리를 들어야 했다. 하나님의 저주가 그 집에 임했다 하여 가족들까지 비참한 인생을 살아야 했기 때문이다. 소경은 자신을 세상에 태어나지 말아야 할 존재로 생각하며 자신의 신세를 한탄해야만 했다. 하지만 예수님은 이렇게 대답했다. "이 사람이나 그 부모가 죄를 범한 것이 아니라, 그에게서 하나님의 하시는 일을 나타내고자 하심이니라." 이 말씀을 마친 후 예수님은 땅에 침을 뱉고 진흙을 이겨 그의 눈에 바르셨다. 그리고 실로암 못에 가서 씻으라고 하셨다. 그랬더니 정말로 소경이 눈을 뜨게 됐다. 소경이 소경으로 태어났던 이유는 그를 통해 눈을 뜨게 하는 기적을 나타내기 위함이었던 것이다. 세상은 그를 저주받은 자로 여겼다. 하지만 그는 그 뒤로 세상 사람들에게 자신이 눈을 뜨게 된 이야기를 평생 전하게 됐다.

　이 책을 쓰면서 혼자 눈물 흘릴 때가 많았다. 지금껏 잊고만 살아왔던 과거의 모습을 되돌아보게 되었다. 그리고 나 자신이 어떠한 존재인지를 정확히 알 수 있었다. 그렇게 나는 그렇게 한탄하고 증오하던 과거의 나 자신을 용서해줄 수 있었다. 내가 과거 결핍된 삶을 살았던 것은 현재 그러한 삶을 살고 있는 사람들에게 도움을 주기 위함이라는 깨달음을 얻게 됐다. 누구나 현실을 극복하고 꿈을 이룰 수 있다는 것을 보여주라고 말이다. 그것을 깨닫게 되자 내 아픈 과거들을 진심으로 모두 용서할 수 있었다. 그리고 나의 인생을 진심으로 사랑하게 됐다. 나의 인생 모든 순간순간이 소중하고 가치 있다는 것을 알게 됐다. 진실로 이 세상에 의미 없는 순간은 없다는 것을 알게 됐다. 나 또한 과거 소경과 같았지만 이제는 영원히 눈을 뜬 이야기만 세상에 전하며 살 것이다.

　나는 진심으로 모든 사람들이 행복한 삶을 살았으면 좋겠다. 나 또한 아팠던 경험이 있기에 행복의 가치와 소중함을 누구보다도 잘 알고 있다. 그렇기에 사명감을 가지고 타의 모범이 되고자 노력하며 살고 있다. 정작 내가 모범이 되는 모습을 보이지 않는다면 그것이 무엇이란 말인가? 지금도 내 주위에는 힘든 상황 속에 신음하며 살아가는 사람들이 많다. 절대 부정적인 생각으로 자신을 망쳐선 안 된다고 말해주고 싶다. 누구나 자신을 사랑할 권리가 있다는 것을 말해주고 싶다.

　대다수 사람들은 그것을 모른 채 살아간다. 단지 인생에서 공부가 전부라는 듯, 공부만이 나를 정의한다는 착각 속에 살아가곤 한다. 하지만 세상은 생각보다 넓고 얼마든지 많은 길이 열려 있다는 걸 말해주고 싶다. 그러기 위해선 독서는 기본이다. 얼마나 많은 사람들이 좁은 우물 안에 살아가는 것인지 지켜보며 안타까울 때가 많다. 나는 작가의 꿈을 이루었다. 하지만 이것은 시작에 불과하다. 나의 진정한 꿈은 세상 모든 사람이 자신의 가치를 깨닫고 행복한 삶을 사는 것이다. 가치 있는 인생을 살고 이 빛을 세상에도 널리 전파하며 사는 것이 진정 가치 있는 삶이 아닐까? 나의 손길로 인해 좀 더 진보된 사회를 만드는 데 이바지한다면 그보다 가치 있는 일은 없을 것이다.

책을 쓰게 되니 내 사회적 위치가 작가 선생님으로 상승하게 됐다. 나를 만나는 사람들은 나를 작가님 혹은 작가 선생님이라고 부른다. 어딜 가든 항상 대접받는 것이 어색하기도 하지만 책을 쓰는 작가가 되길 잘했다는 생각도 든다. 또 가족들과 친척들에게도 인정을 받게 됐다. 내가 인정해달라고 애원한 것도 아닌데 말이다. 작가가 되기 전 나의 할아버지께서는 매일 손자 걱정에 잠을 못 이루신다고 하셨다. 하지만 작가가 되었다는 소식을 들으시자 근심 가득한 표정이 한순간에 온화한 표정으로 바뀌셨다. '걱정된다'는 말을 입에 달고 사시던 할아버지는 이제 '자랑스럽다'는 말을 입에 달고 사신다. 진정한 효도란 이런 게 아닐까? 친척들은 나를 가문의 영광이라며 대단하다고 띄워주었다. 나는 단지 자신의 일에 충실했던 것뿐인데도 나의 위치는 이미 상당히 상승해 있었다. '도훈이는 연락도 없고 뭐 하고 사나 모르겠어.'라고 하시던 부모님이 이제는 '오늘도 책 쓰느라 바쁘지?' 하며 이해해주신다. 내가 연락이 없더라도 걱정하지 않으신다. 내가 좋아하는 일을 하며 사람들에게 인정도 받고 세상에 가치 있는 일을 하며 살 수 있다. 작가란 직업은 정말 최고의 직업이라고 생각한다. 꿈을 이룬 삶이 이렇게 행복할 수 없다.

08

독서를 통해 박스(box)사고에서 벗어나다

나는 과거에 우연히 어느 인터넷 커뮤니티를 접해본 적이 있다. 그곳은 사람들에게 극단성향 커뮤니티로 이미 유명한 곳이었다. 또한 지금껏 내가 본 이들 중 가장 가난한 사람들이 모여 있는 곳이었다. 내가 말하는 가난이란 앞서 말했듯 돈이 없는 것이 아닌 마음이 가난함을 의미한다. 나는 세상에서 가장 불행한 사람은 가난한 마음을 가진 사람들이라고 생각한다. 마음이 가난한 사람들은 본인이 원하든 원하지 않든 평생을 불행 속에 살아야 한다. 자신들이 만들어놓은 테두리 안에서 어떠한 정답을 정해놓고, 그 테두리 밖에 해당하는 말은 절대로 듣지 않는다. 그 고집은 정말 상상을 초월할 정도이다. 자신과 같은 회원들이 수천수만 명이 모여 합심한다. 그래서 이들을 구제할 수조차 없다. 의아했던 건 그곳 사람들은 자신들이야말로 사회가 낳은 진정한 인생의 패배자라고 말했다. 마치 자신의 불행을 설명하지 못해 안달인 듯 보였다. 누가 누가 더 불행한 인생일까 하고 다른 사람들과 대결을 펼치며 왜 자신이 패배자일 수밖에 없는지 완벽한 논리로 무장하고 있었다. 자신의 인생을 비하하고 욕하는 만큼이나 남의 인생을 욕하는 짓도 서슴지 않았다.

사람들은 종종 자신이 처한 현실이 불행한 원인을 세상 탓으로 돌리곤 한다. 그 이유가 다름 아닌 자신이 가진 가난한 의식에서 비롯된 것인지 알지 못한 채 말이다. 이 사람들도 물론 처음부터 그러진 않았을 것이다. 하지만 현실을 극복하지 못한 채 그만 포기해버리고 극단적 성향으로 돌변한 케이스인 것이다. 참으로 안타까운 노릇이 아닐 수 없다. 세상을 향한 믿음이 큰 만큼 그것은 세상을 향한 분노로 전환되었다.

현실이란 내면이 투영된 결과물에 불과하다. 마음이 가난한 자는 현실에서도 가난한 삶을 살게 된다. 자신이 가난한 의식을 가진 사람인지 확인할 수 있는 방법은 무엇일까? 그것은 바로 자신이 하는 말을 들어보면 된다. 내가 하는 말은 곧 나 자신이다. 만약 주변의 누군가가 크게 성공한 사람이 있다고 가정해보자. 만약 뒤에서 그를 욕하고 시기 질투하는 사람이 있다면 그는 가난한 의식을 가진 사람이다. 본인의 인생 또한 본인이 말한 그대로 된다. 반면 타인의 성공을 축복하고 응원해주는 사람이 있다면 그는 부유한 의식을 가진 사람이다. 그 사람은 당장은 아니더라도 점점 더 부유한 인생을 살게 된다. '부익부 빈익빈'이라는 말이 있다. 부유한 자는 갈수록 더욱 부유해지지만 가난한 자는 더욱 가난해진다는 의미이다. 이 말은 비단 돈에만 적용되는 말은 아니다. 가난은 일종의 질병이다. 말 한마디를 해도 향기가 나는 사람이 있고 악취를 풍기는 사람이 있다. 사람은 자신의 마음에 무엇이 담겨 있느냐에 따라 보석함이 될 수도 쓰레기통이 될 수도 있다. 요새 인터넷 댓글을 보면 어느 곳을 보던 다들 폭력적인 말들뿐이다. 그래서 나는 댓글을 보지 않는다. 가난한 사람과 함께라면 멀쩡한 사람마저 가난에 전염된다. 그러니 최대한 그곳에서 벗어나야 한다.

나는 그동안 내가 알고 있는 것만이 진리이며, 내가 세상의 모든 것을 전부 알고 있다는 자기기만에 갇혀 살았다. 하지만 알고 보니 진짜 진리란 이 세상에 정해진 답은 없다는 것이었다. 오답은 있어도 가능성은 언제든 열려 있다. 내가 정답이라고 생각하는 게 다른 사람에겐 정답이 아닐 수도 있다. 우물 밖을 나오고 나니 내가 살던 곳이 어떤 곳이었는지 객관적으로 알 수 있었다. 나는 집구석에서 인터넷만으로 이 세상을 다 알고 있다고 착각하는 키보드워리어, 은둔형 외톨이에 불과했던 것이다. 스스로가 만들어낸 작은 박스(box) 안에서 그 세상만이 전부인 듯 알며 살았다.

우물 안에 갇혀 있던 나를 구제해준 건 독서였다. 독서는 박스 속에 살고 있던 나를 구원해주었다. 독서를 하면 한 사람의 인생이 크게 발전한다. 평생을 가난한 의식 속에서 살아오던 내가 많은 위인들의 글을 읽게 되자 지금껏 얼마나 작은 세상에서 살아왔고 가난한 의식이 뿌리깊이 박힌 채 살아왔는지 깨닫게 되었다. 책을 읽는다는 건 마치 저자와 대화를 나누는 것과도 같다. 나는 이 책을 읽는 당신이 누구인지 모른다. 하지만 당신은 내 글을 읽고 있고 나와 간접적으로 만남을 가지고 있는 것이다. 말과 글은 그 자체로 강력한 힘이 있다.

사람은 어떤 사람을 만나느냐에 따라 인생이 크게 달라진다. 마찬가지로 어떤 책을 읽느냐에 따라 그 사람의 인생이 송두리째 달라지는 것이다. 고대 그리스 철학자 소크라테스는 이렇게 말했다. '남의 책을 많이 읽어라. 남이 고생하여 얻은 지식을 쉽게 내 것으로 만들 수 있고 자기발전을 이룰 수 있다.' 소크라테스의 말처럼 독서는 개인의 성장과 발전을 이루게 해주는 최적의 수단이다. 우리는 독서를 통해 어떤 이가 평생의 시간을 바쳐 연구한 결과를 내 것으로 만들 수 있다. 또한 목숨 걸고 이룩한 도전을 간접적으로 체험할 수도 있다. 책은 기본적으로 세상의 성공자들이 쓴 책이다. 성공한 사람의 의식 수준과 우리의 의식 수준은 다를 수밖에 없다. 매일 똑같이 반복되는 일상 속에서 한 시간이라도 그들을 만나는 시간을 가진다면 자신의 인생이 얼마나 크게 발전할까?

우리는 책을 통해 현 시대의 사람은 물론 이미 죽은 과거의 사람들까지도 만날 수 있다. 고대 그리스 철학자들과 만날 수 있다. 중국의 사상가들과 만날 수도 있다. 성경을 통해 하나님과 만날 수도 있다. 이것이 바로 독서의 기적이 아니면 무엇일까? 나와 가까운 주위 사람 다섯 명의 평균이 나라고 했다. 당신과 가장 가까운 다섯 명의 모습을 생각해보라. 그들의 평균이 바로 당신인 것이다. 책을 통해 수많은 위인들과 매일 만남을 가지고 그들에게 둘러싸인 자신이 얼마나 가치가 있고 멋있는 모습일지 생각해보자. 독서는 충분히 그만한 힘이 있다. 세상을 이끄는 기업의 CEO와 정치인들이 늘 책을 가까이하는 것은 결코 우연이 아니다. 워런 버핏은 89세의 고령의 나이임에도 불구하고 하루에 500쪽 이상의 책을 읽는다고 한다. 빌 게이츠는 자신의 성공 비결을 어렸을 때부터 키워온 독서 습관 덕분이라고 말했다. 그들은 하루라도 책을 읽지 않으면 입 안에 가시가 돋는 사람들이다. CEO라면 하루가 얼마나 바쁘겠는가? 그런 사람들도 저렇게 기를 쓰고 책을 읽는다. 하지만 일반 서민들은 온갖 바쁘다는 이유로 책 읽는 것을 등한시한다. 자격증 공부를 해야 하고 데이트를 해야 하고 여행을 가야 하기 때문에 책 읽을 시간이 없다는 것이다. 한 기업의 수장들이 과연 시간이 남아돌아서 책을 읽는 것일까? 시간이 남아서가 아니라 일부러 시간을 내서라도 책을 읽는 것이다. 그들에게 독서는 최우선이기 때문이다. 인생은 우선순위를 정해야 크게 성공한다. 우리도 그들만큼은 아니지만 적어도 지금보다 더 나은 인생을 살고 싶다면 늘 책을 가까이하며 살아야 하지 않을까?

내가 처음 박스라는 용어를 접한 건 이해성의 『1등의 독서법』이라는 책을 읽었을 때였다. 그 책의 저자는 많은 사람들이 박스 사고 속에 갇혀 살고 있으며, 갇혀 있는 박스 사고에서 벗어나기 위해선 독서를 통해서만이 가능하다고 주장했다. 지금의 나도 이 말에 너무나 공감하고 있다. 독서를 하지 않았다면 박스 속에 갇혀 있던 내 인생이 이렇게까지 달라질 수 있었을지 달리 설명할 길이 없다. 독서는 과거 조선 시대 때만 해도 양반들만의 전유물이었다. 조선뿐 아니라 과거 어느 시대를 막론하고서도 일반 평민들에게 책은 금기시되었다. 왜 금지되었겠는가? 책을 읽으면 사람이 박스 사고를 벗어날 정도로 똑똑해지기 때문이다. 나는 책을 읽으며 무언가 마음속에 피어오르는 희망 같은 느낌을 받았다. 드디어 이 지긋지긋한 인생을 벗어날 수 있겠다는 희망 말이다.

나는 인생에 우연이란 없다고 믿는 사람이다. 길을 걷다 돌부리에 걸려 넘어지더라도 내가 오늘 무슨 잘못을 했나 스스로를 돌아보며 깊게 생각하곤 한다. 내가 이런 말을 하는 이유는 내가 작가로서 첫 발돋움을 할 수 있도록 출판 계약을 맡아주신 분이 바로 『1등의 독서법』 책 출판사의 담당 실장님이기 때문이다. 그저 단순한 우연일까? 나는 아니라고 생각한다. 나는 철저히 '끌어당김의 법칙' 속에 살아가고 있던 것이다. 『1등의 독서법』책을 읽었던 순간부터 나의 마음은 이미 작가의 길을 향해 가고 있었다. 분명히 오늘의 나를 만든 것은 과거에 내가 심었던 한 알의 씨앗이었다. 처음엔 작은 씨앗에 불과했던 것이 시간이 지나고 나니 어느새 '작가'라는 꽃을 피웠다.

꿈을 품고 그 꿈을 이루기 위해 살다 보니 인생에 수많은 기적이 일어났다. 꿈이 없을 때는 내 주위엔 꿈이 없는 사람들로 가득했다. 바로 내가 그런 사람이었기 때문이다. 하지만 꿈을 품고 그 꿈을 이루기 위해 살아가자 내 주위는 절로 꿈을 품은 사람들, 꿈을 이룬 사람들로 채워지기 시작했다. 또한 나의 꿈을 이루는 데 결정적인 도움을 주신 한 분을 만났다.

그는 나의 스승이신 네이버 카페 〈한책협〉 김도사 대표님이다. 대표님의 도움이 없었더라면 지금의 나 또한 없었을 것이다. 대표님은 25년간 250권의 책을 출간하셨고 10년 동안 1,100명의 작가를 배출하신 대한민국 최고의 코치님이시다. 또한 대한민국 최고 출판 가이드 시스템 특허 출원을 하신 분이다. 꿈을 이루는 데 결정적인 도움을 주신 나의 스승님께 진심으로 감사의 말씀을 드리는 바이다. 자신의 꿈이 언제 어디서 어떤 형태를 띠고 나타날지는 아무도 알 수 없는 것이다. 나도 처음부터 '나는 작가가 되어야지.'라고 생각했던 것은 아니었다. 하지만 분명한 것은 오늘 내가 뿌린 작은 씨앗을 잘 지키고 가꾼다면 반드시 꽃피울 날이 온다는 것이다. 나의 마음이 향한 곳에 꿈이 있고 미래가 있다. 당신의 꿈이 무엇인지 알고 싶은가? 그렇다면 지금 나의 마음이 향한 곳은 어디인지 생각해보라. 그곳에 당신의 꿈이 있고 미래가 있다. 꿈이 없는 것만큼 비참한 삶은 없다. 사람은 자신이 좋아하는 일을 하며 살아야 한다. 그럴 때 진정으로 행복한 삶을 영위하게 된다. 좋아하는 일을 해야 꾸준히 오랫동안 지속할 수 있고 계속 하다보면 결국 그것을 잘하게 된다. 그리고 영원토록 행복한 삶을 살 수 있다.

어제와 똑같은 내가 싫어서
나를 바꾸기 시작했습니다

CHANGE

3장

.
.
.
.
.
.
.
.
.
.
.

원하는 것이 있다면
목적 있는 글쓰기를 하라

원하는 것이 있다면 목적 있는 글쓰기를 하라

지식은 단순한 재료에 불과하다. 지식을 머릿속에 입력하는 것은 단지 그릇에 고이 담아두는 것과 다르지 않다. 그래서는 지식이 진정한 힘을 발휘하지 못한다. 학교에서는 학생들에게 생각하는 법을 가르치기보다 암기하는 법을 가르치려고 애쓴다. 이론을 실제로 활용하고 체계화하는 방법을 가르치는 것이 아니라 억지로 외우게 한다. 나폴레온 힐은 자신의 저서 『결국 당신은 이길 것이다』에서 이렇게 말했다.

"오늘날 교육체계를 보면 학생들에게 지식을 습득한 후에 그것을 체계적으로 활용하는 방법을 가르치지 않는다. 많은 사람이 헨리 포드를 학교 교육을 거의 받지 못했다는 이유로 무식한 사람이라고 치부하는 실수를 저지른다. 이런 사람들은 헨리 포드를 모를뿐더러 '교육'이라는 말의 진정한 의미도 모르는 것이다. 교육하다(educate)라는 말은 라틴어 'educo'에서 나온 말로 '내면에서 끌어낸다.'라는 의미이다."

— 나폴레온 힐, 『결국 당신은 이길 것이다』

이렇듯 내가 가지고 있는 지식이 빛을 발하기 위해서는 반드시 그것을 바깥으로 끄집어내는 과정이 필요하다. 그럴 때야말로 지식은 비로소 진정한 힘을 발휘한다.

독서는 내 안에 지식과 정보를 꾸준히 입력하는 과정이다. 어느 순간부터인가 나는 내가 생각하고 말하는 것들이 책의 저자들과 크게 다르지 않음을 느낄 수 있었다. 하지만 늘 지식을 집어넣기만 했던 탓일까? 나는 머릿속에 떠오르는 생각들을 기록하고 정리하고 싶어졌다.

그래서 나는 나만의 노트를 활용하기로 했다. "그래! 내 블로그를 하나 개설해서 여러 사람이 볼 수 있도록 글을 써보자!" 처음으로 블로그를 개설하고 내가 읽었던 여러 책에 관한 느낀 점들을 올리기 시작했다. 누군가 내 글을 봐주길 바란다기보다는 내가 얻은 깨달음을 놓치고 싶지 않은 이유에서였다. 첫 번째 포스팅, 두 번째 포스팅… 매일 꾸준하게 글을 썼다. 머릿속에 희미하게 둥둥 떠다니던 많은 지식이 점점 체계화되고 구체화되었다. 많진 않았지만 내 글을 보는 사람들도 점점 생겨났고, 글을 잘 보았다며 댓글을 달아주는 사람들도 생겼다.

그러던 어느 날이었다. 누군가 내가 쓴 글들을 보고서 장문의 댓글을 달았다.

"안녕하세요, 저랑 너무 비슷한 생각을 가지고 계셔서 놀랐습니다. 생각뿐만이 아니라 보는 유튜브 채널, 읽은 책까지도요. 회사보다는 새로운 일을 배우고 제 사업을 하고 싶어서 4년간 다니던 안정적인 대기업을 퇴사했습니다. 앞으로 어떤 일이 일어날지는 모르지만 열심히 살아보려고요. 블로그 자주 구경 오겠습니다. 분명 잘되실 겁니다."

형식적인 댓글이 아닌 진정성이 느껴지는 장문의 댓글이었다. 그래서 나 또한 진정 어린 답글을 남겨주었다.

"저와 비슷한 생각을 가지신 분을 뵙게 되어 저도 정말 반갑습니다.^^ 안정적인 대기업을 그만 두셨다니 고민이 정말 많으셨겠습니다. 하지만 세상은 분명 용기 있는 자들의 것이며, 세상에 이루지 못할 일은 결코 없다고 생각합니다. 앞으로의 행보에 성공적인 나날이 가득하길 응원 드립니다!"

처음으로 나의 글에 대한 가치를 타인에게 인정받은 순간이었다. 마음 속에 왠지 모를 기쁨이 넘쳐났다. 그리고 그 순간 알게 됐다. 내가 가진 생각과 글이 누군가의 인생에 영향을 끼칠 만큼 귀한 가치가 있다는 것을 말이다. 지식과 지혜는 눈에 보이지 않지만, 글을 통해 그 모습을 드러낸다. 비록 나는 외적으로 크게 잘난 것이 없을지라도, 내가 가진 지혜와 지식이 가진 가치는 빛나는 보석과도 같았던 것이었다. 그 이후로는 글을 쓰는 것이 점점 더 즐거워지기 시작했다. 나는 더 많은 책을 읽었고 더 많은 글을 썼다. 시간이 가면 갈수록 생각하는 의식 수준이나 글 솜씨가 늘어갔다. 나의 글을 읽고 감동받는 사람들이 많아졌다. 어느새 나의 의식은 평범한 사람들의 의식과는 많이 달라져 있었다.

한 사람의 인생을 결정하는 것은 과연 무엇일까? 그것은 바로 의식 수준의 차이에서 결정된다고 생각한다. 사람은 딱 자신의 의식 수준만큼 삶을 살게 되어 있다. 가령 어렸을 때부터 동네를 벗어나지 못하고 오직 달동네에서만 살아온 사람과 어렸을 때부터 많은 여행을 통해 국내 또는 해외 등 여러 각국을 돌아다닌 사람이 있다고 하자. 두 사람 중 누가 더 큰 세상을 살게 될까? 전자의 경우는 보고 들은 것이 동네 수준만큼이나 좁기 때문에 그만한 환경에도 만족하며 살고 있다. 하지만 후자는 각국 각지를 돌아다닌 만큼이나 더 크고 넓은 세상을 살고 있다. 그는 동네 수준의 삶으로는 결코 인생이 만족스럽지 못할 것이다. 즉 식견을 넓혔다는 말이다. 단지 눈에 보이지 않을 뿐, 두 사람의 의식 수준의 크기는 큰 차이가 있다.

독서는 내가 모르는 수많은 사람의 경험을 간접적으로 경험할 수 있게 해준다. 독서를 통해 내가 모르는 세상을 접함으로써 좁은 세상에서만 살아오던 자신의 의식 세계를 크게 확장 시킬 수 있다. '벼는 익을수록 고개를 숙인다.'라고 했다. 독서를 하면 할수록 자신이 얼마나 작은 세상에서 살아왔었는지 깨닫게 되고 절로 고개를 숙이게 된다. 내가 100권 정도의 독서를 했을 적에 나는 이 세상의 모든 것을 다 알게 되었다는 착각 속에 빠졌다. 하지만 300권, 500권, 그리고 1,000권의 책을 읽게 되었을 때 내가 깨달았던 건 '나는 알지 못한다.'라는 사실이었다. 자신만의 세상에서만 살아오던 사람이 독서를 통해 세상이 얼마나 크고 넓은지 깨닫게 된다면 절로 고개를 숙이게 된다. 독서는 충분히 그만한 힘이 있다. 개미의 세계에선 아무리 노력해도 그저 잘난 개미에 불과할 뿐이다. 개미의 세상만이 아닌 호랑이의 세계가 있다는 것을 알아야 한다. 그리고 반드시 그 세계로 편입해야만 한다. 다시 한번 말하지만, 의식 수준이 그 사람의 삶을 결정한다.

글쓰기는 나의 생각을 외부로 꺼내는 과정이다. 그러한 과정을 통해 누구보다 나 자신을 객관적으로 살펴볼 수 있게 된다. 나 자신만큼이나 자신을 잘 아는 사람이 어디 있겠냐마는 사실 이는 틀린 얘기다. 생각보다 많은 사람들이 자신을 모른 채 살고 있다. 고대 그리스 철학자인 소크라테스는 이렇게 말했다. '너 자신을 알라.' 이는 생각보다 많은 사람들이 자신을 모른 채 살아간다는 말을 의미한다. 덧붙여 자신을 잘 아는 것이야말로 무엇보다 중요하다는 말이기도 하다. 진정 지혜롭고 현명한 자는 자기 자신을 제대로 파악할 줄 아는 자이다. 글쓰기가 중요한 이유는 자신이 가진 생각들을 외부로 꺼내봄으로써, 내가 가진 생각들을 점검하고 객관적으로 파악할 수 있게 하기 때문이다. 그러한 과정이 꾸준히 선행될수록 자신에 대해서 더욱 잘 알 수 있게 된다. 과거를 돌아보고 현재를 파악하여 다가올 미래를 대비할 수 있다.

글쓰기를 하기 위해선 반드시 혼자만의 시간을 확보해야만 한다. 혼자만의 시간이 중요한 이유는 인간은 혼자 있는 시간을 통해서만 진정한 자신을 알 수 있기 때문이다. 세상에는 혼자 있는 시간을 좋아하는 사람들이 많지 않다. 혼자 있는 시간은 외롭고 고독한 시간이라고 생각하는 것이다. 많은 사람들이 혼자 있는 시간을 두려워한다. 하지만 사람은 본체 외로운 동물이다. 그것을 일찍 받아들여야 지혜로운 삶을 살아갈 수 있다. 혼자 있는 시간이 두려운 나머지 끊임없이 사람들과 전화나 메시지, SNS 등으로 소통하고, 술자리 등을 가지는 사람들이 많다. 하지만 그러한 것들이 근본적인 문제 해결을 해주진 않는다. 오히려 혼자만의 시간을 덤덤하게 받아들여야만 한다. 혼자만의 시간을 통해 자신을 되돌아보고 자신과 대화하는 시간을 소중하게 여겨다. 인생에 어떠한 문제가 있을 때 외부에 의존하기보단 책을 읽거나 글을 써보는 등 자신과 함께하는 시간을 가져보자. 문제의 원인은 언제나 자신 안에 있기 때문이다.

혼자 있는 시간은 참으로 귀한 시간이다. 사람은 혼자만의 시간을 통해 성장하고 발전하기 때문이다. 혼자 있는 시간은 고독할 수 있다. 나 또한 처음엔 정말 힘들었다. 세상에 나 혼자 남겨진 기분. 넓은 세상 가운데 혼자 처참히 버려진 듯한 느낌이었다. 혼자 있는 시간을 마주하다 보면 인간이란 존재가 얼마나 나약한 존재인지 체감할 수 있게 된다. 하지만 그 말을 뒤집어보면, 혼자 있는 시간을 두려워하지 않는 사람일수록 진정 강한 사람이란 것을 의미한다. 고독과 외로움을 견디고 극복하는 사람만이 비로소 큰 사람으로 성장할 수 있다.

사자나 독수리는 무리 지어 다니는 걸 좋아하지 않는다. 그들은 혼자 있는 것을 두려워하지 않는다. 그래서 초원의 지배자, 하늘의 지배자로 우뚝 설 수 있던 것이다. 나는 하루 중 혼자 있는 시간을 가장 소중히 여긴다. 이 시간에는 아무도 나를 방해해선 안 된다. 혼자 있는 시간에는 반드시 책을 읽거나 글을 쓴다. 끊임없이 내면의 나와 대화하는 과정을 거친다. 오늘 하루를 돌아보고 반성할 점과 개선할 점을 생각한다. 그리고 더 나은 내일을 준비한다. 항시 내 목표에서 멀어지지 않게끔 자신을 다스리는 데 하루하루 힘쓰고 있다. 어제와 다른 오늘, 오늘과 다른 내일을 살기 위해 열심히 노력한다. 그렇게 혼자만의 시간을 소중히 하다 보니 어느새 남들은 감히 따라오지도 못할 만큼 남다른 성과를 내기 시작했다. 그리고 엄청나게 격차가 벌어지기 시작했다. 나날이 성장하고 발전하는 인생을 살 수 있게 됐다. 나는 지금도 매일 발전하고 성장하고 있다.

글쓰기는 자기 치유의 과정이다

최면은 일정한 암시에 의해 잠재의식이 표면으로 드러나게 하는 심리 기법이다. 최면에 의해 잠재의식이 드러나면 잠재의식에 저장, 기록된 모든 정보를 가장 효과적으로 처리할 수 있다. 최면상태란 최면 유도 암시에 의해 잠재의식이 드러난 상태를 말한다. 과거 인기 프로그램인 MBC 오락 프로그램 〈무한도전〉의 '네 멋대로 해라' 특집에서는 노홍철이 최면에 걸린 상태에서 눈물을 펑펑 흘린 모습이 방송됐다. 당시 유재석의 진행으로 최면요법을 통해 출연자들의 겁을 치료하는 '겁 없는 녀석들' 코너 진행 중에서였다. 노홍철은 어린 시절 부모님이 돈가스를 사주신다고 해서 따라나섰는데, 병원에 주사를 맞으러 갔다는 잠재된 기억을 최면 상태에서 이야기하면서 걷잡을 수 없이 눈물을 쏟았다. 이때 노홍

철의 눈물이 화제가 되면서 '노홍철 눈물 동영상'이 인터넷에서 인기 검색어에 오르기도 했다.

나는 책을 쓰면서 신기한 경험을 했다. 글을 쓰다 보니 나도 모르게 잊고 살아왔던 과거의 기억들이 조금씩 떠오르기 시작한 것이다. 그리고 순간적으로 주체할 수 없이 많은 눈물이 흘렀다. 정말 계속해서 눈물이 흘렀다. 왜 눈물이 나는지 모를 정도로 순간적으로 일어난 일이었다. 글쓰기는 신비로운 힘이 있는 것 같다. 과거의 아픈 기억, 슬픈 기억, 심지어 수치스런 기억까지 모든 것을 받아들이고 용서하게 된다.

세상을 살다 보면 당최 이해가 되지 않는 일들이 자신의 삶에 일어나곤 한다. 세상은 고통과 불행이 가득하고 나만 당하고 사는 불합리한 세상이라며 원망하기도 한다. 나도 한때 그런 불평 속에 살기도 했다. 매일같이 하늘을 올려다보며 나를 세상에 있게 한 신을 원망하고 부모님을 원망했다. 못생긴 얼굴, 뚱뚱한 몸, 왕따와 괴롭힘, 낮은 학력 등 잘난 것 하나 없는 자신의 모습을 한탄했다. '왜 나에게만 이런 일들이 일어나는 거죠? 그냥 평범하게라도 살 순 없을까요?' 당시 나의 소원은 잘나지 않아도 좋으니 평범하게 만이라도 살아보는 것이었다. 친구가 많지 않아도 됐다. 그저 점심시간에 편하게 같이 밥을 먹을 수 있는 친구 한두 명만 있어도 좋았다. 하지만 매일 놀림을 받아 도저히 학교에 가기가 싫었다. 친구들은 놀림을 받는 나와 어울리기 싫어했고, 특히나 내가 힘들었던 건 나를 바라보는 여자들의 측은한 눈빛이었다. 마치 불쌍한 인생 패배자를 바라보는 듯했다. 아직도 난 그 눈빛을 잊을 수가 없다.

맹자는 이렇게 말했다. '하늘이 장차 큰일을 맡기려 할 때는 반드시 먼저 그 마음을 괴롭히고 신체를 고단하게 하며 배를 굶주리게 하고 생활을 곤궁에 빠뜨려 행하는 일마다 어지럽게 하나니 그것은 마음을 분발하게 하고 성질을 참게 하여 해내지 못하던 일을 능히 감당할 수 있게 하기 위함이다.' 지금에 와서 돌이켜 생각해보면 그때의 일이 오히려 내겐 전화위복이 되었단 걸 알게 됐다. 주변에 티를 내진 않았지만 나는 언제나 결핍이 많은 아이였다. 사람들은 나를 항상 긍정적이고 밝은 아이라고 말했다. 주먹으로 때려도, 놀림을 받아도, 욕을 해도 언제나 실실 웃었으니까 말이다. 하지만 나는 밝은 아이가 아니었다. 그것은 내면을 감추기 위한 가면에 불과했다. 겉으론 웃고 있지만 속으론 울고 있는 아이. 그게 바로 나였다. 한 번쯤은 소리 내어 크게 울어보는 것도 좋은 것 같다. 하지만 당시엔 왜 그리 울기가 싫었는지 모르겠다. 그건 마지막 남은 하나뿐인 자존심이었을까?

한국은 다른 나라들에 비해 자살률이 아주 높은 나라이다. OECD 국가 중 1위이고 전 세계를 비교해도 아주 높은 나라이다. 나는 그 이유가 자신을 사랑하는 마음 즉 자존감이 결여되어 있기 때문이라고 생각한다. 우리는 진실로 한 명 한 명이 소중한 존재이다. 사람은 누구나 내면에 다 듬어지지 않은 보석을 가진 채 살고 있다. 하지만 학교는 그저 학력과 점수만을 고집한다. 점수가 낮은 학생은 개만도 못한 인생을 살게 되고 점수가 높은 학생만이 살아남는다는 것이다. 하지만 우리의 인생은 학력이 한 사람을 정의할 만큼 가치 없지 않다. 우리가 자존감을 가질 수 있는 방법은 무엇일까? 그것은 자신이 직접 자신의 가치를 평가하면 된다.

금이 만들어지는 과정을 알고 있는가? 금광석이 제련소에서 수천 도에 달하는 뜨거운 용광로에 들어가 녹여지고 그러한 과정을 수십 번을 거쳐 비로소 금이 탄생한다. 제련의 과정을 통해 불순물이 빠져나가 귀한 금속이 되는 것이다. 도자기도 마찬가지이다. 도자기가 아닌 일반 질그릇을 구울 때는 가마의 온도가 800℃면 된다. 하지만 고려청자와 같은 최고의 도자기를 구울 때는 가마의 온도가 1,250℃ 이상이 되어야 한다고 한다. 그렇게 되면 흙의 밀도가 놀랄 만큼 단단해지고 흙 속에 있던 유리질들이 녹아 밖으로 흘러나온다. 그렇게 해서 최고의 작품이 탄생하는 것이다.

나는 작가이다. 사람들로부터 존경과 선망을 받는 대상 말이다. 분명 과거의 기억은 나에게 큰 고통이었지만 오히려 그 덕분에 나는 작가라는 꿈이 생겼다. 나처럼 고통스런 과거를 겪는 사람들을 돕고자 하는 소명이 생겼다. 적어도 그 사람들은 나처럼 힘들지 않았으면 하는 바람에서 말이다. 만약 내가 왕따나 따돌림을 당하지 않았더라면 약자를 돕고 싶은 마음이 생겼을까? 만약 내가 남들 누리는 것을 다 누리며 살았다면 약자를 돕고 살겠다는 마음이 생길 수 있었을까? 희망이 없는 것만큼 불행한 인생은 없다. 내가 털어놓은 과거의 경험이 이 글을 읽는 한 명 한 명에게 희망과 위로의 메세지가 되면 좋겠다. 그들의 앞날에 희망을 줄 수 있다면 나의 인생은 절대 가치가 없지 않다. 사람은 누구나 마음먹기에 따라 내면의 보석을 갈고닦아 빛나는 인생을 살 수 있기 때문이다. 지나간 과거가 오늘의 나를 만들었다. 이제 그것은 나에게 없어서는 안 될 소중한 기억이다. 어려움을 모르고 자라온 사람은 인생의 가치를 깨달을 수 없다. 우리의 인생은 어려움을 통해 인격이 형성되고 영광된 존재로 빚어진다. 하늘이 주신 시련은 알고 보니 축복이었다. 자신을 정금 같은 존재로 만드는 데 있어 꼭 필요한 과정이었다. 나는 나를 괴롭힌 당시 친구들을 원망했고 혐오했지만 지금은 진심으로 고맙다고 말해주고 싶다.

나는 글을 쓰며 나 자신을 치유했다. 나는 많은 사람들이 글을 썼으면 좋겠다. 어떠한 약물보다도 글쓰기의 힘이 더 강력하다. 나는 정신과 약물을 복용하지 않고도 글쓰기를 통해 마음의 병을 치유했다. 이미 글쓰기가 생물학적으로나 심리적 치료에 효과가 있음을 보여주는 연구 결과들도 많다. 글쓰기를 통한 치료 효과는 성별, 나이, 문화 등에 상관없이 공통적으로 유사하게 나타난다.

텍사스대학교의 페니 베이커(James W. Pennebaker)박사는 1997년 '정서적 경험에 관한 글쓰기의 치료적 효과' 발표에서 글을 쓰고 난 후 질병으로 병원을 찾는 횟수가 줄었고, 신체 면역 기능이 전반적으로 향상됐으며, 학교나 직장에서의 업무 수행 능력과 성적이 올랐다고 말했다. 또한 2003년 9월, 영국 런던의 킹스 대학 심리학과 교수 수잔 스카트 박사는 영국 심리학회 학술회의에서 이런 연구보고서를 발표했다고 한다. '긴장된 감정을 종이에 글로 쓰면 긴장이 풀리면서 상처 회복이 빨라질 수 있다.' 스카트 박사는 36명을 대상으로 이들 모두의 팔에 작은 상처를 낸 뒤 이들 중 18명에게는 과거 가장 속상했던 일을, 나머지 18명에게는 좋았던 기억을 3일 동안 매일 20분씩 종이에 쓰게 했고, 2주 후 상처가 어느 정도 아물었는지를 점검했다. 그 결과 속상했던 일을 쓴 그룹이 좋았던 기억을 쓴 그룹보다 상처 회복 속도가 빠른 것으로 밝혀졌다. 또 속상했던 일을 쓴 그룹이 좋았던 기억을 쓴 그룹에 비해 심리적인 스트레스가 적은 것으로 나타났다. 수잔 스카트 박사는 '스트레스가 심하면 상처회복 속도도 느려진다는 사실을 보여주는 것이며, 이 방법은 장기적으로 건강에 좋은 영향을 미치는 것으로 생각된다'고 밝혔다. 이에 대해 킹스 대학의 웨인먼 박사 또한 '수술 환자의 상처 회복을 촉진하는 새로운 방법을 개발하는 데 도움이 될 것'이라고 논평했다. 한마디로 글쓰기를 통해 심리적으로 안정이 되면 자연치유 능력이 커지며 그 결과 질병의 회복 속도가 빨라진다는 것이다. 자신을 깊게 성찰하는 글쓰기는 우리의 경험이나 감정을 새로운 관점에서 바라보게 해줌으로써 자기 자신을 한층 더 깊이 있게 이해하도록 만든다. 자신과 문제에 대한 명확한 인식은 문제에 대한 이해력, 문제 해결 능력, 자신감을 증진시켜 긴장을 완화하고 개인의 성찰과 성장을 가져와 정신적, 육체적인 건강을 유지할 수 있게 한다.

책만 읽는 것이 전부가 아니다

어느 날 책을 읽고 읽는 한 지인을 보았다. 주변에 책을 읽는 사람이 없던지라 반가운 마음에 다가가 보았다. 그런데 열심히 책을 읽는 반면 아무런 필기나 메모가 되어 있지 않은 것이었다.

"너는 왜 책을 읽을 때 깨끗하게 읽니?"

그가 대답했다.

"기껏 돈 주고 산 책인데 더러워지면 아깝잖아. 나중에 다른 사람도 빌려줘야 하는데 깨끗하게 읽어야지."

보통 주변에 책을 읽는 사람들을 보면 백지처럼 깨끗하게 책을 읽는 사람들이 많다. 돈 주고 산 책이니 깨끗하게 읽는다는 것이다. 하지만 책을 깨끗하게 읽는다면 결국 머릿속에 백지처럼 아무것도 남는 것이 없게 될 것이다. 많은 사람들이 독서를 해도 인생이 변화하지 않는 대표적 이유이다. 기껏 시간 내어 독서를 해보지만 실질적인 수확이 없으니 중도에 그만 독서를 포기해버린다.

우리가 책을 읽는 목적은 무엇일까? 내 아까운 시간을 들여 책을 읽는 이유는 그 시간을 통해 내 인생에 도움이 되는 지식을 얻고 좀 더 나은 인생을 살고 싶어서가 아닐까? 목적에 충실하지 않은 독서란 그저 시간 낭비일 뿐이다. 독서의 목적은 독서가 아니다. 읽는 것의 목적이 읽는 것이 되어서는 안 된다는 말이다. 독서의 진정한 목적은 읽은 내용을 뽑아서 그것을 내 삶에 실질적으로 활용하는 데에 있다. 우리는 읽은 것을 통해 그것을 어떻게 하면 내 삶에 활용할 수 있을지에 대해 집중해야 한다. 책이란 잠재된 지식이다. 지식이 생생하게 살아 움직이기 위해선 반드시 그 지식을 실천해야만 한다. 그때가 진정한 책의 힘이 발휘되는 순간이다. 읽은 내용을 실천하기 위해선 반드시 사색하는 과정이 필요하며, 사색하기 위해선 책을 읽어야 한다. 우리는 더 이상 '읽는' 것에만 그칠 게 아니라, 읽은 것들을 머릿속에서 재조합하여 나만의 방식으로 '활용'하고 그것을 내 삶의 실질적인 성장으로 '전환' 시켜야 한다.

'과골삼천(踝骨三穿)'이라는 말이 있다. 이 말은 다산 정약용의 제자 황상의 글 속에 나오는 말로 '복사뼈에 세 번이나 구멍이 났다.'라는 의미이다. 조선 후기 실학을 집대성한 학자이자 정치가인 다산이 강진에서 유배하던 시절 독서와 저술에 힘쓰다 보니 방바닥에 닿은 복사뼈에 구멍이 세 번이나 뚫렸다는 말이다. 이 말은 다산이 얼마나 열심히 책을 읽고 저술에 힘썼는지를 알 수 있게 해준다. 다산은 책을 읽을 때 3가지 독서법을 활용했다고 한다. 바로 '정독(精讀)'과 '질서(疾書)'로 '초서(抄書)'다. 정독이란 뜻을 새겨가며 아주 꼼꼼하고 세세하게 책을 읽는 것을 말한다. 한 장을 읽더라도 깊이 사색하며 그 내용을 정밀하게 따져서 읽는 것이다. 질서란 책을 읽다가 깨달은 것이 있다면 그것을 잊지 않기 위해 적어가며 읽는 것을 말한다. 다산은 기록을 중요하게 여겼는데 언제 어디서나 책을 읽을 때면 떠오르는 생각이나 깨달음이 있을 때 잊지 않기 위해 재빨리 적었다고 한다. 초서란 책을 읽다가 중요한 구절이 나오면 이를 베껴 쓰는 것, 즉 필사를 말한다. 책을 읽다가 중요한 구절이 나오면 그걸 그대로 받아 적는 것이다. 초서 독서법은 조선 시대 세종대왕과 다산이 즐겨 쓰던 독서법이다. 다산 정약용은 초서 독서법의 효과에 대해 의심하는 아들 정학유에게 이런 내용의 편지글을 보냈다고 한다. "독서할 때는 어떻게 해야 하느냐? 한 번 쭉 읽고 버려둔다면 나중에 다시 필요한 부분을 찾을 때 곤란하지 않겠느냐? 그러니 모름지기 책을 읽을 때는 중요한 일이 있거든 가려서 뽑아서 따로 정리해 두는 습관을 길러야 할 것이다. 이것을 초서라고 한다. 하지만 책에서 나한테 필요한 내용을 뽑아내는 일이 처음부터 쉬운 일은 아닐 것이다. 먼저 마음속에 무엇이 중요하고 무엇이 필요한 내용인지 일정한 기준이 있어야 하지 않겠느냐? 곧 나의 학문에 뚜렷한 주관이 있어야 하는 것이란다. 그래야 마음속의 기준에 따라 책에서 얻을 것과 버릴 것을 정하는 데 곤란을 겪지 않을 것이야. 이런 학문의 중요한 방법에 대해서는 앞서 누누이 말했는데 너희가 필시 잊어버린 게로구나. 책 한 권을 얻었다면 네 학문에 보탬이 되는 것만을 뽑아서 모아둘 것이며 그렇지 않은 것은 늘 눈에 두지 말아야 한다. 이렇게 하면 100권의 책도 열흘간의 공부에 지나지 않을 것이다." 초서는 이처럼 주제를 정하고 필요한 부분을 발췌하여 자신만의 지식을 얻을 수 있는 방법이다. 그는 이 방법을 통해 유배 생활을 하며 4서 6경에 관한 경학 연구서 232권을 저술할 수 있었다고 한다.

나는 책을 상당히 더럽게 읽는 편이다. 굳이 이유를 들자면, 책의 목적은 고이 모셔두는 것이 아니라 어떻게 해서든 실용적인 내용을 뽑아내어 삶 속에 활용하는 데 있다고 생각했기 때문이다. 독일의 철학자 임마누엘 칸트는 손은 대뇌와 직접적이며 폭넓게 연결되어 있어서 '손은 바깥으로 드러난 제2의 뇌'라고 말했다. 손을 사용하면 전두엽에 자극이 가해지고 그 과정 가운데 인간 두뇌의 중추인 전두엽은 자극을 해석하는 것을 넘어 창의적 활동을 한다는 것이다.

캐나다의 신경외과 의사인 와일더 펜필드(Wilder Penfield)는 인간의 대뇌피질을 중심으로 하는 체감각피질의 부위와 반응하는 신체 부위를 관찰하여 신체 지도를 만들었다. 이런 비율을 본떠서 재구성한 인간의 모습을 '호문쿨루스'라고 한다. 호문쿨루스 모형을 보면 유난히 손이 큰 모습이 보인다. 이는 손에 운동신경 정보와 감각신경 정보를 전달하는 신경세포가 다른 기관에 비해 더 많이 분포되어 있기 때문이다. 손에는 70%의 촉각 세포와 모세 혈관이 몰려 있고 손에서부터 시작된 17000개의 신경은 온몸으로 연결된다. 손은 뇌가 내리는 명령을 수행하는 운동 기관이면서 뇌에 가장 많은 정보를 제공하는 감각기관이다.

미국의 소설가인 마크 트웨인은 이렇게 말한다.

"읽기는 쓰기의 기초이며 쓰기는 읽기의 연장이다. 읽기와 쓰기는 본래 하나이며 서로 보완하는 개념이다. 양쪽 모두 균형있게 공부해야 좋은 성과를 거둘 수 있다."

또한 중국 건국의 아버지이며 중국 공산당 정권을 수립한 정치가이자 혁명가인 마오쩌둥(毛澤東)은 책을 읽을 때 세 번 반복해서 읽고 네 번 익히라는 '삼복사온(三復四溫)' 독서법과 '붓을 움직이지 않는 독서는 독서가 아니다'라는 원칙을 중요시했다. 그의 독서법은 '사다(四多) 습관으로 유명한데, '많이 읽기(多讀)', '많이 생각하기(多想)', '많이 쓰기(多寫)', '많이 묻기(多問)'를 뜻한다.

특히 그의 독서법 중에서 가장 주목할 만한 점은 책에서 얻은 지식을 실생활에 연계시킨다는 것이다. 또한 다산은 '둔필승총(鈍筆勝聰)', 둔한 붓이 총명한 머리를 이긴다는 뜻으로 아무리 똑똑한 머리라도 메모나 글로 기록하는 것을 따라갈 수 없다고 말했다. 그는 단순 기억에 의존하기보다 쓰기의 중요성을 더욱 강조했다. 이렇듯 눈과 손을 사용하는 능동적 독서는 자신의 견해를 밝히고, 취사선택하고, 비판하고, 의식을 확장하고, 생각을 넓혀가는 적극적 자세를 가진 독서법인 것이다.

나는 책을 읽을 때 끊임없이 줄을 긋고 동그라미를 치고 별표를 쳤다. 한쪽 구석 여백에 내가 깨달은 생각을 메모하고 종이를 접어 표시해두기도 했다. 개인 노트에 따로 좋은 구절을 뽑아서 옮겨 적기도 해보고, 어떻게 해야 내 삶에 잘 적용할 수 있을지를 끊임없이 생각했다. 이렇게 독서의 행위를 최적화시키자 인생이 빠르게 변화하기 시작했다. 가령 책에서 '새벽 5시에 일어났더니 하루의 질이 달라졌어요!'라고 말한다면 나는 그것을 내 개인 노트에 옮겨 적고 즉각 실천했다. 처음엔 책의 내용대로 실천하면 달라질까 하는 의심이 들었다. 하지만 나는 책의 내용을 전적으로 믿어보기로 했고 그 결과 정말 삶에서 변화가 일어나기 시작했다.

일찍이 공자는 말했다.

'일생의 계획은 젊은 시절에 달려 있고 1년의 계획은 봄에 있으며 하루의 계획은 아침에 달려 있다. 젊어서 배우지 않으면 늙어서 아는 것이 없고 봄에 밭을 갈지 않으면 가을에 바랄 것이 없으며 아침에 일어나지 않으면 아무 한 일이 없게 된다'.

사람은 누구나 하루 24시간을 산다. 하지만 주어진 시간을 어떻게 활용하느냐에 따라 하루의 질이 달라져 똑같은 하루라도 누구는 24시간을 48시간처럼 살기도 한다. 새벽 시간은 저녁 시간의 3배에 달하는 효과가 있다고 한다. 그래서 나는 취침 시간을 당겨서 새벽 5시 기상에 도전해보기로 했다. 다음 날부터 곧장 새벽 5시에 일어나 평소보다 일찍 집을 나서고 회사 근처에 있는 스타벅스로 갔다. 그리고서 한 시간 동안 책을 읽었다. 그랬더니 정말 신기하게 집중이 잘 되고 책의 내용이 머릿속에 쏙쏙 들어왔다. 집중이 잘 되니 책을 읽고 깨닫는 것도 많았다. 하루를 보다 기분 좋고 상쾌하게 시작할 수 있었다. 그 이후로도 나는 늘 출근하기 전에 한 시간 동안 스타벅스에서 책을 읽고 출근했다. 새벽 기상을 하기 전까진 매일 아침에 일어나자마자 정신없이 출근하고 마음속엔 '출근하기 싫다'라는 부정적인 마음이 가득했다. 하지만 새벽 기상을 실천하고부터는 더 여유롭고 긍정적인 기분으로 하루를 시작할 수 있었다.

책은 소중히 다뤄서는 안 된다. 우리는 책을 읽을 때 늘 전투적으로 임해야 한다. 책은 더럽게 읽어야 한다. 이제 책을 깨끗이 읽어야 한다는 강박관념을 버리자. 책에 밑줄도 긋고 여백에 메모도 하고 종이를 접기도 하는 등 책을 읽는 최대의 목적은 책 속의 지식을 뽑아내고 내 것으로 만들어내는 데에 있다. 나는 이런 식으로 책 속의 저자가 수년, 수십 년에 걸쳐 고생하며 얻은 경험과 노하우를 훔쳤다. 책은 읽는 것이 아니라 활용하는 것이고 성장을 모색하는 도구이다. 영국의 철학자 존 로크는 이렇게 말했다. '독서는 다만 지식의 재료를 공급할 뿐이며, 그것을 자기 것이 되게 하는 것은 사색의 힘이다.'

종이 위에 쓰면 반드시 이루어진다

목표를 종이에 적으면 정말 이루어질까? 이에 관한 대표적인 사례로 짐 캐리의 일화를 말해주고 싶다. 짐 캐리는 캐나다 출신으로 영화배우가 되고 싶은 마음에 미국으로 건너왔다. 하지만 가끔 단역이나 주어지는 무명 신세였다. 집도 없어서 고물 자동차에서 자야 했고 빵으로 끼니를 때우곤 했다. 그는 더 이상 이렇게 살아선 안 된다고 느꼈는지 할리우드의 가장 높은 언덕으로 올라가 수표책과 펜을 꺼내 들고는 '1,000만 달러.'라고 적었다. 그리고 이 금액을 5년 후인 1995년 추수감사절까지 자신에게 지급할 것을 약속했다. 그것을 5년 동안 지갑에 넣고 다녔다. 그리고 5년 후인 1995년, 짐 캐리는 약속한 금액보다 훨씬 많은 금액을 출연료로 받는 세계적인 대배우가 된다. 그는 〈덤 앤 더머〉로 700만 달러,

〈배트맨〉으로 1,000만 달러, 총 1,700만 달러를 벌었다고 한다.

나는 평범한 직장인 시절, 그렇게 직장인으로서만 살기가 정말 싫었다. 나는 내가 하고 싶은 게 있고 이루고 싶은 꿈이 있었기 때문이다. 어느 날 문득 결심했다. 이제는 현실을 바라볼 게 아닌, 이상과 꿈을 바라보며 살기로 말이다. 그리고는 독립을 하기로 마음을 먹었다. 부모님께선 내가 원하는 삶을 살기보다 안정적인 공무원이 되는 길을 더 바라셨기 때문이다. 내 꿈을 이루는 데 있어 필연적으로 이러한 환경에서 벗어나야만 했다. 2020년 4월, 집을 떠나기 전, 나는 방에 걸려있는 화이트보드에 이렇게 글을 남겼다.

'호랑이는 죽어서 가죽을 남긴다. 사람은 죽어서 이름을 남긴다. 평범한 사람은 현실에 안주하며 살지만 특별한 사람은 꿈을 꾸며 살아간다. 난 결코 현실에 순응하며 살아가지 않을 것이다. 그 누구도 내 가슴속 품은 꿈을 짓밟을 수 없다. 나는 무한한 가능성을 지닌 20대 젊은 청년이다. 사람의 꿈을 비웃는 자는 꿈을 꿔본 적이 없거나 꿈이 죽은 사람이다. 꿈을 지키기 위해 자유를 쟁취하기 위해 많은 것들과 투쟁해야 한다. 내 꿈을 다른 이에게 맡길 것이 아니라 내 삶의 운전대는 내가 직접 잡아야 한다. 외롭고 고된 길이 될 것이다. 맛있는 음식도, 멋진 옷도, 멋진 차도, 여행도, 친구도, 애인도, 많은 것을 포기해야 한다. 하지만 그것은 잠시일 뿐이다. 어둡고 컴컴한 터널을 지나고 나면 찬란한 빛이 나를 기다리고 있을 것이다. 이 세상에 오르지 못할 산은 결단코 없으며, 비록 처음에 정상은 보이지 않더라도 한 걸음 한 걸음 앞을 향해 꾸준히 내딛다 보면 어느새 정상이 눈에 보이고 그곳에 서 있는 나를 발견할 것이다. 그리고 세상을 향해 외칠 것이다. "나는 승리했다!"라고.'

마음속에 담긴 울분이 터진 탓일까. 글을 쓰는데 쉴 새 없이 눈물이 터져 나왔다. 그도 그럴 게 나는 항상 억눌려 있었다. 내가 원하는 삶, 좋아하는 삶을 살아선 안 된다고 배우며 자라왔다. 내가 원하는 것을 하며 살고 싶다고 말할 때면 '왜 그리 현실을 모르냐?'라며 언제나 내 꿈은 철저히 짓밟혔다. 이 책을 쓰는 지금은 2021년이다. '호랑이는 죽어서 가죽을 남긴다. 사람은 죽어서 이름을 남긴다.'라는 글의 서두처럼 나는 1년 만에 작가라는 꿈을 이루었다. 나는 이제 당당히 말할 수 있다. 인생은 쓰는 대로, 꿈꾸는 대로 이루어진다고 말이다.

당신은 종이 위의 기적을 믿는가? 나는 믿는다. 오늘의 내 모습은 과거에 내가 종이 위에 적은 모습대로 만들어졌기 때문이다. 나는 2020년 나의 꿈 목록에 '베스트셀러 작가 되기'라는 꿈을 적었다. 그것을 처음 적었을 때 아무도 내가 작가가 될 것을 믿지 않았다. 오히려 작가가 되겠다는 나를 보고 비웃었다. 하지만 나는 1년 만에 작가의 꿈을 이루었다. 또 나는 '바디프로필 촬영'이라는 꿈을 적었다. 다이어트에는 성공했지만 굶어서 뺀 나의 몸은 마치 비쩍 마른 멸치와 같았기 때문이다. 나는 1년 동안 매일 헬스장에 가서 운동하기 시작했다. 늘 멋진 근육질 몸매를 가진 나의 모습을 상상했다. 비가 와도 눈이 와도 몸이 아무리 피곤해도 꿋꿋이 참고 운동했다. 그렇게 나는 1년 뒤 바디프로필을 촬영할 수 있었다.

또 나는 '결혼식 축가 부르기'라는 꿈을 적었다. 나는 평소에 노래 부르는 것을 좋아했지만, 소심한 성격 탓에 남들 앞에서 노래하는 것을 두려워했다. 매일 집에서 노래연습을 하며 사람들 앞에서 멋지게 노래 부르는 모습과 박수갈채를 받는 모습을 상상했다. 그리고 그해 연말, 나는 친척의 결혼식에서 결혼식 축가를 불렀다. 노래가 끝난 후 박수갈채를 받던 그 순간은 아직도 잊히지 않는다.

또 나는 '여자친구 만들기'라는 꿈을 적었다. 25년을 모태솔로로 살아온 나는 여자친구가 없었다. 왜 여자친구를 사귀지 않느냐고 묻는 주위 사람들에게 '바쁜데 무슨 연애냐'며 핑계를 대고 둘러댔다. 하지만 속으로는 누구보다도 간절하게 여자친구를 사귀고 싶었다. 문제는 여자와 대화는커녕 눈을 잘 마주치지도 못했다는 것이다. 평소 주위에 아는 여자가 한 명도 없었기 때문이다. 나에게 여자란 엄마뿐이었다. 여자는 너무 어려운 존재였다. 하지만 그렇다고 해서 계속 솔로로만 살 순 없었다.

'여자가 없으면 만들면 되지!'

나는 길거리에서 아무 여자나 붙잡고 번호를 물어보기로 결심했다. 처음엔 도무지 말문이 트이지 않아 3~4시간을 그저 거리에서 떠돌기만 했다. '혹시 나를 경찰에 신고하면 어쩌지? 나한테 욕을 하면 어쩌지? 만약 사귀었는데 이상한 여자면 어쩌지?' 오만가지 불안한 생각들이 머릿속을 가득 채웠다. 그렇게 일주일이 흘렀다. 드디어 처음으로 말문이 트여서 마음에 드는 여자에게 다가가 용기 있게 번호를 물어보았다. '저기 혹시 마음에 들어서 그러는데 번호 좀 알 수 있을까요?' 대답은 거절이었다. 대부분 '죄송합니다. 남자친구가 있어서요, 더 좋은 인연 만나실 거에요. 힘내세요.'라는 식이었다. 처음엔 아무런 소득이 없었다. 심지어는 위아래로 훑어보며 대놓고 무시하고 욕하던 여자들도 있었다. 그런 날은 '그래 이 정도는 충분히 각오하고 시작한 거잖아.'라며 나 자신을 독려하곤 했다.

낯선 사람에게 다가가는 것은 내게 매번 어려운 일이었다. 그것이 몸에 배도록 나는 시간대를 가리지 않고 아침, 점심, 저녁 심지어 늦은 새벽까지도 마음에 드는 여자가 보이면 무조건 다가가 번호를 물었다. 집에 돌아온 후에는 데이트 어플에 돈을 써가며 모르는 여자들과 통화하고 말하는 연습을 했다.

누군가 보기에는 저렇게까지 해야 하나 하고 한심해 보일 수 있다. 하지만 나는 그 정도로 간절했다. 남들의 시선 따위에 신경 쓰지 않았다. 지하철, 서점, 카페 등 장소를 가리지 않았다. 그렇게 노력하다 보니 얼마 후 첫 번호를 얻었다. 처음으로 얻은 성과인지라 정말로 기뻤다. 하지만 번호를 얻었다고 해서 사귄 것은 아니었다. 카톡을 하던 도중 거절을 당하기도 차단을 당하기도 했다. 그렇게 수많은 거절 끝에 총 시도한 횟수가 어느새 50번이 넘어갔다. 시간이 흐르다 보니 점차 지쳐갔다. '이제는 포기해야 하나, 나는 여자랑 인연이 없는 건가'하는 좌절감이 들었다.

그러던 어느 날, 홍대 근처에서 친구들과 약속을 마치고 집에 돌아가던 길이었다. 순간 마음에 쏙 드는 여자가 내 앞을 가로질러 간 것이다. 나는 다시 뒤를 돌아 무심코 그녀에게 다가가 번호를 물었다. "안녕하세요. 혹시 마음에 들어서 그런데 번호 좀 알 수 있을까요?" 솔직히 큰 기대는 하지 않았다. 걸음걸이가 딱 봐도 바빠 보였기 때문이다. 하지만 그녀는 대답했다. "네, 드릴게요!" 의외의 대답에 조금 놀랐다. 그리고 우린 서로 번호를 교환하게 됐다.

한동안 고민했다. '어차피 해봤자 안될 것 같은데 연락하지 말까, 저렇게 예쁜 여자가 나랑 사귈까?' 머릿속에 여러 생각이 오갔다. 갑자기 핸드폰이 '띵동'하고 울렸다. 그녀에게서 먼저 연락이 온 것이었다.

'안녕하세요. 아까 번호 드린 사람인데 연락이 없으셔서 연락드립니다.'

신기했다. 항상 내가 먼저 연락을 했으면 했지 먼저 연락이 온 적은 처음이었기 때문이다. 나는 설레는 마음으로 답장을 했다. 그렇게 우리는 서로 연락을 주고받고 첫 만남 약속을 잡게 됐다. 첫 번째 만남, 두 번째 만남, 그리고 세 번째 만남. 나는 그녀에게 사귀자고 고백했다. 대답은 어땠을까? 물론 오케이였다! 그렇게 그녀는 나의 첫 여자친구가 되었다. 고단한 노력 끝에 모태솔로를 벗어나 여자친구를 사귈 수 있었다. 나는 또다시 종이 위의 기적을 경험했다.

꿈과 목표를 종이 위에 적는다고 해서 원하는 모든 목표가 이루어지는 것은 아니다. 중요한 것은 목표를 이루고자 하는 간절한 바람이다. 그러한 바람이 먼저는 종이 위에 그림자로 나타났고 시간이 흘러 완전한 실체가 되어 나타난 것이다. 그래서 나는 종이 위의 기적을 믿는다. 인생은 분명 쓰는 대로 이루어진다. 또한 내 꿈들은 아직도 현재 진행형이다. 나는 앞으로도 이룰 꿈들이 무궁무진하게 많다. 앞으로 그것들은 모두 종이 위의 기적과 함께 이루어질 것이다.

『생각의 비밀』의 저자 김승호는 다음과 같이 말했다.

"사람의 생각은 물리적 힘을 지녔습니다. 생각을 효율적으로 하는 사람이 세상을 이끌고 지배도 하죠. 절실한 생각을 머리에서 빠져나가지 않도록 하는 게 저의 성공 비결입니다. 그 절실한 생각을 글로 적고 이미지로 표현하는 게 필요합니다."

– 김승호, 『생각의 비밀』

05

글쓰기는 능동적인 책 읽기다

흔히 오늘날 우리는 '정보의 바다' 속에 살고 있다고 한다. 과거에는 정보가 귀하던 시절이었지만 요즘은 구글링만 잘해도 웬만한 건 다 알 수 있는 시대이다. 전에 없이 정보로 충만한 세상은 이 세상을 더욱 풍요롭게 해주었다. 하지만 그에 못지않게 더한 갈증과 욕구불만을 안겨주기도 했다. 정보가 넘쳐나는 만큼이나 잘못된 정보들 또한 범람하는 세상이 된 것이다.

얼마 전 2021년 2월 25일. 국내 포털 업계 1위 네이버(NAVER)는 '실시간 검색어' 서비스를 폐지했다. 네이버는 실시간 검색어 서비스 폐지 이유를 정보의 다양성 확보 차원이라고 밝혔다. 비슷한 고민을 하던 카

카오도 앞서 포털 다음(daum)의 실시간 검색어 서비스를 폐지했다. 실시간 검색어 서비스는 이용자들이 검색창에 입력하는 검색어를 데이터화 하여 입력 횟수의 증가 비율이 가장 큰 검색어가 순위로 매겨져 노출되는 기능이다. 내가 찾는 키워드가 다른 사람들에게도 가치 있는 정보라는 관점에서 설계되었다. 이러한 실시간 검색어 기능을 통해 사람들이 현재 어떤 일에 가장 관심을 두고 있는지를 보여주는 지표로 여겨지기도 했다. 하지만 특정 기업들은 상업적 이익을 위한 목적으로 인기 검색어를 띄우곤 했다. 또한 검색어 순위를 인위적으로 올리는 것이 가능하여 선거철이나 논란이 되는 사건이 발생할 때마다 조작 의혹이 제기됐다. 결국 2005년 5월 첫 도입 이후 이슈를 몰고 다녔던 실시간 검색어 서비스는 16년 만에 역사 속으로 사라지게 됐다.

이런 일이 우리에게 주는 교훈은 무엇일까? 바로 개인마다 '스스로 생각하는 힘'을 길러야 한다는 것이다. 인류는 아주 오래전부터 무리 생활을 해왔다. 무리에서 이탈된다는 것은 곧 생사와 직결된 문제이기도 했다. 인간의 역사를 보면 1만 년이라는 아주 오랜 기간을 '수렵 채집인'으로 살아왔다. 그렇기에 수렵 채집인의 DNA가 아직 우리에게 남음은 그리 이상한 일은 아닐 것이다. 지금은 다른 말로 이를 '사회적 인간'이라고 칭하고 있지만, 결국 무리에서 이탈하지 않기 위한 생존본능이 연결된 개념과 다름이 없다. 사회적 인간으로서 무리에서 도태되지 않기 위해 개개인의 사고방식보다 무리를 쫓는 것을 더 중요시하는 것이다.

　나는 항상 책을 읽을 때 책의 모든 부분이 정답이라 생각하며 읽지 않는다. 저자도 분명 사람이기에 맞는 부분이 있고 틀린 부분이 있을 수 있기 때문이다. 비단 이런 부분은 이 책을 쓰고 있는 나에게도 해당 하는 이야기이기도 하다. 독자들은 이 책을 읽을 때도 모든 내용을 곧이곧대로 받아들일 필요가 없다. 그것은 내가 독자들에게 바라는 것도 아니다. 오늘날의 독자들에게 정말로 필요한 건 바로 올바른 지식을 분간할 수 있는 능력이다. 책에서 이야기하는 내용에 대한 비판과 함께 나의 생각을 넣는 훈련이 필요하다. 그러기 위해 책을 읽었다면 꼭 글쓰기를 해라. 눈으로만 읽는 독서가 아닌 직접 손을 움직이며 쓰는 독서를 하라. 남의 책을 읽지만 말고 그것을 활용해 내 것으로 만들어야 한다. 나는 그것이 독서의 참된 목적이라고 생각한다. 왜 오늘날 사람들은 스스로 생각하기보다 누군가가 던져주는 지식을 받아먹는 데만 익숙해졌을까? 이것은 오늘날 만연해있는 교육의 영향이기도 하다. 우리는 언젠가부터 자신도 모르는 사이에 천천히 길들여졌다. 교육의 참뜻은 무엇일까? 교육(education)의 어원은 라틴어의 'educo'에서 나왔다. 'educo'는 '밖으로 이끌어낸다'라는 의미로 주입하는 것이 아닌 인간에 내재하고 있는 능력을 끌어낸다는 뜻이다. 곧 참된 교육이란 자신이 가진 생각을 밖으로 끄집어내어 잠재된 능력과 소질을 신장하고 발휘시키는 방법을 배우는 것이다. 하지만 지금까지의 교육은 모두 '끄집어내기'보다 '집어넣기'에만 집중되었다. 이로 인해 좁은 범위 내에서 고정된 해석능력만을 발전시켜 왔으며, '혁신적인 생각'의 경계를 넘지 못한 채 갇힌 사고인 '고정관념'의 틀에서 벗어나지 못한 것이다. 우리는 이제 잘 대답하는 사람이 아닌 잘 질문하는 사람이 되어야 한다. 질문이 교육의 중심이 되어야 교육의 본질이 진정으로 발휘되기 때문이다.

우리가 글을 써야 하는 궁극적인 이유는 바로 '스스로 생각할 줄 아는 사람'이 되기 위함이다. 스스로 생각하는 사람이란 곧 질문하는 사람을 의미한다. 올바르게 배운 사람이라면 자신의 생각을 밖으로 꺼내어 제대로 표현할 수 있어야 한다. 다양한 지식과 경험을 통해 자신만의 통찰을 가지고서 그것을 말로 글로 행동으로 당당하게 표현해야 한다. 그런 사람이 제대로 교육받은 사람이다. 책을 읽을 때도 항상 저자와 싸워야 한다. 펜을 꺼내고 떠오르는 생각이 있을 때마다 여백에 메모하고, 반대되는 의견이 있다면 그것을 기록하는 것이다. 그렇지 않으면 책의 노예가 되고 만다. 우리는 책의 주인이 되는 독서를 해야 한다. 글쓰기를 하다 보면 어느샌가 자신만의 철학이 정립된다. 그것은 험난한 세상을 살아갈 자신만의 훌륭한 무기가 된다. 글쓰기를 통해 얻은 지식은 쉽게 없어지지 않는다. 또한 그것이 진짜 나의 지식이며 온전한 힘이 된다. 글쓰기가 동반되지 않는 독서는 수박 겉핥기일 뿐 절대로 인생이 변하지 않는다.

천재들의 학창시절을 보면 크게 이상할 만큼 한 가지의 공통점이 있다. 그것은 바로 주입식 교육을 극도로 싫어하여 학교생활에 잘 적응하지 못하고 퇴학을 권유받을 만큼의 낙제생이었다는 것이다. '이 학생은 품행이 나쁘다. 의욕과 야심이 없고 다른 학생들과 자주 다툰다. 더구나 상습적으로 지각한다. 심지어 물건을 제대로 챙기지 못하며 야무지지도 못하다. 성적도 하위권이다. 그러나 역사 과목만은 뛰어나다.' 초등학교 생활기록부에 적힌 어느 인물의 기록이다. 그는 과연 누구일까? 바로 2차 세계대전을 승리로 이끈 영국의 총리 윈스턴 처칠이다. 아인슈타인의 학창시절은 어땠을까? 세 살이 다 되도록 말을 제대로 하지 못했던 아인슈타인은 학업 성적이 좋지 못해 늘 초등학교 교사에게 야단맞기 일쑤였다. 초등학교 생활기록부에는 무엇을 하건 성공확률이 희박하다고 적혀있을 정도였다. 그는 라틴어 문법처럼 억지로 외우는 과목은 전혀 공부하지 않고 수학과 과학에만 흥미를 느꼈다고 한다. '천재는 99%의 노력과 1%의 영감'이라는 명언을 남긴 에디슨의 학창시절도 별반 다르지 않다. 에디슨의 학교 성적은 밑바닥을 헤매고 말썽꾸러기 혹은 문제아로 낙인찍혔다. 결국 그는 열두 살에 학교를 그만두었다. 에디슨이 다니던 학교는 질문이 금지되었는데 에디슨이 자꾸 질문을 하자 학교에서 쫓겨났다는 이야기도 있다. 이들의 특징은 모두 학교에 잘 적응하지 못했으며 주입식 교육을 극도로 싫어했다는 것이다. 학교생활에 잘 적응하지 못했다는 게 무조건 천재라는 말을 하고 싶은 것이 아니다. 이들은 누군가 억지로 집어넣는 지식보다는 스스로가 궁금해하고 탐구하고자 하는 분야에 더욱 뛰어난 집중력을 보였다. 자신이 좋아하고 관심을 가지는 지식에는 미친 듯한 열정을 쏟아부었다. 그러한 방식이 이들을 천재로 만든 것이다. 그들은 교육의 진정한 본질을 알고 있던 사람들이다.

이것을 비단 그들만의 이야기라고 생각해선 안 된다. 인간에게 잠재된 능력은 무한하다. 단지 뇌의 잠재능력을 얼마만큼 깨우느냐의 문제일 뿐이다. 인간의 뇌에는 100~150억 개 정도의 뇌세포가 존재한다. 천재 아인슈타인조차 이러한 뇌 기능의 10%도 채 사용하지 못했다고 한다. 이렇게나 많은 뇌세포를 가진 인간의 뇌가 고작 단순 지식을 달달 암기하기 위해 존재할 리 만무하다.

우리는 누구나 자신의 뇌 기능을 개발하고 잠재된 천재성을 끄집어낼 필요가 있다. 태어날 때부터 저능아로 태어난 사람이라도 자신의 노력 여하에 따라 충분히 한계를 극복할 수 있다. 천재는 타고나는 것이 아닌 만들어지는 것이다. 이러한 천재성은 끊임없이 질문하고 탐구하고 비판하는 과정을 통해 만들어지고 다듬어진다. 이것이 바로 뇌의 비밀이다. 뇌의 발달을 이루는 데 분명 글쓰기 만한 것은 없다.

06

기록과 메모는 독서의 핵심이다

천재들에게는 이상할 만큼 공통적인 습관이 하나가 있다. 그것은 바로 메모하는 습관이다. 벤자민 프랭클린, 니체, 칸트, 에디슨, 아인슈타인, 레오나르도 다 빈치 등 모든 시대에 영향을 끼친 유명한 사상가들은 모두가 하나같이 메모광이었다. 레오나르도 다 빈치는 미술가이자 과학자, 기술가, 사상가로 다방면의 재능을 보였다. 지금이야 다른 수식어가 필요 없는 천재 예술가로 추앙받는 인물이지만, 그가 살았던 당시에는 엘리트 대접을 받지 못했다고 한다. 사생아로 태어난 다 빈치는 당시 지식인이라면 거쳐야 할 필수 코스인 라틴어 교육도 받지 못했고 심지어 동성애 혐의로 체포되기까지 했다. 하지만 그는 글과 그림으로 자신의 아이디어를 기록했으며, 적은 메모를 바탕으로 생각을 체계화하고 발전시켜 수많은 명작을 탄생시켰다. 레오나르도 다 빈치를 동경한 에디슨은 늘 노란색 공책을 가지고 다니며 발명 아이디어를 기록했다. '오늘 할 일', '사업을 위해 해야 할 일'의 목록을 간단히 정리해 두었고, 이를 수시로 확인하며 실천했다고 한다. 그가 보유한 메모장의 권수만 3,200권에 달하며 메모와 일기의 분량은 500만 장이 넘는다고 한다. 에이브러햄 링컨도 항상 길쭉한 모자 안에 메모지와 필기구를 넣어 다니며 자신의 생각과 떠오르는 말을 모두 메모해두었다. 그는 책을 읽다가도 마음에 드는 구절이 있으면 늘 메모했고, 이렇게 메모한 구절들을 모아 스크랩북으로 만들어 항상 암기할 때까지 읽었다고 한다. 그가 직접 연설문을 작성해 대중 앞에서 발표할 때도 이 메모들을 참고했다고 한다.

오늘날 기업 최고경영자(CEO)들 또한 상당수가 메모하는 습관을 가지고 있다. 성공한 슈퍼리치들이 하는 인터뷰를 보면 많은 이들이 자신의 성공 비법 중 하나로 메모하는 습관을 꼽곤 한다. '기록이 실수를 바로 잡을 수 있다'고 강조하는 삼성 회장 이건희는 신규 임원진에게 만년필이나 휴대전화를 선물하기도 한다. 또한 자신의 목표와 계획을 메모장에 정리하여 일하는 효율을 높인다고 한다. 빌 게이츠 또한 대표적인 메모광이다. 그는 메모를 그냥 써 내려가는 게 아니라 종이를 4면으로 나누어 각각 다른 생각을 적은 후 일주일 동안 그 메모에 대해 사색하는 시간을 가진다고 한다. 또한 '레오나르도 다 빈치'가 생전에 남긴 3만여 장의 메모를 엮은 책인『코덱스 해머』는 2014년 빌 게이츠에게 약 3,100만 달러에 팔리기도 했다. 미국의 경제학자인 랜들 벨이 5000명을 대상으로 습관이 성공에 미치는 영향을 조사한 결과, 메모 습관을 지닌 사람이 그렇지 않은 사람에 비해 성공할 가능성이 약 289% 더 높았다고 한다. 성공한 사람 중에는 자신이 관심을 가지는 주제에 대해서 편집증적으로 메모에 집착하는 경우가 많다. 비록 처음엔 보잘것없는 메모였지만 꾸준히 쌓아온 메모들이 비로소 그들을 천재로 만든 것은 아닐까?

메모는 정보와 생각을 기록해두는 공간이자 창의성의 원동력이다. 메모란 정보를 습득하고 그것을 나만의 것으로 창조하는 멋진 도구인 것이다. 지금의 바쁜 현대사회에서 메모는 아주 중요한 역할을 한다. 좋은 아이디어 하나가 인생을 바꾸고 미래를 바꿀 수 있기 때문이다. 메모를 잘하는 사람일수록 평소 업무와 개인 활동을 매우 효과적으로 운영을 한다고 한다. 또한 메모를 통해 지성을 높이며 잠재된 능력을 더 일깨울 수 있다. 메모를 통해 탄생한 아이디어만큼 값진 것은 없다. 한 곳에 잘 모아둔 메모는 빌 게이츠의 사례처럼 누군가에게 재산이 될 수도 있다.

이렇듯 메모하는 습관이 아주 중요하다는 것은 이제 잘 알고 있을 것이다. 메모에 대해서는 아무리 강조해도 지나치지 않는다. 하지만 아직도 많은 사람들이 단순히 기록만을 위한 메모를 하고 있다. 메모를 위한 메모가 되어선 안 된다. 지나치게 일상적인 것들까지 세세히 적는 것은 시간 낭비로 이어질 확률이 높다. 가령 강아지 밥 주기나 물 한 컵 마시기 같은 것들 말이다. 메모를 하는 목적은 성과를 내어 인생의 발전을 이루기 위함이다. 메모를 열심히 한다고 해서 모두 성공하는 것은 아니지만 성공한 사람들은 모두가 메모광이었다.

나에게는 밥 먹듯이 기록하고 메모하는 습관이 있다. 길을 걷다가도 샤워를 하다가도 밥을 먹다가도 문득 떠오르는 영감이 있다면, 그 순간을 놓치지 않고 핸드폰을 꺼내 메모장에 기록하곤 한다. 잠깐 사이에 아이디어가 머릿속에서 사라질 수 있기 때문이다. 그렇게 잽싸게 적은 메모들은 모두 나의 귀한 아이디어가 되었다. 그래서인지 내 핸드폰 바탕화면은 온갖 메모들로 가득하다. 또 집안 거실, 화장실, 부엌 등을 봐도 사방에는 온갖 잡다한 메모가 적힌 포스트잇들로 가득하다. 그곳엔 내가 좋아하는 책의 구절들을 따로 써놓았다. 정말이지 메모광이 따로 없을 정도이다. 그 중 정말 좋아하는 구절은 따로 뽑아 노트에 정리해두었다. 이 노트는 나에게 작은 책과도 같다. 기록한 메모를 하루에도 수시로 들여다보며 생각하고 또 생각했다. 그러다 보면 어느 순간 깨달음이 오곤했다. 책 읽기를 통한 인풋이 많아지다 보니 저절로 메모라는 아웃풋으로 이어진 듯하다. 지금 생각해 보면 내가 작가가 되는 데 메모하는 습관은 아주 큰 도움이 되었다고 생각한다. 내가 적은 메모들이 모여 한 권의 책이 되었으니 말이다. 이제 메모는 나에게 뗄레야 뗄 수 없는 습관이다.

  나는 평소에 일기 쓰는 것을 선호하는 편이다. 일기에 대해 모르는 사람은 없다. 하지만 일기 쓰기가 얼마나 중요한 지에 대해 확실히 아는 사람도 많지 않은 것 같다. '아무리 강조해도 지나치지 않은 게 있다. 일기를 쓰라는 것이다'. 예술가 마이크 버비글리아의 말이다. 흔히 일기 쓰기라고 하면 귀찮은 숙제 중 하나로 여겨지곤 하지만 일기의 장점을 제대로 알고 활용하게 된다면 인생을 변화시킬 정도의 큰 역할을 할 수 있다. 나는 글쓰기가 아직 낯설고 어려운 사람들에게는 꼭 일기 쓰기를 권하는 편이다. 일기는 글쓰기의 큰 자산이 된다. 일기 쓰기는 글감을 찾고 주제를 정한 뒤 구성하여 글로 적는 과정을 거친다. 이것을 반복하다 보면 저절로 논리 정연한 글을 쓰는 훈련이 된다. 미국의 전 대통령인 버락 오바마는 설득력 있는 연설로 유명하다. 그는 자신의 어린 시절부터 시작한 일기 쓰기 습관 덕분에 자신의 생각을 정리하여, 보다 설득력 있는 연설문을 쓰는 것이 가능했다고 밝힌 바 있다. 또한 대문호 톨스토이도 성인이 되어서부터 82세까지 하루도 빠짐없이 일기를 썼다고 한다. 일기를 쓰는 가장 큰 이유는 일기를 쓰면서 객관적으로 나 자신을 돌아볼 수 있기 때문이다. 일기를 쓰면서 오늘 하루를 돌아보게 되고 내일은 더 나은 삶을 살아야겠다고 생각하게 된다. 지난날을 되돌아보며 다시금 반성과 힘을 얻는 계기가 될 수 있다. 또한 일기 쓰기는 정신건강에도 도움을 준다. 불안감에 시달릴 때 글로 자신을 표현하는 것은 스트레스를 주는 과제에 대한 걱정을 덜어내는 데 도움이 된다. 일기를 쓰면서 북받치는 감정을 표현하고 사고의 패턴을 관찰하여 단순하게 반응하는 데서 벗어날 수 있다.

나는 아침에 한 번 저녁에 한 번씩 꼭 일기를 쓴다. 일기를 씀으로써 하루를 정리할 수 있고 그날의 불만과 괴로운 일을 토로하게 되어 감정이 해소되고 스트레스도 날릴 수 있다. 처음 일기를 쓰기 시작한 것은 할 엘로드의 『미라클 모닝』 책을 읽기 시작한 이후였다. 그는 이렇게 말했다.

"일기는 돈이 들지 않는 유일한 자기계발법이고, 가장 훌륭한 자기계발법이다. 일기를 쓰면 무엇이 좋은가? 무엇 때문에 일기를 써야 하는가? 정말 궁금하면 하루도 빠짐없이 1년만 써봐라. 그리고 그 일기에는 일상의 스토리와 함께 반드시 내가 하고 싶은 일, 내가 원하는 소원을 기록해보라."

– 할 엘로드, 『미라클 모닝』

일기를 쓰면서 신기했던 것은 책을 읽을 때는 깨닫지 못했던 점들이 일기를 쓰다가 문득 떠올랐다는 것이다. 일기 쓰기는 나 자신과 대화하는 것이다. 자신의 생각을 외부로 꺼내면서 관찰자의 입장이 되어 객관적으로 자신을 바라볼 수 있게 해준다. 자신이 무엇을 생각하고 느끼는지 발견하여 생각은 더욱 깊어지게 된다. 자신에 대해 기록하는 것을 가볍게 여겨선 안 된다. 지금껏 성공한 모든 사람들은 자기 자신에 대한 기록을 게을리하지 않은 사람들이다. 일기를 쓰는 사람은 자신의 인생을 가치 있게 생각하는 사람이다. 하루를 보내면서 아무것도 남기지 않는 사람은 일기를 쓰는 사람에 비해 엄청난 손해를 입는 것이다. 자기 자신에 대한 기록과 메모하는 습관을 게을리해선 안 된다.

07

글쓰기는 뇌를 리빌딩한다

'나이 들면 머리가 굳는다.'라는 말이 있다. 몸이 늙어감에 따라 뇌 기능도 점차 쇠퇴한다는 것이다. 우리는 '역시 사람은 안 변해.'라는 말에 너무도 익숙해져 있기도 하다. 하지만 이는 과연 맞는 말일까? 지난 100년간 뇌 과학의 가장 대표적인 연구 성과 중 하나로 손꼽히는 것이 있다. 그것은 '뇌 가소성'에 관한 것이다. 바로 '뇌는 훈련하면 변화한다'는 것이다. 20여 년 전까지만 해도 뇌 과학자들은 사람의 뇌 구조가 대체로 20세가 되면 완성되고 이후에는 거의 변하지 않는다는 통념을 믿어왔다. 하지만 이러한 통념은 최근의 연구 성과로 인해 크게 달라지고 있다. 뇌 신경계의 구조 또한 경험, 환경, 신체 상태에 따라 변한다는 것이 확인되고 있기 때문이다. 뇌를 가진 다른 동물들은 이미 뇌 구조가 완성되면 시간이 흘러도 큰 변화가 없지만, 인간은 머릿속에 떠올린 상상을 현실로 이루어내는 창조적 능력으로 인해 어떤 환경 속에서 살아가느냐에 따라 뇌 구조와 기능이 달라진다는 것이다.

'뇌 가소성'이란 환경의 변화에 따라 그 구조와 기능을 바꾸는 신경계의 능력을 의미한다. 우리 뇌 속에는 신이 주신 선물인 뉴런이 1,000억 개가 있고 시냅스가 100조 개가 있다. 뇌의 신경세포인 뉴런이 새로운 신호를 받아 각각 표적 세포로 전달하는 역할을 한다면, 시냅스는 뉴런이 그러한 역할을 할 수 있도록 보조해주는 구조물 역할을 한다. 새로운 학습이나 경험을 하게 되면 두뇌는 새로운 신경 경로를 설정한다. 똑같은 행동이 반복될 때마다 세포와 세포 사이에 주고받는 신호들이 증진되고 신경학적 연결들이 촘촘해진다. 반복된 신호는 시냅스를 점차 견고하게 하며 장기기억화 시킨다. 특정 분야에 재능이 있는 사람은 이 같은 반복된 신호로 인해 특정 뇌 회로를 강화한 결과이다. 담배를 끊으려는 사람들이 금연에 성공하기 어려운 이유도 같은 원리에 근거한다.

사람은 태어날 때 어느 정도 부모로부터 DNA를 물려받는다. 그 DNA는 한 사람의 성격 형성에 50% 정도의 영향을 미친다. 그렇다면 나머지 50%는 어떻게 형성되는 것일까? 바로 성장 과정에서 보고 들은 것, 즉 환경에 의해 나머지 성격이 형성된다. 우리는 가장 가까운 사람들이 하는 말과 행동에 영향을 받는다. 어릴 적 가장 가까운 사람은 부모님이다. 대부분의 성격과 행동은 부모님으로부터 영향을 받아 성격과 행동을 닮고 배우며 성장하게 된다. 그렇게 한 사람의 운명이 만들어지는 것이다. 그래서 이러한 기질은 한번 형성되면 크게 특별한 사건이 있지 않은 이상 평생 가기 마련이다.

어떠한 한 가문에서 그 가문을 뒤흔들 만한 큰 사람이 나오기란 힘들다. 대부분의 성격과 기질을 부모로부터 물려받기 때문이다. 사실상 부모를 뛰어넘는 그 이상의 존재가 되기는 힘든 일이다. '유유상종', 같은 무리끼리 사귄다는 말처럼 사람들은 일반적으로 출생 혹은 지방별로 묶여 무리를 짓고 살게 된다. 사람이란 자신이 속한 범위 내에서 보고 들은 것이 전부인 삶을 살기 마련이다. 이것을 '업' 혹은 '운명'이라고 한다.

한번 정해지면 바꿀 수 없는 것 말이다. 하지만 이러한 운명의 굴레에서 벗어날 수 있는 방법이 있다. 그것은 바로 우리의 뇌의 정보처리 습관을 바꾸어 새롭게 리빌딩하는 것이다. 앞서 우리의 행동이란 뇌의 반복된 정보처리 습관의 결과라는 말을 했다. 그렇다면 만약 새로운 신호를 반복적으로 주입하게 된다면, 그것은 새로운 행동을 만들고 새로운 결과를 만들어낼 것이다. 우리의 마음먹기 여하에 따라서 우리의 운명 또한 얼마든지 새롭게 조정할 수 있다는 말이다.

나의 아버지의 직업은 공무원이다. 친척들도 모두가 평범한 직장인이다. 아버지는 여의도 국회사무처에서 30년이 넘도록 평생 근무를 하셨다. 그러한 아버지의 성실함을 진심으로 존경하고 있다.

아버지는 늘 내게 말씀하셨다.

"아들아, 너는 꼭 공무원이 되어라. 세상에서 가장 안정적인 직업이고 퇴직하면 연금도 보장이 된단다. 세상에 이렇게 좋은 직업이 어디 있니? 그러니 너도 나처럼 살길 바란다."

어머니도 비슷한 말씀을 하셨다.

"도훈아. 요즘 세상이 얼마나 살기 힘든 세상이니. 그러니 너도 아버지처럼 꼭 공무원이 되어라."

주변 친척들도 직장인의 삶을 살고 있었다. 또래 친구들도 마찬가지였다. 다들 대기업에 취직하거나 공무원이 되고 싶어 안달이었다. 대학을 졸업해도 취업은 하늘의 별따기라며 좋은 직장을 얻기 위해 절박한 심정으로 안간힘을 쓰고 살고 있었다. 주변 사람들은 모두가 내게 멋진 인생을 살기 위해선 다들 공무원 혹은 대기업에 취직하는 것이 최고라고 말했다.

특별한 일이 있지 않은 이상 나의 운명은 공무원이 되어야 할 운명이었다. 하지만 이런 나를 바꾼 것은 독서와 글쓰기였다. 나는 늘 운명에 대해 관심이 많았다. 늘 배움에 목말라 있었다. 학교 교육을 열심히 들은 것은 아니었다. 내가 궁금해하는 지식은 학교 교육이 답을 주지 못했기 때문이다. 주변 사람들은 그런 나를 이해하지 못한다는 식으로 바라봤다. 당장 토익점수를 따야 하고 취업에 성공하기 위해 하나라도 스펙을 더 쌓아야 하는데 나는 언제나 많은 책을 읽고 있었기 때문이다. 내가 관심 있던 것은 주로 부의 법칙, 우주의 법칙, 현재의식과 잠재의식 등에 관한 것들이었다. 나는 늘 생각했다. '왜 똑같은 사람인데 서로 다른 인생을 사는 걸까? 왜 누구는 잘되는 사람이 있고 잘 안 되는 사람이 있는 걸까? 사람으로 태어나 한번 정해진 운명은 바꿀 수 없는 것일까?' 나는 내가 관심 없는 분야에는 전혀 무관심했지만, 관심 있는 분야에는 미친 듯이 파고드는 경향이 있었다. 나를 쳐다보는 사람들의 시선 따위는 신경 쓰지 않았다. 주말만 되면 늘 서점에 갔다. 그곳에서 내가 궁금해하는 분야에 대한 지식을 탐구했다. 책이 진열된 곳 앞에 서서 3~4시간 동안 책을 읽곤 했다. 앉는 것도 까먹을 정도로 정신없이 책에 빠져들었다.

어느 날 나는 한 가지 사실을 깨닫게 됐다. 바로 내 운명을 만든 것은 바로 나 자신이었다는 것이었다. 에스더 힉스, 제리 힉스 저자의 『유인력 끌어당김의 법칙』이란 책에는 이런 내용이 있다.

"어떤 생각에 초점을 맞춘 상태를 더 오래 유지하게 될수록 그 생각은 더욱 강력해지게 됨으로써 당신이 끌어당기는 힘도 더욱 강력해지게 됩니다. 그러면 그것에 대한 더 많은 증거들이 당신의 삶 속에 나타나게 됩니다. 당신이 하고 있는 생각에 대한 증거들이 끊임없이 당신을 찾아 올 것입니다."

– 에스더 힉스, 제리 힉스, 『유인력 끌어당김의 법칙』

나는 늘 주위에 불평불만이 많았다. 내 주변은 왜 하나같이 이런 사람들뿐이냐는 식이었다. 하지만 내가 불평불만을 할수록 내 주변도 모두 불평불만하고 부정적인 사람들로 채워졌다. 나는 속으로 유레카를 외쳤다! 모든 것은 전부 내가 끌어당긴 결과였던 것이다. 내가 그런 사람이었기 때문에 내 주변도 똑같은 사람들뿐이었다. 모름지기 사람이란 서로 마음이 통하는 사람들끼리 뭉치는 법이다. 그렇다면 내면의 생각을 바꾼다면 그에 따라 내 주변도 달라져 새로운 운명이 만들어질 것이었다.

『월든』의 저자인 헨리 데이비드 소로는 이렇게 말했다.

"나야말로 내 운명의 지배자이며 내 영혼의 선장이다."

한 사람의 운명을 창조하는 건 그 사람의 생각이다. 나는 독서와 글쓰기를 통해 내가 알지 못한 새로운 생각들을 배우고 그것을 뇌 속에 체계화시켰다. 지식을 꼭꼭 씹어 먹고 내 것으로 소화하도록 노력했다. 그러한 반복된 행동이 나의 뇌를 새롭게 리빌딩했다. 이제 나는 과거와는 완전히 다른 사람이 되었다. 과거로 돌아가고 싶어도 돌아갈 수 없게 된 것이다. 그것은 단언컨대 책의 힘이다. 이 세상에 정해진 운명 같은 건 없었다. 모든 것은 자신이 창조한 결과였다. 이전에 나는 운명에 메여 살던 사람이었지만 이제는 스스로 운명을 창조하고 주도적으로 이끌어가며 살고 있다. 내가 먼저 바뀌니 주변의 상황도 그에 따라 변하게 됐다. 나는 이제 누군가가 나를 이끌어가는 삶을 살지 않는다. 나 스스로 주도적으로 자신의 운명을 창조한다. 나야말로 내 운명의 지배자라는 말이 체감되는 순간이다.

08

최고의 자기계발은 책 쓰기다

나는 그동안 수많은 책을 읽어왔다. 지금까지 읽은 책만도 아마 1,000권은 넘을 것이다. 나는 책을 이만큼이나 많이 읽었다고 자랑하고 싶은 게 아니다. '구슬이 서 말이라도 꿰어야 보배.'라는 말처럼 내가 아무리 많은 책을 읽더라도 그것을 책으로 만들지 않으면 그것이 빛을 발하지 못한다는 것이다. 책 1,000권을 읽는 것이 책 한 권을 쓰는 것만 못하다. 사람은 누구나 자신의 내면에 보석을 가지고 살아간다. 그 보석이란 바로 내가 살아온 인생, 즉 경험이다. 경험만 한 자산이 없다는 말처럼 내가 성공했던 경험, 실패했던 경험, 행복했던 경험, 우울했던 경험 등 누구나 살면서 자신이 느껴온 그 모든 경험은 진정 인생의 귀중한 자산이다. 그것들을 모두 책에 담았다.

책을 쓰고 나니 정말 많은 유익이 있었다.

첫째, 책을 쓰니 독자에서 작가로 신분이 상승했다. 나는 이전에는 평범한 직장인이었지만 이제 사람들은 모두 나를 '선생님 혹은 작가님'이라고 부른다.

둘째, 나는 책을 펴냄으로써 가문의 영광이 되었다. 책을 펴내기 전까지 나는 늘 가족의 걱정거리였지만 이제는 영원한 가족의 자랑거리가 되었다.

셋째, 책을 펴냄으로써 부모님께 평생할 효도를 했다.

넷째, 책을 쓰며 과거를 돌아봄으로써 정말 많은 내적인 성장을 하게 됐다.

다섯째, 내가 죽더라도 책은 이 세상에 영원히 남는다.

이 외에도 책을 쓰면 정말 많은 유익이 있다. 나도 처음에는 책 읽기로 시작했다. 그러다 시간이 지나니 글 쓰기를 하게 됐고 지금은 이렇게 책을 쓰는 작가가 되었다. 나처럼 평범한 사람도 책을 쓰는 작가가 되었다.

이 책을 읽는 독자들이라고 해서 못할 게 뭔가. 당신들은 나보다도 훨씬 더 멋지고 대단한 사람들이다. 그러니 꼭 자신의 삶의 스토리를 담은 책을 썼으면 좋겠다.

나는 〈말하는 대로〉라는 노래를 좋아한다. 이 노래는 2011년 무한도전 서해안 고속도로 가요제 당시 유재석과 이적이 '처진 달팽이'라는 팀명으로 만든 곡이다. 유재석의 20대 무명 가장 초라했던 시절을 담은 곡으로, 당시 힘든 상황 가운데 처한 청년들에게 많은 위로와 희망을 주었다. 이 노래의 가사는 이렇다.

'나 스무살 적에 하루를 견디고
불안한 잠자리에 누울 때면
내일 뭐하지 내일 뭐하지 걱정을 했지
두 눈을 감아도 통 잠은 안 오고
가슴은 아프도록 답답할 때
난 왜 안 되지 왜 난 안 되지 되뇌었지
말하는 대로 말하는 대로
될 수 있다곤 믿지 않았지 믿을 수 없었지
마음먹은 대로 생각한 대로
할 수 있단 건 거짓말 같았지 고개를 저었지
그러던 어느 날 내 맘에 찾아온 작지만 놀라운 깨달음이
내일 뭘 할지 내일 뭘 할지 꿈꾸게 했지
사실은 한 번도 미친 듯 그렇게 달려든 적이 없었다는 것을
생각해 봤지 일으켜 세웠지

내 자신을 말하는 대로 말하는 대로 될 수 있단 걸

눈으로 본 순간 믿어보기로 했지

마음먹은 대로 생각한 대로 할 수 있단 걸

알게 된 순간 고갤 끄덕였지'

꿈을 이룬 사람들은 대개 한 가지의 공통점이 있다. 그들은 어떠한 상황 속에서도 결코 자신의 꿈을 놓지 않고 간절하게 염원한다는 것이다. 그들은 결코 꿈에 대한 부정적인 마음을 갖지 않는다. 나는 꾸준히 책을 읽기 시작하고부터 '간절히 꿈꾸면 이루어진다'는 신념을 가질 수 있었다. 꿈이란 건 특정한 소수의 사람만이 가질 수 있는 특별한 권한인 줄만 알고 있었다. 하지만 알고 보니 꿈은 누구나 가질 수 있는 것이었다.

리처드 버크 저자의 『갈매기의 꿈』에는 이런 내용이 있다.

"대부분의 갈매기는 비행에 대해 아주 간단한 사실 이상은 배우지 않는다. 해안에서 먹이가 있는 곳으로 갔다가 돌아오는 방법만 배운다. 대개의 갈매기들에게 중요한 것은 비행이 아니라 먹이다. 하지만 조나단에게 중요한 것은 먹이가 아니라 비행이었다. 갈매기 조나단 리빙스턴은 무엇보다도 하늘을 나는 게 좋았다."

– 리처드 버크, 『갈매기의 꿈』

내 주위에는 꿈과는 거리가 먼 사람들이 많았다. 아니 모두가 그런 사람들이었다. 대부분 먹고살기 위해 일을 해야 하고 소소한 재미에 만족하는 사람들이었다. 그런 사람들 사이에서 매일 꿈을 이야기하는 나를 마치 이상한 사람처럼 바라봤다. 이상주의자 혹은 망상주의자라는 식으로 말이다. 그래도 나는 늘 갈매기의 꿈은 반드시 인정받는 날이 오리라는 믿음으로 살았다. 어느 날 나는 홀로 독립하겠다고 결심했다. 부모님께는 직장과 가까운 곳으로 이사를 가야겠다는 핑계를 댔지만, 사실은 꿈을 이루기 위해 혼자만의 집중할 공간이 필요했던 것이었다. 나는 남 모르게 차근차근 꿈을 이루기 위한 만반의 준비를 하고 있었다. 얼마 뒤 나는 회사를 그만두겠다고 했다. 직장을 그만두고 내가 하고 싶은 일을 하며 살겠다고 말했다. 그런데 주변의 반응은 좋지 않았다. 모두 반대를 하고 제정신이냐며 욕을 했다.

　"야 너 미쳤니? 여기가 얼마나 좋은 직장인지 모르는 거야? 다른 사람들은 여기 들어오고 싶어서 안달이야. 너 그러다 진짜 후회한다."

　"뭐 사업을 한다고? 작가가 된다고? 부모님을 생각하렴. 그러다가 실패하면 어쩌려고 그래?"

　누구도 나를 응원해주는 사람들이 없었다. 심지어 여자를 잘못 만나서 그런 것 아니냐며 여자친구를 욕한 사람들도 있었다.

사람들은 어렸을 적에는 한계가 없는 무한한 꿈을 꾸었다. 한 사람 한 사람이 앞으로 무럭무럭 자라날 한 그루의 꿈나무들이었으며, 한 시대를 이끌어갈 미래의 주인공들이었다. 하지만 언젠가부터 사람들은 꿈은 뒤로한 채 그저 팍팍한 현실을 살아가기에 바빠졌다. 세상은 이제 꿈을 크게 가지라고 말하기보단 그렇게 살아가는 사람을 이상한 사람으로 바라보는 게 이상하지 않은 세상이 되고 말았다. 분명 나도 사람들에게 세상 물정 모르는 바보로 보였을지 모른다. 뭔가 이렇다 할 성과가 있는 것도 아니었기 때문이다. 솔직히 나도 초반에는 주변의 말에 흔들렸던 건 사실이다. 분명히 바란다고 해서 모든 것이 이루어지는 것은 아니다. 하지만 바라지 않으면 이루어지지 않는 것도 사실이다. 나는 남들이 욕할수록 쉽게 받아들이지 못하는 것일수록 그것이야말로 진정한 꿈이라고 생각했다. 세상 그 누구도 믿어주지 않았지만 나 자신만큼은 끝까지 나 자신을 믿어야 했다. '도훈아. 잘하고 있어, 너는 정말 최고야, 결국 너는 꿈을 이룬 멋진 사람이 될 거야.' 나는 나 자신에게 끊임없이 아름다운 동화를 들려주었다. 매일 밤 잠들기 전, 꿈을 이룬 내 모습을 상상하며 잠들었다. 지금은 비록 힘들겠지만 조금만 참고 견디면 곧 밝은 태양이 뜰 것이라고 믿었다.

꿈을 이루는 과정은 분명 쉽지만은 않았다. 사람들은 무대 위 스포트라이트만을 바라볼 뿐, 무대 뒤에서 주인공이 그 자리에 서기까지 얼마나 피나는 노력을 하고 어려움과 싸워야 했는지 알지 못한다. 어느 날엔 월세를 내야 하는데 통장에 돈이 없는 것이었다. 정말 서러웠다. 하지만 누군가에게 돈을 빌리긴 싫었다. "거봐 내가 뭐랬어, 내가 너 그렇게 될 줄 알았어."라는 말을 들을 게 뻔했기 때문이다. 나를 비난한 사람들에게 힘들어서 빌빌거리는 모습을 보이고 싶진 않았다. 평소에 멋진 옷을 입기 좋아하는 나였지만 옷은 낡아서 헤졌고 신발은 주름졌으며 바지 사이 허벅지 쪽에는 구멍이 뚫려 있었다. 밤늦게 새벽까지 알바를 했다. 사고 싶은 것, 먹고 싶은 것, 놀고 싶은 것 참아가며 꿈을 이루기 위해 부단히 노력했다. 하루하루 눈물 없이 보낸 날이 없었다. 하늘은 스스로 돕는 자를 돕는다고 했을까. 결국 나는 꿈을 이루고 작가가 되었다. 내가 평소 자신에게 들려준 동화는 어느새 현실이 되었다.

내가 이렇게 긴 이야기를 하게 된 건 특별히 하고 싶은 말이 있기 때문이다. 나는 이 책을 쓰며 정말로 많은 내적 성장을 경험하게 되었다. 책을 쓰며 그동안 살아온 인생을 깊이 있게 되돌아보게 되었으며 그 과정 가운데에 정말 많은 깨달음을 얻었다. 내가 깨달은 한 가지 진리는 바로 '간절한 꿈은 이루어진다'는 것이다. 조금은 진부할지도 모르는 이 말이 내가 이 책을 통해 전하고 싶은 단 하나이자 전부이다. 꿈을 이루기 위해 갖은 노력을 기울였다. 그랬더니 정말 꿈이 이루어졌다. 하지만 모든 것엔 대가가 있다. 쉽게 얻을 수 있는 것은 아무것도 없다. 책 쓰기는 단언컨대 최고의 자기계발이다. 자기계발의 종결자이자 종착지이다. 나는 책을 쓰며 내가 살아온 날 중 단 한순간도 의미 없는 날이 없었다는 것을 알게 됐다. 성공담이든 실패담이든 인생의 순간순간이 모여 비로소 한 편의 멋진 작품이 탄생했다. 이것이 바로 자기계발의 결실이 아닐까? 나는 진심으로 나의 인생을 사랑한다. 나의 인생을 책 쓰기를 통해 하나의 멋진 작품으로 만들고 또한 이 책을 통해 세상에 선한 영향력을 끼치며 살 수 있다. 정말 최고의 인생이 아닐 수 없다. 당신도 이런 삶을 살면 좋겠다.

어제와 똑같은 내가 싫어서
나를 바꾸기 시작했습니다

CHANGE

4장

당신의 인생을 바꿔줄 액션 플랜

01

자신을 이끌어줄 멘토를 찾아라

TV를 잘 보지 않지만, 내가 유일하게 즐겨보는 방송이 하나가 있다. 그것은 바로 SBS 예능 프로그램인 〈골목식당〉이다. 〈골목식당〉은 백종원 대표가 직접 솔루션을 신청한 식당들을 방문하여 자신만이 알고 있는 경영 노하우와 요리 비법을 공유하고 각 식당에 맞게끔 솔루션을 해주는 프로그램이다. 나는 그 중 재작년 방영한 포방터 시장 에피소드를 재미있게 보았다. 그 방송에서 가장 기억에 남는 두 사람이 있다면 바로 '홍탁집 사장님'과 '돈까스집 사장님' 두 분이다. 홍탁집 사장님은 방송 초반, 게으르고 불성실한 모습으로 인해 시청자들에게 많은 질타를 받았다. 어머니의 건강이 좋지 않은 상황임에도 어머니를 돕기는 커녕, 가게를 내버려두고 바깥으로 돌아다니며 놀러 다니는 모습에 시청자들의 분노를

샀다. 돈까스집 사장님은 이미 실력파 요리실력을 겸비한 동네 숨겨진 맛집이었다. 하지만 어려운 집안 사정으로 인해 이사를 다니며 가게 운영을 하면서도 빛을 보지 못해 힘겨운 나날들을 보내고 계셨다. 그런 두 사람에게 바로 백종원 대표가 나타난 것이었다.

홍탁집 사장님은 백종원 대표를 만나 많은 꾸중과 질타를 받았다. 지금처럼 살다간 더 이상 인생에 아무런 희망이 없다는 것이었다. 그 목소리가 그의 마음에 닿은 것일까. 그는 자신의 나태한 모습들을 돌아보며 점점 백종원 대표의 솔루션을 통해 변화하기 시작했다. 이른 아침부터 가게에 나와 재료 손질을 하고 어머니의 일을 적극적으로 도우며 직접 가게를 운영하는 등 백종원 대표의 가르침을 온몸으로 실천하고자 노력했다. 그 결과 그는 방송 막바지에 개과천선한 모습을 보여주며 완전히 새사람으로 거듭났다. 그는 '홍탁좌'라는 별명이 붙을 정도로 인간승리의 아이콘이 되었고 많은 시청자들에게 희망과 감동을 주었다. 돈까스집 사장님은 뛰어난 요리 솜씨로 백종원 대표의 입맛을 사로 잡았다. 가히 '대한민국 돈까스 끝판왕'이라는 말을 들을 정도였다. 하지만 많은 메뉴를 운영하다 보니 특정 메뉴에 주력하지 못하고 제대로 된 효율성을 이끌어 내지 못하고 있었다. 백종원 대표는 그에게 잡다한 메뉴를 줄이고 단일 메뉴로 바꿀 것을 요구했다. 그는 처음엔 많은 고민을 했지만, 백종원 대표의 솔루션을 받아들이기로 했다. 잡다한 메뉴를 줄이고 주력 메뉴에 집중하는 식으로 가게 운영방식을 바꾸기로 한 것이다. 그 결과 인기 메뉴임에도 극히 한정된 손님만을 받을 수 있던 기존과 달리 제한 없이 더욱 많은 손님을 받을 수 있게 되었고, 가게 운영에 있어 최대의 효율을 내게 됐다. 돈까스집은 전국 각지에서 손님들이 찾아올 정도로 전국적인 맛집으로 거듭났다. 영하의 날씨임에도 전날 미리 와서 텐트를 치고서 줄을 서는 손님이 있을 정도였다. 그렇게 두 사람의 인생은 백종원 대표를 만나고부터 터닝 포인트를 맞이하게 되었다.

만약 두 사람이 백종원 대표를 만나지 않았더라면 어땠을까? 지금처럼 인생이 극적으로 변화할 수 있었을까? 아마 지금까지도 인생이 별반 다르지 않았을 것이다. 사람은 누구를 만나느냐에 따라 인생이 달라진다. 두 사람은 백종원 대표를 만났고 그들에게 백종원 대표를 만난 것은 천운과도 같았을 것이다. 멘토란 그래서 필요한 것이다. 하지만 모든 사람이 멘토를 만난다고 해서 잘 되는 것은 아니다. 〈골목식당〉에 출연한 가게들 중 두 집처럼 잘되는 가게들도 있었지만 그렇지 않은 가게들도 있었다. 심지어 어떤 곳은 방송 이후 폭삭 망해버린 가게들도 있었다. 그 차이는 과연 무엇일까? 그것은 바로 멘토의 가르침을 수용하는 태도에 달려 있다.

세상에서 가장 위험한 문장이 무엇인지 아는가? 그건 바로 '나는 알고 있다.'라는 말이다. 자신이 정말 아는지 모르는지 알 수 있는 방법은 무엇일까? 그것은 간단하다. 자신이 아는 대로 현재 살아가고 있다면 그것을 아는 것이다. 하지만 아는 대로 살고 있지 않다면? 그것은 아직 모르고 있는 것이다. 방송에 나왔던 식당은 방송 직후 크게 두 부류로 나뉜다. 방송에 나온 뒤로 더 잘 되는 식당이 있고 폭삭 망하는 식당이 있다.

 망하는 식당은 하나의 공통적인 특징이 있다. 바로 멘토의 가르침을 수용하지 못하고 자기 고집대로 행동한다는 것이다. 고집을 부리는 사장님들의 태도는 한결같다. 백종원 대표가 음식에 대한 문제점을 지적하고 나면 표정이 금세 어두워지고 눈빛이 매서워진다. 마치 '내 음식 평가하지 말고 너는 우리 가게 홍보나 해줘.'라는 전제가 깔려 있는 듯하다. 백종원 대표가 아무리 "사장님 그렇게 하면 안 돼요. 그렇게 하면 망해요."라고 당부하고 애원해도 전혀 듣지 않는다. '나는 알고 있다'고 생각하기 때문에 더 이상 배울 필요를 느끼지 못하는 것이다. 하지만 겸손한 태도의 사장님들은 눈빛부터가 남다르다. 그들은 '항상 배우겠다'는 태도로 임하기 때문에 멘토의 어떠한 가르침이라도 겸허하게 받아들인다. 그리고 그 가르침대로 실천하고자 노력한다. 그 결과 다른 가게들보다 훨씬 빠르고 남다른 결과를 만들어낸다. 아무리 물이 쏟아지더라도 뚜껑이 닫혀 있다면 물은 한 방울도 들어갈 수 없다. 아무리 대단한 멘토에게 가르침을 받더라도 그 가르침을 온전히 수용할 수 있는 마음가짐이 없다면 그것은 배우나 마나인 것이다.

나는 간혹 배우는 데 돈 쓰는 게 아깝다고 말하는 사람들을 종종 본다. 이들은 하나같이 말한다. '그럴 시간이 없다.', '그럴 돈이 없다, 나는 그런 거 필요 없다.'라고 말이다. 나는 그런 사람들을 볼 때마다 진심으로 안타까움을 느낀다. 그들의 미래는 암울할 것이 뻔하기 때문이다. 술을 마셔야 하고 명품을 사야 하기에 돈이 없다는 것이다. 여행 갈 돈을 모아야 하기에 돈이 없다는 것이다. 사람은 둘 중 하나다. 성장하는 사람과 퇴보하는 사람이다. 나는 배움에 돈 쓰는 것 아까워하는 사람치고 잘된 사람을 전혀 본 적이 없다. 자연의 법칙은 자라거나 죽거나 둘 중 하나다. 절대로 멈춰 있는 것은 없다. 인간도 자연의 법칙에 귀속되는 존재이다. 배우지 않는 사람들은 자연의 법칙과 역행하는 사람들이기 때문에 절대 잘될 수가 없다.

사람들은 생각보다 멘토의 중요성에 대해 간과하고 살아가는 사람들이 많은 것 같다. 이 세상에는 수많은 성공한 사람들이 있다. 그들은 대중에게 수많은 스포트라이트를 받고 주목을 받는다.

하지만 정작 그들 곁에서 코칭을 해준 천재코치들이 있었다는 것을 아는 사람들은 많지 않은 것 같다. 이 세상에 혼자 설 수 있는 나무는 없다. 곁에서 물을 주고 햇볕을 쬐어주고 바람을 막아주는 등 많은 도움을 받아야만 한 사람이 온전히 크게 성장하는 것이다.

지금까지 인류 역사에 길이 남은 위인들도 모두 멘토가 있었다. 아인슈타인은 알프레드 클라이너 교수, 헬렌 켈러에게는 설리반 선생님, 모차르트는 천재 음악가인 아버지, 워런 버핏은 벤자민 그레이엄, 빌 게이츠는 에드 로버츠, 헨리 포드는 토머스 에디슨, 마크 저커버그는 스티브 잡스, 마이클 조던은 필 잭슨, 오프라 윈프리는 메리 던킨, 축구선수 박지성은 히딩크 감독, 스티브 잡스는 로버트 프리드랜드가 있었다. 아마 더 나열하자면 끝도 없을 것이다. 아인슈타인 같은 인류 역사상 위대한 천재에게도 멘토가 있었다. 그런데 일반 사람들이 멘토가 필요가 없다? 그 사람의 미래가 보지 않아도 훤히 보인다.

　이 책을 읽는 사람들은 어제보다 더 나은 오늘을 원하는 사람들일 것이다. 나는 지금 힌트를 주고 있는 것이다. 원하는 것을 얻는 가장 쉽고 빠른 방법은 그것을 이미 가진 사람에게 가서 물어보는 것이다.

　어떤 이는 서울에서 부산까지 간다고 걸어가면 몇 달이 걸릴 수도 있다. 하지만 비행기를 타면 한 시간 거리이다. 멘토의 수준에 따라 서울에서 부산까지 자동차를 탈 수도, 비행기를 넘어 제트기를 타고 갈 수도 있다. 걸어서 간 사람이나 비행기를 타고 간 사람이나 도착지는 같다. 세상에서 가장 소중한 자산은 시간이다. 이 시간의 간극을 메꾸고 싶다면 반드시 나처럼 멘토를 찾아라.

나보다 앞선 성공자의 경험을 돈으로 살 수 있다는 것은 큰 축복이다. 나는 정말 행운아고 복 받은 사람이다. 나에게는 많은 가르침을 주신 선생님들이 계시기 때문이다. 내가 바디프로필을 찍을 수 있었던 것은 최고의 PT 트레이너를 만난 덕분이다. 먼저 2017 미스터 서울 보디빌딩 대회 1위, 2018 미스터 서울 2위 경력의 강종모 선생님께 감사드린다. 2019 머슬매니아 커머셜모델 5위, 2021 icn 스트리트스타 1위 경력의 김병준 선생님께도 감사드린다. 또한 내가 책을 쓰는 작가가 될 수 있도록 최고의 가르침을 주신 〈한책협〉의 김도사님께도 진심으로 감사드린다. 작가가 되고 싶었던 내가 우연히 서점에서 『150억 부자의 부의 추월차선』이라는 책을 읽고 연락을 드리게 됐다. 그러한 나의 간절함을 알아보셨는지 정말 목숨 걸고서 코칭해주셨다. 스승님은 항상 "성공해서 책을 쓰는 것이 아니라 책을 써야 성공한다."라고 말씀하시며 제자 한 명 한 명을 목숨 걸고서 코칭해주신다. 그러한 스승님을 곁에서 뵈며, 책쓰기 교육 뿐 아니라 진정한 삶의 태도와 자세 또한 배울 수 있었다. 나처럼 보잘것없는 사람도 작가가 될 수 있다는 자신감을 얻게 됐다. 내가 멋진 성과들을 낼 수 있던 것은 모두 최고의 멘토를 만난 덕분이다. 혼자서 끙끙대며 시행착오를 거칠 필요도 없다. 굳이 '일만 시간의 법칙'을 따를 필요가 없다. 처음부터 거인의 어깨에 올라가 시작하는 것이다. 그것이 바로 지혜이다.

02

생각을 했다면 미루지 말고 당장 실행하라

최근 내가 읽었던 책 중 알렉스 베커의 『가장 빨리 부자 되는 법』이라는 책이 있다. 그 책에 나온 일화 중 내가 흥미롭게 읽었던 이야기인 '벤과 로이 이야기'를 말해주고 싶다. 이 둘은 어느 자동차 판매점에서 같은 날부터 일하기 시작했다. 두 사람은 교육 수준, 성장배경, 은행 잔고 등 비슷한 점이 많았다. 유일하게 다른 점이 있다면 그것은 문제를 대하는 방식이었다. 벤은 자신이 문제를 일으킬까 두려워서 온종일 다른 판매원들을 관찰하고 판매에 관한 책을 읽는 데 시간을 쏟았다.

반면 로이는 자신 앞에 놓인 한 가지 문제를 깨달았다. 그것은 '손님이 자동차를 사게 만들어야 한다.'라는 것이었다. 그는 온종일 만나는 손님마다 구매를 부추겼다. 그런데 로이는 곧 자신이 형편없는 판매원임을 알게 되었다. 아무도 그의 영업에 반응하지 않았기 때문이다.

그날 밤 로이는 집으로 돌아가서 자신의 영업방식 중 무엇이 잘못된 것인지 구글에 검색하며 공부를 했다. 첫날 두 사람 모두 차를 한 대도 팔지 못했다. 다음날 벤은 다른 지역의 판매원이 결함이 있는 차를 팔았다가 고소를 당했다는 뉴스를 보게 되었다. 대리점 사장님은 결함 있는 차가 없다고 벤을 안심시켰지만, 벤은 똑같은 문제로 고소당할까 걱정되어 온통 자동차 결함에 대해 배우고 자신이 맡은 구역의 차들에 결함이 있는지 없는지 전부 조사하며 하루를 다 보냈다.

한편 로이는 자신의 유일한 문제인 자동차 판매에만 관심과 노력을 쏟았다. 지난밤 세일즈 스피치를 검색해서 공부한 덕분에 차 한 대를 팔 수 있었다. 두 대를 더 팔 수도 있었지만 협상을 하다가 손님을 놓쳤다. 로이는 자신이 해결할 새로운 문제가 협상이라는 것을 알게 되었다. 그래서 일을 마치고 집에 돌아가 협상하는 방법을 배우는 데 집중했다.

둘째 날 벤은 한 대도 못 팔았고 로이는 한 대를 팔았다. 다음날 벤과 로이는 대화를 나누다가 로이가 협상이 골칫거리라고 말했다. 그래서 벤은 일단 협상하는 방법부터 배워야겠다고 결심했고 그날 벤은 대리점을 돌아다니며 판매원들에게 협상하는 방법을 물었다. 반면 로이는 협상하는 방법을 연구한 끝에 가죽 시트 가격을 할인해주면 판매 확률이 높아지는 것을 알게 되었고 덕분에 차 네 대를 팔 수 있었다.

셋째 날 벤은 여전히 차를 한 대도 못 팔았고 로이는 네 대를 팔았다. 다음날 로이에게 전날 차를 산 손님이 화가 나서 찾아왔다. 로이가 차량 세부 사항을 잘못 설명한 것이었다. 결국 손님에게 사과하고 환불을 해줬다. 이 모습을 본 벤은 자신에게도 같은 일이 벌어질까 두려워 온종일 모든 차량의 세부 사항을 암기했다. 한편 로이는 환불을 마치고 전날과 똑같이 판매를 시작했고 6대를 팔 수 있었다.

다음 날 이들은 사장의 사무실로 불려갔다. 로이는 실수를 조금 했지만 열한 대의 차를 판 상태였다. 실수를 직접 처리했기 때문에 실수했을 때 해결하는 방법도 알고 있었다. 반면 벤은 실수는 전혀 하지 않았지만 차도 전혀 팔지 못했다. 문제를 해결하는 방법은 많이 알고 있었지만 실제로 문제를 해결해본 경험은 없었다. 사장이 벤에게 차를 한 대도 팔지 못한 것이냐고 묻자 벤은 대답했다.

"저도 제가 한 대도 팔지 못한 걸 알고 있어요. 하지만 손님들께 아무 실수도 안 하도록 대비하고 싶었습니다."

그러자 사장은 이렇게 대답했다.

"당신이 집중할 것은 일어날 수도 있는 문제들이 아니라 현재 눈앞에 놓인 문제입니다. 오늘 차를 한 대도 팔지 못하면 당신을 해고할 수밖에 없네요."

그날 벤은 내내 차를 팔려고 노력했지만 로이가 첫날에 겪었듯이 문제에 부딪혔다. 구매를 권유하는 영업기술이 없던 것이다. 결국 벤은 실적 부진으로 해고를 당했다.

이 일화에서 강조하고 싶은 것은 무엇일까? 그건 바로 실행력이다. 우리가 어떠한 목표를 정하게 되면 그 순간 눈앞에 문제들이 하나하나 발생하기 시작할 것이다. 우리는 이때 선택을 해야만 하는 순간이 온다. 벤은 문제를 풀기 위해 먼저 시도해보기보단 철저하게 준비하기를 선택했다. 반면 로이는 일단 발부터 떼고서 문제에 직면하는 순간 하나하나 해결해나가는 것을 선택했다. 우리는 살면서 벤처럼 완벽한 때를 준비하고서 발을 내딛을 것인지 아니면 로이처럼 일단 시작을 해보고 하나하나 해결해나갈 것인지를 선택해야 한다. 하지만 기억해야 할 것이 있다면 세상에 완벽한 때란 없다는 것이다. 사람들 대부분은 전자를 선택한다. 행동하는 것은 늘 어렵고 두렵기 때문이다. 만약 글을 잘 쓰고 싶다면 오늘부터 당장 글을 쓰면 된다. 축구를 잘하고 싶다면 당장 나가서 공을 차면 된다. 살을 빼고 싶으면 당장 밖에 나가서 뛰면 된다. 시작이 반이라는 말이 있는 이유는 시작에 앞서 시도조차 하지 않는 사람들이 태반이기 때문이다.

나에게는 25년 동안 모태솔로인 시절이 있었다. 그런 내가 어떻게 모태솔로를 벗어날 수 있었을까? 나는 당시 여자친구를 너무 사귀고 싶었지만, 도무지 그 방법을 알 수가 없었다. 나는 내가 모태솔로인 이유가 여자에 대한 지식이 너무 부족했기 때문이라 생각했다. 그래서 나는 여자에 대해 공부하기 위해 인터넷 검색을 하기 시작했다. 여자친구 만드는 법, 카톡 잘하는 법, 연애 잘하는 법, 매력적인 남자가 되는 법 등 정말 다양한 정보들을 검색했다. 인터넷에 떠도는 수많은 영상과 글을 보았고 '크몽'에서 판매하는 pdf 전자책도 구매해서 읽어봤다. 그때 나는 세상에 이렇게나 많은 연애 유튜버와 픽업 아티스트들이 있는지를 처음 알게 됐다. 연애 유튜버와 직접 카톡 상담을 해보기도 했고 너무도 간절한 나머지 수십만 원의 돈을 써가면서까지 직접 찾아가 상담을 받아보기도 했다.

물론 그때까지 나는 아무런 행동도 하지 않았다. 온갖 잡다한 지식만을 가진 채 말이다. 나는 언제나 모든 것을 완벽하게 다 알고서 행동하려고 했다. 배우는 것도 좋았다. 공부하는 것도 좋았다. 하지만 현실의 나는 정작 그 어떤 여자와도 연락하는 사람이 없었다. 그렇게 돈을 써가며 노력했지만 아무런 결과가 없던 것이다. 나는 내가 지금까지 해온 방식들에 문제가 있다는 것을 깨달았다. 그 후 방법을 바꾸어보기로 했다. 나는 앞서 늘 문제가 발생했을 때 '지식이 부족해서 그런 거야. 지식을 더 채워야겠다!'라는 식으로 접근했다. 하지만 '이번엔 행동부터 하자.'라고 바꾸기 시작했다.

항상 생각이 앞서 있던 나는 이제 몸이 먼저 움직이기 시작했다. 일단 부딪혀보고 그다음에 생각해보기로 한 것이다. 말하자면 '선 행동 후 지식'이었다. 그랬더니 정말 놀라운 결과라 나타나기 시작했다. 나는 하루에도 수십 번씩 길거리에서 여자에게 번호를 물어보고 카톡을 하기 시작했다. 또 밤에는 데이트 어플을 통해 말하는 연습, 대화하는 연습을 했다. 나는 행동중심형 인간이 되었다. 알고 보니 이것은 성공한 사람들의 특징이기도 했다. 그렇게 하루하루 경험들이 쌓이다 보니, 얼마 있지 않아서 나는 여자친구를 사귈 수 있었다. 지식을 채우기 위해 들였던 시간에 비하면 10분의 1 수준으로 시간이 단축된 것이다. 물론 부딪히기만 한다고 성과를 얻을 수 있는 것은 아니었다. 생각에 앞서 직접 부딪히며 실패하게 되면 이유를 생각하고 부족한 점을 보완했다. 그렇게 하다 보니 단기간에 성공적인 결과를 얻을 수 있었다.

지금을 '정보홍수시대'라고 한다. 옛날에는 정보가 귀했던 시절이었지만 이제는 간단히 검색만 하면 무수히 많은 정보가 쏟아져 나오는 시대가 됐다. 그래서일까 우리는 언젠가부터 너무 많이 알기만 하는 사람이 되었다. 세상에는 이미 성공하는 방법, 연애하는 방법, 몸짱되는 방법 등 많은 방법이 공유된다. 하지만 성공한 사람들은 그리 많지 않다. 그 이유는 바로 실패에 대한 두려움으로 생긴 실행력의 부재 때문인 것이다.

배움에 있어 실전만 한 배움이 없다. 아무리 많은 지식이 있어도 직접 해보는 것만 못하다. 요리책을 아무리 읽어도 나와 있는 레시피대로 한 번 하는 게 낫다. 근육 성장에 대한 책을 아무리 읽어도 헬스장 가서 한 번 운동하는 것만 못하다. 지식이 중요하지 않다는 게 아니다. 아무리 좋은 지식이라도 실천이 뒷받침되지 않는다면 아무런 소용이 없다는 것이다.

분명 실패는 두렵다. 하지만 절대 실패를 두려워해선 안 된다. 왜냐면 인간은 거듭된 실패를 통해 완전해지는 존재이기 때문이다. 언젠가부터 난 한 가지 진리를 깨달았다. 그것은 실패가 많을수록 성공확률도 높아진다는 것이다. 우리는 학교에서 절대로 실패해선 안 된다고 배웠다. 하지만 실패는 그 자체만으로 경험이 된다. 실패를 통해 얻은 경험이야말로 진정한 자산이며, 그 자산이 쌓일수록 더 큰 사람으로 성장하는 것이다. 이것은 마치 성장통과도 같다. 단언컨대 실패 없는 성공은 없다. 그래서 실패가 성공의 어머니인 것이다. 실패를 두려워하는 사람은 결코 성공할 수 없다. 길을 아는 것과 길을 걷는 것은 다르다. 이 책을 읽는 독자들은 모두 길을 걷는 사람이 되길 바란다.

03

감사일기를 작성하라

심리학과 교수 로버트 에먼스(Robert Emmons)는 매일 감사일기를 쓴 그룹과 일반적인 일기를 쓴 그룹을 비교했다.

그 결과 감사일기를 쓴 그룹의 75%가 행복지수가 높아지고, 숙면에도 도움이 되었으며 업무 성과까지 높아진 것으로 나타났다. 즉 감사일기를 꾸준히 쓴다는 것은 긍정적 감정을 느끼는 두뇌를 활성화 해 행복감을 증진 시킬 뿐 아니라 그것을 오랫동안 유지하는 것이다.

팀 페리스의 『타이탄의 도구들』이라는 책을 보면 세계 최고의 자리에 오른 사람들의 성공적인 아침을 만드는 습관이 나온다.

"수백 명의 타이탄들을 만날 때마다 나는 물었다. '당신들은 아침에 일어나면 뭘 합니까?' 그들은 하루를 시작하는 매력적인 방법들을 알려주었다. 그들이 아침에 하는 일은 다섯 가지로 압축될 수 있는데 내 경험에 비춰보건대 이 가운데 3가지만 해내도 훨씬 충만한 삶을 살 수 있게 된다. 타이탄들은 하루의 첫 60분이 얼마나 중요한지 목소리 높여 강조한다. 이 시간이 그 후의 12시간 이상을 결정한다는 것이다. 5가지 모두가 사소한 것처럼 느껴질 수도 있다. 하지만 작은 디테일이 우리의 삶에 강력한 영향력을 끼친다는 사실을 기억해야 한다."

— 팀 페리스, 『타이탄의 도구들』

이 강력한 아침습관 5가지는 과연 무엇일까?

첫째, 잠자리를 정리할 것.

둘째, 명상할 것.

셋째, 한 동작을 5~10회 반복할 것.

넷째, 차를 마실 것.

다섯째. 아침에 감사일기를 쓸 것.

모든 타이탄들은 '아침을 승리하면 하루를 승리하고, 하루를 승리하면 인생을 승리한다'는 삶의 원리를 자신의 삶 한가운데에서 입증하고 있다.

팀 페리스는 아침 일기와 저녁 일기를 나누어 각각 해당하는 질문들을 일기의 내용에 넣을 것을 당부했다. 아침 일기에 넣어야 할 질문은 첫째 내가 감사하게 여기는 것들 3가지, 둘째 '어떻게 하면 더 좋은 하루를 보낼 수 있을까?', 셋째 나를 위한 긍정의 한 줄이다. 저녁 일기의 질문은 첫째 오늘 일어난 멋진 일 3가지, 둘째 '무엇을 했더라면 오늘 하루가 더 만족스러웠을까?'이다. 만약 밤에만 일기를 쓴다면 '오늘은 정말 힘들고 짜증나는 하루였다'는 내용으로 채워질 가능성이 높다. 그러니 꼭 아침에 일기를 쓰라는 것이다.

감사일기를 통해 아침을 시작하게 된다면 활기찬 아침을 맞이할 수 있게 된다. 2003년 에먼스와 맥컬러프 박사는 감사일기를 쓰는 사람은 숙면과 신체적 통증 감소, 행복감 증가, 변화에 대처하는 능력이 좋아진다는 사실을 발견했다. 또 다른 어떤 연구에서는 2008년 참가자들이 행복감을 느끼는 순간을 FMRI로 관찰한 결과, 행복감이 뇌의 시상하부에 실질적인 영향을 끼친다는 사실을 발견했다. 시상하부는 뇌의 조그만 영역으로써 수면과 식사, 스트레스에 직접적인 영향을 끼친다. 또한 감사는 도파민과 연관 있는 뇌의 영역을 자극한다고 한다. 도파민은 새로운 학습 경로를 만드는 신경전달물질이다. 감사의 목록을 작성할 때 유용한 팁이 있다면 그것은 '가지고 싶지만 아직 가지지 못한 것'에 대해 감사하다고 적는 것이다. 예를 들면 자신이 최신형 스포츠카를 원한다고 가정해보자. 그렇다면 적어야 할 문장은 이렇다. '나는 포르쉐를 구입했다. 감사합니다'. 우리의 뇌는 현실과 상상을 구분하지 못한다. 내가 가지고 싶지만 가지지 못한 것에 대해 감사하다고 말하면 나의 잠재의식은 그것을 이루기 위해 움직이기 시작한다.

우리 뇌의 뒷부분에는 RAS(망상활성계)라는 작은 영역이 있다. 이 RAS는 생각과 개념에 대한 인식을 껐다 켰다 하면서 세상을 보는 관점을 결정한다. '어떻게 하면 더 좋은 하루를 보낼 수 있을까?'라는 질문은 우리 뇌의 RAS에 영향을 끼쳐 더 특별한 하루로 만드는 활동을 알려주고 여기에 참여하도록 이끌어준다. 여성들은 자신이 원하는 명품백이 생겼을 때 길거리에서 그 명품백만 보이던 경험이 있을 것이다. 또한 원하던 브랜드의 자동차를 새로 샀을 때 어디를 가든 그 차만 눈에 들어오는 경험이 있을 것이다. 사랑에 빠졌을 때 온 세상이 장밋빛으로 물든 경험이 있는가? 이러한 현상은 모두 RAS와 관련이 있다. RAS는 일종의 추적장치이다. 목표가 선명하게 정해지면 그것과 관계된 중요한 정보들을 쏙쏙 선별해 눈앞에 대령한다.

나를 위한 긍정의 한 줄은 긍정적인 확언을 함으로써 자신이 원하는 모습으로 자신을 정의하는 일종의 '자기긍정'이라고 할 수 있다. 세계적인 배우인 윌 스미스와 짐 캐리, 아놀드 슈왈츠제네거는 이러한 방법을 통해 극적인 효과를 보았다고 한다. 확언은 자신에게 던지는 강력한 주문이다. 이를 반복하면 그 말은 자신의 삶에 깊숙이 들어와 가치 있는 결과를 창출할 것이다. 무함마드 알리는 이렇게 말했다.

'자신에게 계속 강력한 말을 던지면 그것은 믿음이 된다. 그 믿음이 깊은 확신으로 바뀌면 마침내 현실이 된다.'

하루 중 최고의 순간은 바로 그날 있었던 끝내주는 일들을 떠올릴 때일 것이다. 이를 저녁 일기에 담는다면 삶은 몰라보게 달라지게 된다. 하루 중 있었던 멋진 일 3가지에 대해 쓰는 것은 그날의 축복에 대해 거꾸로 헤아려보는 것이다. 거창한 것이 아니라 작고 소박한 것들부터 시작하는 것이다. 그렇게 점점 연습해나가다 보면 어느 순간 삶이 뚜렷하게 달라져 있음을 보게 될 것이다. 매일 끝내주는 일을 찾고, 매달 그 목록을 읽다 보면 자신의 삶이 꾸준히 앞을 향해 나가고 있다는 사실을 생생히 깨달을 수 있을 것이다.

사람은 실패를 통해 성장하는 존재이다. 만약 당신이 시간을 되돌려 오늘 한 일을 바꿀 수 있다면 무엇을 바꾸겠는가? 친구에게 했던 말실수? 아침에 좀 더 일찍 일어나는 것? 이성에게 마음을 고백할 기회를 놓친 것일 수도 있다. 무엇을 했더라면 오늘 하루가 더 만족스러웠을까?

라는 질문은 문제를 정면으로 바라보고 그 문제의 해결을 위해 자신이
취할 수 있는 행동 패턴을 축적할 수 있다. 시간이 흐를수록 이 연습법은
문제를 바라보는 관점을 바꾸고 자신이 취할 행동을 자동으로 습득할 수
있도록 해준다.

내가 처음 일기를 쓰게 된 건 할 엘로드의 『미라클모닝』을 읽고 난 후였
다. 그는 이렇게 말했다.

"우리는 하루에 수십 수백 가지 일을 제대로 해낸다. 단지 몇 가지 실
수 혹은 잘못을 저지를 뿐이다. 그렇지만 우리가 기억하는 것은 그 몇 가
지 실수와 잘못이다. 우리가 제대로 해낸 100가지 일에 집중하는 것이
더 타당하지 않을까? 확실한 것은 잘한 일에 집중하는 게 훨씬 더 즐겁
다는 사실이다. 체계적이고 전략적으로 일기를 쓰면 나의 성과와 감사와
결심에 집중할 수 있게 된다. 이를 통해 하루를 더 깊이 있게 즐길 수 있
게 되고 스스로 이룬 발전에 진심으로 기뻐할 수 있게 된다."

– 할 엘로드, 『미라클모닝』

'엥 일기를 쓰라고?' 솔직히 말해서 나도 처음에는 쉽사리 행동할 수 없
었다. 나에게 일기란 초등학교 시절 선생님이 지겹도록 시킨 일종의 숙
제와도 같았기 때문이다. 당연히 나이가 들어서도 전혀 일기를 써본 적

이 없었다. 내가 일기를 쓰기로 마음먹은 결정적인 계기는 언젠가부터 내 마음속에 우울감과 부정적인 감정들이 많아진 걸 느꼈기 때문이었다. 항상 남들과 비교하며 자신을 깎아내리곤 했다. 주변으로부터 '잘생겼다, 멋있다.' 칭찬을 들어도 항상 나보다 더 잘난 사람과 비교하며 자신을 깎아내렸다. 나는 밑져야 본전이라는 식으로 감사일기를 한번 써보기로 했다. 아침에 일어난 후 그리고 저녁에 잠자리에 들기 전에 일기를 쓰는 습관을 들였다. 처음에는 이게 뭐 하는 건지 싶었다. 그저 일기를 쓰는 것으로 인생이 달라질 수 있다는 게 쉽게 믿기지 않았다. 하지만 시간이 흐를수록 무언가 변화하고 있음을 느낄 수 있었다. 하루에도 몇 번씩 감사한 일들이 마구 떠오르기 시작했다. '내가 가지지 못한 것'이 아닌 '내가 가진 것'에 대해 감사함을 더 느끼게 됐다. 타인과의 비교가 아닌 어제의 나와 비교하며 어제보다 한층 발전된 내 모습을 더 사랑하게 됐다. 이제 감사일기는 내 삶에서 없어서는 안 될 소중한 습관 중 하나가 되었다.

게리 켈러의 『원씽』이라는 책을 보면 '도미노 효과'라는 말이 나온다. 모든 위대한 변화는 차례로 쓰러지는 도미노처럼 시작된다는 것이다. 한 개의 도미노는 자신보다 1.5배가 큰 다음 도미노를 넘어뜨릴 수 있다. 불과 5cm의 첫 번째 도미노를 넘어뜨리면 열여덟 번째 도미노의 높이는 피사의 사탑만큼 높다. 서른한 번째 도미노는 에베레스트 산보다 900m 더 높다. 처음에는 아주 작은 힘으로 작은 변화들을 가져오지만, 그 힘은 눈덩이처럼 커져 나중에는 위대한 성공을 이뤄낼 수 있다. 씨를 뿌리자 마자 열매를 맺을 수는 없는 것이다. 하루하루 감사일기를 쓰면 감사함은 쌓여 행복이 되고, 내가 쓴 글이 모여 한 권의 책이 된다. 벤자민 프랭클린, 에디슨, 레오나르도 다 빈치 등 성공한 위인들은 모두 자신의 생각이 담긴 일기를 매일 썼다. 앞서 말했던 무언가를 종이에 기록하는 습관은 성공한 사람들이 가진 공통적인 특성 중 하나이다. 나는 가끔씩 이런 생각을 해본다. 혹시 이러한 매일의 기록들이 그들을 위대하게 만든 것은 아닐까?

꾸준히 체력을 단련하라

'얼굴은 영혼을 반영한다.'라는 말이 있다. 얼굴의 뜻을 풀어 보면 정신, 영혼이라는 뜻의 '얼' 자와 통로라는 뜻의 '굴' 자가 합성된 단어로, 영혼이 통하는 곳 즉 '영혼의 통로'라는 뜻이다. 보통 내면이 건강하지 못한 사람들은 그 모습이 얼굴에도 그대로 드러난다. 언젠가 SNS에서 '사람 알아보는 방법'이란 글을 본 적이 있다.

그 내용은 대략 이렇다.

1. 성격은 얼굴에 나타난다.
2. 생활은 체형에 나타난다.

224   어제와 똑같은 내가 싫어서 나를 바꾸기 시작했습니다

3. 미의식은 손톱에 나타난다.

4. 청결감은 머리에 나타난다.

5. 스트레스는 피부에 나타난다.

이렇듯 사람의 내면과 외면은 각각 따로가 아닌, 서로 연결되어 있다는 것이다. 곧 '외부의 상태는 언제나 내면의 상태를 반영한다'는 말이다.

사람과 사람이 처음 만났을 때 가장 먼저 보는 곳이 어디일까? 바로 얼굴이라고 한다. 사람은 본능적으로 상대방의 얼굴을 통해 첫인상을 결정하게 된다. 이러한 첫인상은 대개 10초 이내에 결정되며, 한번 형성된 첫인상은 쉽게 바뀌지 않는다고 한다. 예를 들어 이성 간의 미팅에서 처음 만난 파트너의 얼굴만 보고 일찍 집에 들어가야 할지 천천히 들어갈지를 결정한다. 또한 기업 인사담당자의 약 70%는 지원자의 첫인상을 보고 면접에서 감점처리 한 적이 있다고 한다. 이렇듯 사람의 얼굴은 첫인상에 중요 요인으로 작용한다. 이러한 첫인상을 관리하기 위해 가장 강력하게 추천하는 것이 있다. 바로 운동을 하는 것이다.

'건강한 신체에 건강한 정신이 깃든다.'라는 말이 있다. 몸이 건강해야 밝고 즐거운 생활을 할 수 있어 정신도 건강해진다는 뜻이다. 나는 남녀노소 가릴 것 없이 누구에게나 꼭 운동할 것을 권하고 싶다. 나도 원래 운동하는 사람이 아니었지만, 운동을 시작하고부터 인생이 크게 변화하기 시작했다. 내가 운동을 시작하고부터 느꼈던 장점은 크게 3가지다.

첫째, 건강관리에 좋다는 것이다. 나는 운동을 시작하고부터 질병에 걸린 적이 한 번도 없다. 운동을 하기 전까지는 비만, 감기, 우울, 불면증 등 온갖 병을 달고 살았지만, 이 모든 것이 운동을 시작하고부터 점점 사라지기 시작했다. 건강이 좋지 않은 사람들이 늘 하는 말이 있다. 바로 '건강은 건강할 때 미리 잘 챙겨야 한다.'라는 것이다. 사람들은 병이 낫도록 약을 먹는다. 하지만 사실 병은 약을 먹어 낫는 게 아니다. 병을 낫게 해주는 건 나의 몸이다. 그것을 꼭 인지해야만 한다. 약을 의지하게 되는 순간부터 또 다른 약을 의지하게 되고 악순환이 반복되고 만다. 약이 병을 낫게 해주는 게 아닌, 건강한 몸이 병을 낫게 해준다고 생각하자. 모든 것은 내 안에서부터 시작되기 때문이다. 없던 병도 끌어들이는 사람이 있는 반면, 건강한 사람은 병도 피해가기 마련이다.

둘째, 스트레스 해소에 도움을 준다. 나는 술 담배를 하지 않는다. 사람들은 그런 나를 신기해하며 물어본다. "도훈아. 너는 술도 안 하고 담배도 안 하고 도대체 무슨 재미로 사니?" 그러면 나는 대답한다. "스트레스 푸는 데 운동이 최고예요!" 나도 사람인지라 스트레스가 생길 때가 있다. 스트레스는 마냥 참는 것이 능사가 아니다. 스트레스는 만병의 근원이다. 무엇보다 스트레스를 잘 관리하는 데 능숙해져야 한다. 스트레스는 우리 몸이 휴식이 필요함을 알려주는 신호이다. 그래서 나는 스트레스가 생길 때면 휴식을 위해 늘 헬스장으로 간다. 힘차게 근력운동과 유산소 운동을 하고 나면 정신이 맑아지고 그날 있었던 스트레스가 확 날아가는 기분이다. 정기적인 운동은 스트레스를 해소해주고 즐거운 기분을 북돋아준다. 정말이지 운동 만한 천연 치료제가 따로 없다.

셋째, 자신감이 향상된다. 체형은 타고나는 것이지만 탄력 있는 몸매는 노력하면 결과가 나타나기 마련이며 이는 자신을 제대로 관리하고 있다는 증거이다. 반대로 탄력 없는 몸매는 노력을 게을리한다는 증거이다. 꾸준히 운동하는 것은 탄탄한 몸매와 분위기를 잘 관리하는 것이다. 꾸준한 운동은 자기관리를 통해 뭐든 할 수 있다는 자신감을 길러준다. 뛰어난 자기관리는 성공적인 인생으로 이어진다. 바쁜 CEO들도 꼭 시간을 내서 운동을 한다고 한다. 성공한 사람 중 자기관리를 소홀히 한 사람은 아무도 없다. 체형관리를 열심히 하는 사람은 자신을 항상 직시하고 관리하고 있기에 매사에 진지하다. 그것은 일에서도 마찬가지이다. 그러한 모습은 어떤 사람을 만나든 자신을 긍정적으로 느끼게끔 한다. 꾸준한 건강관리는 이제 선택이 아닌 필수이다.

나는 몇 년 전부터, 매일 꾸준히 헬스장에 가서 운동을 하고 있다. 나에게 운동은 이제 끊을 수 없는 습관으로 자리 잡았다. 헬스장에 가서 운동을 하는 것은 하루 중 나에게 가장 큰 기쁨이다. 지금은 이렇게나 운동을 좋아하지만, 사실 그 이전까지 나는 운동과 거리가 먼 사람이었다. 매일 방구석에 앉아 컴퓨터 게임을 하고 치킨, 라면, 콜라, 피자 등 온갖 기름진 음식만을 먹는 것을 좋아했다. 그래서인지 몸은 뒤룩뒤룩 살이 쪄 있고 얼굴에는 알 수 없는 두드러기와 여드름이 가득했다. 이렇게 말하긴 좀 그렇지만 마치 돼지 한 마리를 키우는 것과 다름없었다. 무엇보다 삶에 대한 의욕도 없어서 늘 우울한 표정이었다. 그때 당시 찍었던 사진과 지금 모습을 비교해보면 주변 사람들도 놀랄 정도이다.

당시 몸무게는 거의 90kg에 육박했다. 키가 그리 큰 것도 아니고 건강한 음식을 먹고 찌운 살도 아니었다. 걸어 다닐 때 뱃살이 마치 파도처럼 요동쳤다. 나는 점점 불어만 가는 몸 상태를 보며 더 이상은 이렇게 살아선 안 되겠다는 생각을 했다. 그리고 울며 겨자먹기로 다이어트를 결심했다. 매일 집 앞에 나가서 1,000개씩 줄넘기를 하고, 토마토 원푸드 다이어트를 시작했다. 다소 극단적인 다이어트였다. 매일 꾸준히 줄넘기를 하다 보니 점점 개수가 늘기 시작했고 1,000개, 3,000개, 5,000개, 10,000개까지 늘었다. 토마토만 먹어서인지 몸무게도 급격히 빠졌다. 그렇게 나는 단 석 달 만에 20kg 감량에 성공했다. 지금 생각해보면 정말이지 어떻게 버텼나 싶다. 하지만 극단적인 다이어트 때문에 얼굴색은 어둡고 상당히 노화된 듯 보였다. 근력운동을 전혀 하지 않아 살과 근육은 모두 빠져버리고 마치 멸치가 된 듯했다. 그때 나는 단순히 몸무게 숫자만 내려간다고 다가 아니란 걸 처음 알게 됐다. 근력운동의 필요성을 절실히 느끼게 된 순간이었다.

그 후로 집 근처에 있는 헬스장에 동록했다. 처음 가본 헬스장은 굉장히 낯설었다. 나와 같은 초짜는 어디에도 보이지 않고, 대부분 이미 상당한 경력자인 듯 보였다. 모두 탄탄하고 멋진 몸매들을 가지고 있었다. 그 사이에서 나는 초라하게 운동기구 앞에 서서 바벨을 들고 '오버헤드프레스'라는 어깨운동을 해봤다. 그때 나는 알게 됐다. 내가 매우 허약한 사람이었다는 걸 말이다. 원판이 전혀 끼워져 있지 않은 평범한 바벨이었는데도 채 열 개를 해내지 못했다. 또 나는 풀업이라는 운동을 해보려 했는데 정말 단 한 개조차 해낼 수 없었다. 단 한 개도 말이다. 점프를 해서 올라가도 몸이 버티지 못해 땅으로 뚝 떨어졌다. 밴드라는 보조도구를 써야지만 겨우 한 개를 성공할 수 있었다.

알고 보니 원래 초보들은 한 개도 못하는 운동이 맞다고 한다. 하지만 나에겐 꽤나 큰 충격이었다. 그렇게 나는 혼자서 1년 정도를 꾸준히 운동했다. 나름 꾸준히 하다 보니 몸도 어느 정도 변화하여 없던 근육이 생겼다. 그런데 영 만족스럽지는 않았다. 내가 원하는 건 비나 권상우처럼 멋진 몸짱이 되는 것이었기 때문이다.

그때 나는 처음 배움의 필요성을 느끼고 비싼 돈을 들여서 퍼스널 트
레이닝을 등록했다. 그랬더니 내 몸은 이전과 비교할 수 없을 정도로 빠
르게 성장하기 시작했다. 혼자서 끙끙대던 때와는 차원이 달랐다. 그동
안 나는 제대로 된 운동을 하고 있던 게 아니었던 것이다. 운동을 하는
모든 자세와 방식이 딱 초보 수준이었다. 몸이 잘 성장하지 못한 이유가
있었다. 트레이닝을 받으면서 운동 실력도 점점 올라갔다.

그때 알게 된 건 운동 실력과 몸 상태는 비례한다는 것이었다. 몸은 절
대 거짓말을 하지 않았다. 딱 내 수준만큼의 몸이었다. 얼마 후 나는 처
음으로 바디프로필도 찍을 수 있었다. 부단한 노력을 통해 나의 바디프
로필 첫 도전은 성공적으로 마칠 수 있었고, 그것은 온전히 선생님을 잘
만난 덕분이었다. 나에게 진정한 운동이 무엇인지 알게 해주신 강종모
선생님께 다시 한번 감사드린다. 덕분에 나는 자신감도 생기고 옷 입는
것도 즐거워졌다. 항상 두렵던 여름도 이제는 두렵지 않다. 운동을 하고
부터 나는 자신감이 생기고 자존감도 올라갔다.

나는 운동을 통해 무엇이든 성공하기 위해선 꾸준함과 인내가 필요하
며 그에 맞는 수준의 실력까지도 겸비해야 한다는 것을 깨달았다. 뭐든

지 거저 얻는 것은 없었다. 쉽사리 남의 노력을 비하하는 사람들이 있다. 나도 예전에는 인터넷에 떠돌아다니는 몸짱들의 사진을 보며 '에휴 어디서 또 스테로이드나 복용했겠지, 저 여자들은 왜 저리 벗는 것을 좋아하는 거야?'라고 생각했던 것 같다. 하지만 내가 직접 노력을 해보니 느끼게 됐다. 그 모든 것은 피나는 노력을 통해 만들어진 멋진 결과물이었다는 것을 말이다. 내가 노력하지 않으니까 쉽사리 남의 노력을 비하하는 것이었다. 그 이후로 나는 함부로 남의 노력을 판단하거나 평가하지 않는다. 운동은 정말 나의 인생의 많은 부분을 변화시켜 주었다. 지금도 나는 꾸준히 성장하고 있다.

끊임없이 자신에게 투자하라

사람은 누구나 멋지고 성공적인 인생을 살길 원한다. 어제보다 나은 오늘, 오늘보다 더 나은 내일, 그리고 미래를 꿈꾼다. 하지만 세상은 그런 인생을 원하기만 하는 사람과 실제로 그런 인생을 살아가는 사람들 두 부류로 나뉜다. 그 차이는 과연 무엇일까? 그것은 바로 '배움'이다.

사람들은 대부분 고등학교 혹은 대학교를 마칠 때쯤에 공부를 멈춰버린다. '그동안 많이 공부했으니까 이제는 맘껏 놀아야지.' 하며 더는 공부하지 않는 것이다. 마치 공부란 행복한 내 인생을 방해하는 지겨운 방해물과도 같다. 하지만 분명히 알아야 할 건, 배움을 멈춘 순간부터 인간의 인생은 점점 퇴보하기 시작한다는 것이다. 많은 사람들이 이 같은 사실을 간과하며 살아가고 있다. 내가 말하는 공부란 비단 학업만을 의미하는 것이 아니다. 그것은 단지 시작에 불과하다. 끝이 아닌 시작 말이다. '진짜 공부'는 바로 학교를 졸업한 순간부터 시작되기 때문이다. 세상은 넓고 그에 따라 배워야 할 것도 무궁무진하다. 그 순간 배움을 놓느냐 혹은 지속하느냐에 따라서 한 사람의 인생이 크게 갈리게 된다.

사람들이 공부에 대해 반감을 가지는 이유는 무엇일까? 그것은 다름 아닌 각기 다르고 개성이 뚜렷한 인간에게 하나같이 억지로 맞지 않는 옷을 입히려 하기 때문이다. 그로 인해 사람들은 더욱 공부에 대한 반감을 갖게 되고, 곧이어 완전히 손에서 놔버리는 일이 발생한 것이다. 그 시스템에서 벗어난 사람을 오히려 인생 패배자로 몰아가며 심지어는 트라우마로 인해 자살하는 사람들까지 생길 정도다. 나는 이러한 교육 시스템을 도무지 이해할 수가 없다. 분명 우리 부모님 세대까지만 해도 학업에 정진하는 것은 성공적인 인생을 살아가는 유일한 통로였다. 하지만 이제는 세상이 너무도 달라졌다. 대학교가 밥 먹여주는 시대는 이미 지난 지 오래다. 찰스 다윈은 이렇게 말했다. '살아남는 종은 가장 강한 종이나 가장 똑똑한 종이 아니라 변화에 적응하는 종이다.' 세상은 끊임없이 진보하며 변화하고 있다. 우리도 그에 발맞춰 나아가야 한다. 만약 학업만이 인생의 전부라면 저학력 고졸에 무스펙인 내가 이렇게 작가가 될 수 있었을까? 한 사람의 인생에는 그보다도 훨씬 더 크고 다양한 가능성이 잠재되어 있다는 것을 알아야 한다. 한낱 작은 BOX 속에 자신을 가두고 살아선 안 된다.

나도 학교를 졸업한 후로는 전혀 공부와는 먼 삶을 살았었다. 공부란 건 내 인생을 따분하고 고통스럽게 만드는 고역으로만 생각했기 때문이다. 학창시절 성적표가 나오는 날만큼 내 마음이 괴롭던 날이 없었다. 그랬던 내가 지금은 공부하지 않고는 하루도 못 배길 정도의 삶을 살아가고 있다. 바로 내가 진정으로 좋아하는 분야의 공부를 찾았기 때문이다. 나는 이제 정말로 공부하는 게 즐겁다. 너무 좋아서 미칠 지경이다. 과거에는 늘 주변 사람들로부터 "제발 공부 좀 해라."라는 말을 들었지만, 이제는 "공부 좀 그만해, 좀 쉬면서 해."라는 말을 더 들으며 살고 있다. 내가 타고났다거나 잘난 척을 하기 위해 하는 말이 아니다. 사실 공부는 정말 재미있는 것이며 누구나 자신이 좋아하는 분야의 공부가 있다는 걸 알려주고 싶은 마음이다. 공부하는 맛에 한번 빠지게 되면 헤어 나오기가 힘들다.

"친구야 젊을 때는 즐겨야지! 너무 공부만 하면 뼈 삭는다, 나중에 나이 먹고 후회하지 말고 젊음을 즐겨라."

이런 말을 들으면 어떤 기분이 드는가? 얼추 맞는 말처럼 들리는가?

나도 '젊음을 즐기는 것'은 정말 가치 있는 삶이라고 생각한다. 다만 젊음을 즐기라는 게 만사 제쳐놓고 놀고 먹기만 하라는 건 아닐 것이다. 진정 젊음을 즐긴다는 것은 '자신의 이상과 꿈을 실현하는 삶'이라고 생각한다. 술 마시고 여행 다니고 이성 친구와 데이트 하는 것도 물론 좋다. 젊은 시절 추억 또한 그 무엇과도 바꿀 수 없는 소중한 자산이기 때문이다. 하지만 절대로 자신의 이상과 꿈을 잊고 살아가선 안 된다. 그것이야말로 나의 가치를 증명해주는 진정한 자산이기 때문이다. 우리는 그것을 실현하기 위해 끊임없이 자신에게 투자하며 인생에 최우선으로 두고 삶을 살아가야 한다.

길 위의 철학자 에릭 호퍼는 말했다.

"배운 이들은 더 이상 존재하지 않는 세상을 탐닉하며 자신을 고상하게 여기지만 배우는 이들은 미래를 물려받는다."

이 세상에서 가장 무서운 사람들이 누구인 줄 아는가? '모든 것을 다 알고 있는 사람들'이 아니다. 바로 '끊임없이 배우고 성장하는 사람들'이다. 이미 자신은 다 안다고 생각하는 사람은 더 이상 배움의 필요성을 느끼지 못한다. 그래서 성장의 문 또한 닫히고 만다. 하지만 후자는 자신의 한계를 설정하지 않고 평생 배움을 지속한다. 그들은 세상을 하나의 배움의 장으로 보고 교육에 투자하는 비용을 절대로 아까워하지 않는다. 그리고 그 투자한 시간과 비용만큼 꾸준히 성장한다. 나는 만나는 사람마다 나이를 불문하고 하고 싶은 게 있으면 당장 해보라고 말한다. 하지만 다들 '나는 나이가 들어서…, 나도 그러고 싶은데 용기가 없어.'라는 식이다. 단언컨대 배움에 늦은 때란 없다. 오히려 늦었다고 생각할 때가 가장 빠른 법이다.

많은 사람들이 술을 마시거나 명품을 사거나 여행을 가는 데는 아낌없이 돈을 쓰면서 정작 배우는 데 돈을 쓰는 건 아깝다고 한다. 그들에게 배움이란 주말에 잠시 소파에 앉아 취미로 즐기는 독서가 전부이다. 어느 날 한 지인과 운동에 관해 이야기를 나눈 적이 있다.

그는 이렇게 말했다.

"아무리 헬스장에서 열심히 운동해도 좀처럼 몸이 좋아지지 않아. 역시 운동은 타고나야 하나 봐."

나는 대답했다.

"아직 포기하긴 일러. 그러지 말고 트레이너 선생님께 한번 배워보는 게 어때? 분명 지금 상황을 해결하는 데 도움이 될 거야."

그러나 그는 이렇게 대답했다.

"아니. 나는 그럴 돈도 없고 굳이 그렇게까지 해서 배우고 싶진 않아."

만약 이 사람이 자신의 한계를 깨닫고서 곧장 그 분야의 전문가를 찾아갔으면 어땠을까? 아마 혼자 할 때보다 몇 배는 더 빠르게 자신의 고민을 해결할 수 있었을 것이다. 무언가 고민이 있거나 끙끙대고 있을 때는 그 분야의 전문가에게 찾아가는 것이야말로 최고의 방법이다. 배울 필요성을 느끼지 못하는 것은 더 이상 발전하고 싶지 않다는 말과 다르지 않다.

많은 사람들이 인생이 변화하길 원한다. 그래서 로또나 비트코인 같은 일확천금을 꿈꾼다. 하지만 알아야 할 것은 과정 없이 이룬 결과물은 모두 허상이란 것이다. 그런 건 실속이 없기에 금방 무너져 내리고 만다. 로또 당첨자들이 대부분 파산하는 것은 결코 우연이 아니다. 세상에 절대로 공짜는 없다. 무언가 변화하기 위해선 무엇보다 나의 행동이 변화해야 하며, 그건 나보다 앞선 전문가만이 잘 알려줄 수 있다. 우리는 몸이 아프면 의사 선생님을 찾아가야 하고 수학을 잘하려면 수학 선생님을 찾아가야 하는 것을 알고 있다. 어제와 똑같은 행동을 반복하면서 다른 내일을 기대하는 것을 제정신이라고 볼 수 있을까? 만약 지금 하는 행동이 잘하는 것이라면 이미 좋은 결과가 나왔을 것이다. 무언가 답답함을 느낀 순간이야말로 진정 누군가의 도움이 필요한 순간이다. 절대 배움에 쓰는 돈을 아까워하지 말라. 언제 그 돈이 생기겠는가? 그런 사람은 아마 1년, 2년, 5년이 지나도 인생이 별반 다르지 않을 것이다. 무엇보다 배움은 평생 남는다. 로또는 꽝일 확률이 더 높고, 주식투자는 상장폐지당할 수도 있지만 자신에게 투자한 것은 어디 가지 않고 평생 남는다. 심지어 주식처럼 시간이 갈수록 부가가치가 더해져 복리효과로 인해 그 효율성은 더욱 극대화된다. 워런 버핏도 장기투자로 부자가 되었다는 사실을 잊지 말라. 세상에서 가장 지혜로운 사람은 바로 자신에게 우선적으로 투자하는 사람이다.

인생이 불공평하다며 한탄하는 사람들이 있다. 하지만 나는 인생이 절대 불공평하지 않다고 생각한다. 빌 게이츠는 이렇게 말했다.

"가난하게 태어난 것은 결코 당신의 잘못이 아니지만 가난하게 죽는 것은 분명 당신의 잘못이다."

누구나 출발점이 다를 수 있지만, 출발점이 다른 것이 누구나 완주할 수 있다는 말은 아니다. 누구에게나 공평한 것이 있다면 그것은 바로 개인의 '노력'과 '시간'이다. 인생이 불공평하다며 한탄하는 사람들은 신기할 정도로 공통점이 있는데, 바로 아무런 노력도 하지 않고 늘 세상만을 탓한다는 것이다. 나는 그런 사람들에게서 '내가 열심히 배워서 세상을 바꿔야지.'라는 식의 말을 단 한 번도 들어본 적이 없다. 하지만 성공한 사람들은 다르다. 그들은 인생의 그 어떤 것도 노력을 통해 극복할 수 있다고 믿으며 시간을 금보다도 더 귀중하게 여긴다. 우리의 인생은 우리 행동의 결과물이다. 행동은 생각에서 나온다. 우리는 언제나 배움을 통해서 인생을 개선시켜다.

06

자기계발을 최우선으로 두어라

당신의 인생의 1순위는 무엇인가? 내 인생의 1순위는 바로 자기계발이다. 누가 뭐라 해도 나의 최우선순위는 바로 어제보다 나은 오늘, 오늘보다 더 나은 내일을 사는 것이다. 내가 이런 말을 하면 혹자는 이렇게 말하곤 한다.

"그렇게 자기밖에 모르는 이기적인 사람이 되고 싶으세요? 그러다가 나중에 큰코다칩니다."

항공기 승무원들이 탑승자들을 교육할 때 가장 먼저 강조하는 것이 있다고 한다. 그건 바로 비상상황 발생 시 자녀에게 산소마스크를 씌우기 전에, 부모부터 먼저 마스크를 써야 한다는 것이다. 부모가 다치면 자식을 도울 수 없기 때문이다. 마찬가지로 우리도 다른 사람을 돌보기 전에, 먼저 나 자신부터 제대로 돌보아야 한다. 그래야 다른 사람들을 제대로 도울 수 있기 때문이다. 자신조차 돌볼 줄 모르는 사람이 어떻게 남을 돌볼 수 있을까. 어불성설이다. 내가 자기계발을 하는 목적은 비단 개인의 이익만을 위해서가 아니다. 첫째는 내 인생을 사랑하기 때문이며, 내 가족과 소중한 주변 사람들을 사랑하기 때문이다. 나 자신을 돕고 그렇게 얻은 것을 바탕으로 주변인들의 인생을 도와 모두가 행복한 인생을 사는 것이 나의 간절한 바람이다. 나로 인해 주변의 모두가 더 나은 삶을 살 수 있다면, 그것만큼이나 행복한 일은 더 없다.

나에게 있어 최대의 기쁨은 '배움'이다. 하루하루 발전하고 성장하는 삶을 사는 것이야말로 내 인생 최대의 기쁨이자 행복이다. 나는 교육을 받는 데 발생되는 비용을 절대 아까워하지 않는다. 지혜야말로 금, 은보다 소중한 것이기 때문이다. 돈으로 누군가의 경험과 지혜를 살 수 있다는 것은 큰 축복이다. 먼길 돌아서 갈 필요가 없어서 오히려 시간과 비용이 절약되기 때문이다. 나는 배울만한 가치가 있는 사람이라면 1시간 거리든 3시간 거리든 찾아가서 배우고 만다. 누군가는 그렇게까지 해야 하냐고 말하지만, 가치가 있는 것에 투자하는 만큼 값진 것이 없다는 걸 알고 있기 때문이다. 사람들은 싸고 좋은 것만을 찾는다. 하지만 마냥 싼 것이 좋은 것만은 아니다. '싼 게 비지떡'이라는 말이 있듯 늘 가성비만 외치다 간 딱 그만한 인생을 살게 될 것이다. 책을 고를 때도 마찬가지이다. 절대 아무 책이나 읽는다고 해서 좋은 게 아니다. 단 한 권을 읽더라도 최고가 쓴 보물 같은 책을 읽어야 한다. 그것이 시간을 절약하는 것이다.

나는 오늘 여러분에게 삶을 빠르게 바꿔주는 4가지 인생 전략을 말해주고 싶다. 누구나 이대로만 실천한다면 빠르게 인생을 변화시킬 수 있을 것이라 확신한다.

첫째, 자신에게 투자하라는 것이다. 가진 돈이 있다면 우선적으로 자신에게 투자해라. 돈을 저축하는 것도 중요하다. 하지만 정말 중요한 것은 돈을 마냥 모으는 것만이 아닌 모은 돈을 잘 활용하는 것이다. 에이브러햄 링컨은 이렇게 말했다.

"만일 내게 나무를 베기 위해 한 시간만 준다면 나는 도끼날을 가는 데 45분을 쓸 것이다."

무딘 도끼로 아무리 찍어봤자 손만 아플 뿐이다. 도끼날을 간다는 것은 자신에게 투자하여 자신을 갈고닦는 것을 말한다. 가령 한 달에 200만 원을 버는 직장인이 있다고 해보자. 한 달에 50만 원씩 따로 떼서 저축

한다면 1년 동안 600만 원을 저축할 수 있을 것이다. 하지만 자기투자를 통해 자기가치를 높여 월 1,000만 원을 벌 수 있는 사람이 된다면, 한 달에 무려 600만원이나 저축할 수 있을 것이다. 이는 전자보다 12배나 더 많은 수치이다. '티끌 모아 태산'이라지만 사실 티끌은 모아도 티끌일 뿐이다. 티끌의 덩치 자체를 키워야만 한다. 이것이 자기투자가 필요한 이유이다. 돈을 평생 모으기만 하는 사람과 꾸준히 자신에게 투자하며 모은 사람 둘 중에 누가 결국 더 많은 돈을 모으게 될까? 워런 버핏은 장기투자를 통해 부자가 되었다는 사실을 잊지 말아야 한다.

둘째, 배울 때는 선택적으로 멍청이가 되어야 한다. 왜 멍청이가 되어야 하는 걸까? 우리는 생각보다 너무나 많은 것을 알고 있기 때문이다. 서울대 1타 강사에게 배운다고 해서 누구나 서울대를 가는 것은 아니다. 차이는 스승의 가르침을 얼마나 잘 받아들이냐에 따라 달라진다. 간혹 주변을 보면 배우는 데까지는 잘하는 사람들이 보이지만, 사람들은 너무 똑똑한 나머지 배울 때조차 스승의 가르침을 의심하며 자기 고집을 부린다. 가령 스승이 'A는 B다.'라는 말을 했는데도 'A는 C가 아닌가?' 하며 고집을 부리는 것이다. 이는 사람에게 기본적으로 탑재된 자기애 때문이기도 한데, 분명한 것은 만약 내 생각이 맞았다면 이미 자신이 원하는 결과가 나왔어야 한다. 또한 가르치는 사람보다도 이미 더 나은 사람이었어야 한다. 그렇지 않은 것을 스스로 알기 때문에 스승에게 배우는 것이 아닌가? 분명 어렵겠지만 이러한 심리적 오류를 극복하는 사람만이 좋은 결과를 낼 수 있다고 단언할 수 있다. 온전히 가르침을 수용하지 못할 바에야 차라리 배우지 않는 게 나을 수도 있다. 수용하지도 못할 지식이 하나 더 늘었다고 달라질 것은 아무것도 없기 때문이다. 그저 똑똑해졌다고 착각할 뿐이다. 평생 그러한 자기기만 속에 갇혀서 살게 된다. 왜냐하면 진짜 똑똑한 사람은 뚜렷한 성과를 내는 사람이기 때문이다. 그러니 배울 때는 배우기만 하고, 선택적인 멍청이가 될 수 있어야 한다.

'멍청한 똑똑함'이 아닌 '똑똑한 멍청함'을 가져야 한다. 이것은 어떤 곳을 가든 적용되는 삶의 진리이다. '비울수록 채운다'는 말이 있듯이, 배움에 앞서 자기를 비우는 과정은 필수이다. 가장 많이 비우는 사람이 가장 많이 채울 수 있다.

셋째, 주변 환경으로부터 완전한 독립을 해야 한다. 이는 단순한 자립이 아닌 완전한 정서적 독립을 말한다. 부모로부터 재정적인 지원을 받지 않는 것을 경제적 독립이라고 한다. 그렇다면 정서적 독립은 무엇일까? 바로 내가 만나는 사람들을 바꿔야 한다는 것이다. 우리는 그동안 살아오면서 부모로부터, 집안 환경으로부터 지대한 영향을 받으며 살아왔기 때문이다. 나는 처음 사람을 볼 때 그 사람이 어떤 사람인지 판별하는 나만의 기준이 있다. 바로 그 사람과 가장 가까운 친구를 보는 것이다. 친구란 자신을 반영하는 거울과도 같기 때문이다. 메이저리거 박찬호 씨의 아내인 박리혜 씨 또한 그와의 결혼 전 이러한 방법을 통해 박찬호 씨가 어떠한 사람인지 판단했다고 한다. 유유상종이라는 말은 진리와도 같다. 나의 모습은 내 주위 사람 다섯 명의 평균이다. 당신의 모습이 어떤지 알고 싶은가? 그렇다면 나와 가깝게 지내는 사람 중 한 명을 보면 된다. 그의 수준이 바로 나의 수준이다. 어릴 때부터 우리는 몇십 년간 부모님으로부터 들어온 말에 의해 지대한 영향을 받으며 자라왔다. 그러한 영향이 자신도 알게 모르게 무의식에 남는 경우가 많다. 그러니 지금과 다른 인생을 살기 위해선 내가 만나는 사람부터 바꿔야 한다. 그러면 알게 될 것이다. 지금까지 내 인생의 성장과 발전을 방해했던 건 다름 아닌 내 주변사람이었다는 사실을 말이다. 공부 좀 한다고 하면 놀러 가자고 하고, 다이어트를 한다고 하면 술 마시자고 한다. 그러니 일부러라도 친구들과 잠시 거리를 두어야 한다. 이것은 이기적인 게 아니다. 진짜 이기적인 것은 자신의 미래와 목표를 소중히 여기지 않는 것이다. 정 안 되겠다면 과감하게 관계를 끊어낼 용기도 필요하다. 그런 것을 두려워해선 안 된다. 그리고 만나는 사람을 바꿔라. 나보다 훨씬 더 나은 사람들, 미래의 목표를 이루고자 살아가는 사람들로 내 주위를 만들어가라.

넷째, 조언은 편식해서 들어야 한다. 살면서 우리는 수많은 인생의 조언들을 받아왔을 것이다. 하지만 그러한 조언들 중 실질적으로 내 인생에 도움이 되었던 조언들이 얼마나 있는가? 아마 별로 없을 것이다. 조언은 물론 좋은 것이다. 하지만 그만큼이나 중요한 것이기에 잘 가려서 들어야만 한다. 그렇지 않으면 남이 하는 말에만 휘둘려 살 것이기 때문이다. 내가 말하는 이 한 가지 기준을 마음속에 새겨넣길 바란다. 바로 '나는 내가 되고 싶은 사람의 말만 듣는다.'이다. 이 기준을 마음속에 완전히 새겨야만 한다. 남이 해주는 조언을 귓등으로 들으라는 말은 아니다. 단지 그것은 '나를 많이 사랑하시는구나.'라고 번역해서 들어야만 한다. 내게 해주는 조언이 목적과 부합하지 않는다면 설령 부모님의 조언일지라도 절대 들어선 안 된다. 만약 자신의 목적이 부자가 되는 것인데 부모님의 조언을 듣는다면 그 사람은 절대로 부자가 될 수 없을 것이기 때문이다. 물론 부모가 부자라면 다른 이야기겠지만 말이다.

사람들은 자기계발에 대해 만만하게 생각한다. 하면 좋은 것이고 말면 말자는 식이다. 하지만 나는 자기계발만큼은 정말 목숨을 걸고서 해야 한다고 생각한다. 그것은 자신을 존중하는 것이며 자신의 삶을 진지하게 대한다는 것이고 자신을 사랑하는 태도이다. 아무것도 가진 게 없는 사람일수록 자기계발을 등한시하는 모습은 더 이상 이상하지 않다. 이 책을 읽는 당신은 정말 특별한 사람이다. 자신의 현실과 한계를 극복하고 새로운 운명을 개척하고자 노력하는 것은 아무나 할 수 있는 게 아니다. 당신은 리더의 자질을 갖춘 사람이다. 많은 사람들이 변화를 원하지만, 오직 극소수의 사람들만이 변화를 선택한다. 그 말은 남은 사람들 대부분은 변함없이 똑같은 삶을 살아간다는 뜻이다. 그러니 당신이 그들을 올바르게 이끌어가라. 당신은 할 수 있다. 이 책을 읽고 있다는 것이 바로 그 증거이다.

07

안전지대에서 벗어나라

고졸 무스펙, 은둔형 외톨이, 방구석 백수. 군대가기 전까지의 내 인생이었다. 사실은 군대라고 하기에도 좀 그런 것이 동사무소 출신의 공익이다. 동사무소에서 근무한 덕분에 2년 동안 정말 편하게 근무를 했다. 군대를 다녀온 뒤에도 내 삶은 이전과 크게 다를 게 없었다. 얼마 후에 입사하게 된 직장도 꽤나 편하기로 유명한 직장이었다. 그렇게 내 인생은 큰 요동 없이 잔잔하게 흘러갔다.

사람들은 안정적인 삶을 원한다. 이 세상에 안정적인 삶을 싫어하는 사람이 어디 있을까? 아마 없을 것이다. 우리는 모두 안정적인 삶을 살기 위해 살아가는 것이 아닌가? 물론 나도 그렇다. 우리 부모님도 내가 안정적인 삶을 살길 바라셨고, 주위의 그 누구를 둘러봐도 모두가 그런 삶을 지향하며 살고 있었다. 그래서 나도 늘 안정적인 삶만을 바라며 살았던 것 같다. 내 삶을 괴롭히는 불편한 일이라면 모두 마다하고 거절하며 살았다. 부모님의 그늘 밑에서 편안하게 보호받고, 미래에 대한 아무런 걱정 없이 살 수 있었다. 내게는 안정적인 직장도 있었다. 하지만 어느 날엔가 내가 문득 느끼게 된 게 한 가지 있었다. 그건 바로 내 삶이 점점 죽어가는 듯한 느낌이었다.

'끓는 물속 개구리' 이야기가 있다. 개구리를 뜨거운 물에 집어넣으면 개구리는 뜨거움을 느끼고서 단번에 물속에서 뛰쳐나온다. 하지만 따뜻한 물에 집어넣으면 물속에서 그 따뜻함을 즐긴다. 조금씩 물이 가열되는지도 모르고 빠져나올 생각을 안 하다가 결국 개구리는 영원히 물 밖을 나오지 못하게 된다. 자신도 모르는 사이에 죽어버리기 때문이다.

안정적이란 말의 이면에는 어두운 진실 하나가 숨어 있다. 그것은 사람을 무기력하게 만들고 아무런 힘이 없는 존재로 만들어 결국 죽은 사람과 다를 바 없게끔 만든다는 것이다. 안정적인 삶에 연연하는 사람은 따뜻한 물에 미련을 두는 개구리와도 같다. 빠져 나오려는 순간에는 이미 늦는단 것이다. 게으름이 습관이 되어 앞으로 나아가길 포기했고, 안정적인 수입을 위해 사업의 열정을 버렸으며, 집이 주는 편안함 때문에 세상을 누비겠다는 포부를 접었다. 스펜서 존슨의 『누가 내 치즈를 옮겼을까』에는 이런 말이 있다.

"삶은 변화의 연속이다. 그러니 지금의 편안함에 안주하지 마라. 편안함에 익숙해지면 바보나 멍청이가 되어 아무 일도 이룰 수 없게 될 테지만, 지금의 편안함을 과감히 포기할 줄 알면 분명 달콤하고 신선한 치즈가 당신을 기다리고 있을 것이다."

– 스펜서 존슨, 『누가 내 치즈를 옮겼을까』

내 모습을 돌아보니 비록 나이는 젊지만, 이미 늙은 사람이나 다를 게 없어 보였다. 젊음의 패기, 젊음의 열정이란 단어는 내 인생과는 거리가 멀어도 아주 멀었다. 실버타운은 노인들이 있는 곳을 말한다. 나는 내 인생이 실버타운과 같다는 것을 알게 됐다. 어떤 사람은 80세에 죽지만 어떤 사람은 25세에 죽는다. 사람은 편안함에 안주하는 순간 이미 늙어가는 것이나 다름없다. 나는 필연적으로 내가 사는 환경에서 빠져나와야만 했다. 사람은 환경에 지대한 영향을 받는 동물이기 때문이다.

사람은 단순히 나이를 먹는다고 해서 성장하는 것이 아니다. 또는 가만히 앉아 공부만 한다고 해서 인생이 성장하는 것도 아니다. 아무리 세월이 흐르더라도 본인 스스로가 끊임없이 발전된 인생을 만들고자 노력하지 않는다면, 결국 인생에는 아무런 성장과 발전이 없게 된다. 이는 마치 '중력의 법칙'과도 같다. 앞으로 굴러가는 공은 계속 앞으로 굴러가려고 하지만, 멈춰 있는 공은 그대로 멈춰 있을 뿐이다. 안락한 집을 떠나 홀로 독립했다. 그리고 수없이 많은 도전을 했다. 사실 나는 아무런 재능도 없는 사람이었다. 그 어느 누구도 내게 재능이 있다거나 성공할 것 같다는 말을 해주는 사람이 없었다. 하지만 재능이 없다는 게 도전하지 못할 이유가 된다는 말인가? 재능이 없다면 재능을 만들면 되는 것이었다. 나는 재능이란 것도 피나는 노력을 통해서만이 꽃피울 수 있다는 것을 알고 있었다. 외모를 개선하기 위해 성형수술을 했다. 무대 공포증을 극복하기 위해 결혼식 축가를 불렀다. 자신감을 기르기 위해 바디프로필을 찍었다. 모태솔로를 벗어나기 위해 여자친구를 만들었다. 더 큰 사람이 되기 위해 안정적인 직장을 버리고 퇴사를 선언했다. 유튜브 크리에이터 활동에 도전했다. 사업에 도전했다. 작가에 도전했다. 난 이 모든 것을 이루었다.

물론 그 과정이 순탄치만은 않았다. 퇴사를 하는 과정에서 주변으로부터 온갖 비난과 욕을 들었고 걱정 어린 시선들을 받았다. 사업 실패로 빚까지 지기도 했다. 이런 나를 비웃는 사람들도 있었다.

"거봐 내가 뭐랬어. 퇴사하면 분명 후회한다고 했지?"

"도훈이가 여자를 잘못 만나더니 좀 이상해진 것 같아."

"도전하는 것도 좋지만 현실을 생각해야지. 세상이 그리 만만한 게 아니야."

실제로 인생은 책과는 달랐다. 생각만큼 그리 쉽지만은 않다는 것을 온몸으로 체감하게 됐다. 끊임없는 도전과 실패로부터 오는 좌절, 주변으로부터의 비난, 재정적인 문제 등 이 모든 것과 나는 계속 싸워야만 했다. 하지만 나는 절대로 세상에 굴하고 싶지 않았다. 분명히 나는 많은 실패를 했다. 하지만 그게 뭐 어떻단 말인가? 모든 실패 속에는 성공의 씨앗이 숨어 있기 마련이고, 실패로 인해 체득한 교훈은 훗날 내 성장의 훌륭한 밑거름이 될 것이다. 정작 실패한 건 아무것도 시도하지 않은 본인이다.

내가 어렸을 적 즐겨보던 만화가 있다. 바로 〈원피스〉이다. 이 만화는 주인공인 루피가 해적왕의 꿈을 이루기 위해 고향을 떠나 넓은 바다로 모험을 떠나는 내용이다. 루피는 바다에서 수많은 강적들과 만나고 고난과 역경을 맞닥뜨리게 된다. 하지만 포기하지 않고 이를 하나씩 극복해 나가며 자신의 꿈을 이루기 위해 최선을 다하여 살아간다. 이러한 소년 만화의 결말은 '주인공은 모든 고난과 역경을 멋지게 극복하여 꿈을 이루었다'이다. 나는 이것이 삶의 진리라고 생각한다. 우리도 이 세상을 살아가는 인생의 주인공이기 때문이다. 누군가는 진부한 해피엔딩이라 말할 수도 있겠지만, 실제로 이러한 삶을 살아가는 사람이 과연 얼마나 있을까? 이 만화의 작가인 '오다 에이치로'는 많은 독자들이 주인공 루피처럼 자신의 안전영역을 떠나 큰 꿈을 꾸며 세상을 살아가길 바라는 마음에 이 만화를 그리지 않았을까? 바로 이 만화의 진짜 주인공은 바로 당신이라면서 말이다.

인생은 짓궂은 면이 있어서 사람이 편안하려고 하면 오히려 독을 주고, 불편함을 극복하고자 하면 오히려 선물을 준다. 한 사람의 성장과 발전은 바로 개인의 안전영역 밖에서 이루어진다. 고난, 시련, 실패, 역경은 사실 사람을 성장시키는 하늘의 선물이다. 늘 항상 편안하기만 하려고 하는 사람이 있다. 조금이라도 어렵고 불편한 일이라면 무조건 피하려고만 하고, 하기 쉬운 일만 하려는 태도 말이다. 그것이 당장 봤을 땐 편해 보일지도 모르겠지만, 장기적으로 보면 결국 자기 자신을 스스로 죽이는 것과도 다르지 않다. 이것은 부모의 과잉보호 탓이 크다. 자식이 성인이 되어서도 자신을 온전히 책임지지 못하고 부모를 마냥 의지하며 사는 것은 부모의 잘못된 교육방식 때문이다. 자식이 세상이라는 야생에서 살아남기 위해 '먹이를 잡는 법'을 가르쳐주어야 하는데, 단순히 먹이를 잡아서 가져다주기만 하니 자식 스스로 무언가를 성취해낼 능력과 의지를 잃어버리는 것이다. 부모는 언젠가 늙을 것이고 결국 자식을 의지

해야 할 때가 올 텐데 자신 스스로조차 잘 책임지지 못하는 자식이 어떻게 부모를 책임질 수 있을까. 자식을 진정 사랑하는 부모라면 자식이 커서 성인이 된다면 더 넓은 세상으로 보내줘야 할 것이다. 그리고 자식의 앞날을 굳게 믿고 지켜봐줘야 한다. 세상을 향해 부딪히고 도전하고 깨져도 보며 시련을 극복하는 과정 속에 더 큰 사람이 된다. 편안하게만 살려고 하면 인생이 힘들어질 것이고 힘들고 불편한 일도 기꺼이 하려고 하면 인생이 쉬워질 것이다. 그러니 어떠한 힘들고 어려운 일이든 결코 마다하지 말아야 한다. 그런 사람이라야 진정한 세상의 주인이자 리더가 되는 것이다. 물론 새로운 것은 언제나 두렵고 낯설다. 하지만 그 후엔 어떻게 되는가? 점점 익숙해지고 편안해진다. 어느새 불편함은 없어지고 편안함의 지대는 더 넓어져 있을 것이다.

나는 앞으로도 그저 편안함만을 추구하며 살지 않을 것이다. 끊임없이 도전하고 실패도 하면서 성취하는 인생을 살아갈 것이다. 아무런 목적도 없이 그저 현재에 안주하며 오랫동안 사느니, 차라리 원대한 꿈을 꾸며 그것을 이루기 위해 살다가 죽는 쪽을 선택할 것이다. 사람은 단순히 오래 사는 게 중요한 게 아니라 어떻게 사느냐가 더 중요하기 때문이다. 세상은 넓고 할 일도 많다. 자신을 작은 우물 속에 가두고 살지 말아야 한다.

08

혼자 사색하는 시간을 가져라

세상을 둘러보면 사람들이 참 바쁘게 세상을 살고 있다. 새벽 일찍 지하철 첫차를 타더라도 꽤 많은 사람들이 지하철을 타고 있다. 출근길 지하철은 발 디딜 곳 하나 없이 만석이다. 회사에 출근해서도 곧장 업무를 시작하고 퇴근 시간까지 정신없는 하루를 보낸다. 퇴근하고 나면 교통체증에 시달리거나 혹은 직장동료, 친구들과 함께 저녁 식사 겸 술자리를 갖는다.

집에 귀가하면 밤늦은 시간이고 내일을 준비하기 위해 일찍 잠자리에 든다. 우리의 하루는 자신도 모르는 사이에 정신없이 빠르게 지나가 버리곤 한다. 도무지 하루 중 여유라고는 찾아볼 수 없다.

생각해보면 우리는 태어나고부터 한순간도 바쁘지 않았던 적이 없었던 것 같다. 늘 세상은 빠르게 움직이며 나도 그에 발맞춰 따라오게끔 손짓한다. 마치 태어나자마자 어딘가를 향해 움직이고 있는 에스컬레이터를 탄 듯한 기분이다. 다섯 살이 되면 유치원을 간다. 유치원을 졸업하고 나면 당연하게 초등학교를 가야 한다. 초등학교를 졸업하면 중학교를 거쳐 고등학교를 가야 하고 또 고등학교를 졸업한 후엔 꼭 대학에 가야 한다. 대학에 가기만 하면 끝인가? 대학교를 졸업하기도 전에 취직준비를 해야 하고 무사히 회사에 취직하면 이제 결혼 준비를 해야 한다.

이제 결혼에 골인하면 끝난 줄 알았는데 곧 자식을 낳을 준비를 해야 하고 자식을 낳고서도 늙어서까지 몇십 년 동안 자식 뒷바라지를 하며 살아야 한다. 사람들 대부분의 인생은 이러한 범주에서 크게 벗어나지 않는다. 달리 말해 우리의 인생의 목적지는 이미 정해져 있는 것과 다름이 없다는 것이다. 태어나기도 전부터 미리 나를 위해 준비된 시스템이 있고, 우리는 원하든 원하지 않든 그 시스템 속에 잘 적응하며 살아가면 된다. 그것이 한 사람의 인생이다.

가끔은 이런 생각이 들곤 한다. '우리는 무엇 때문에 바쁜 것일까?' 사람들은 늘 바쁘게 살아가지만 정작 무엇 때문에 바쁘게 사는지 아는 사람은 많지 않은 것 같다. '일단 먹고살아야 하니까, 아내랑 결혼도 하고

차도 사려고, 주변 사람들도 다 이렇게 살잖아.' 왠지 대답이 애매모호 하다. 좀 더 본질적인 질문인 '우리는 왜 사는 걸까?'라는 것을 물어보면 사람들은 대답을 회피하거나 꺼려하곤 한다. '그런 거 생각할 시간 없어, 너는 왜 그렇게 피곤하게 사니?'라는 식이다. 내 주위에도 이런 의문을 가진 채 살아가는 사람을 본 적이 없었다. 하지만 나는 이러한 본질적인 질문이야말로, 인생에서 가장 필요한 질문이란 생각이다.

이 질문은 정말 중요할 수도 있다. 왜냐면 대답에 따라 내 인생의 수준이 결정되기 때문이다. 그저 돈 때문에 어쩔 수 없이 살아간다고 말하고 싶진 않을 것이다. 만약 스스로가 명확한 답을 말할 수 없다면, 그것은 지금 자신이 인생을 잘못 살아가고 있다는 말이다. 명확한 답을 알 수 있는 방법이 한 가지 있다. 그것은 바로 혼자만의 시간을 가지는 것이다.

세상에 성공한 사람들은 모두 한 가지의 공통된 특징이 있다. 바로 하루 중 혼자만의 시간을 꼭 가진다는 것이다. 『돈의 속성』의 저자 김승호 회장은 하루 중 산책 시간을 꼭 즐긴다고 한다. 산책 시간을 통해 혼자만의 사색의 시간을 가질 수 있고, 그 시간을 통해 자신의 생각 근육을 단련할 수 있기 때문이라 한다. 또한 빌 게이츠도 1년에 두 번, 한 번에 일주일 동안의 시간을 책을 한 보따리 들고서 자신의 오두막에 들어가 자신만의 사색의 시간을 가진다. 그는 이 '생각 주간'을 자신의 인생에서 무엇보다 중요하게 여긴다. 생각한다는 건 무엇일까? 생각하는 것이 얼마나 중요하면, 저렇게 일부러 혼자만의 시간을 만들 정도일까? 우리가 평소에 하는 생각은 생각이 아닌 것일까? 왜 그들은 혼자만의 시간을 중요하게 여기는 것일까? 그것은 바로 그 시간을 통해서 자신이 인생의 주인으로 거듭날 수 있는 시간이기 때문은 아닐까?

사람들은 모두가 바쁘게 산다. 백수를 제외하곤 이 세상에 아무도 바쁘지 않은 사람들은 없을 것이다. 물론 바쁜 건 좋은 것이다. 그만큼 인생을 열심히 산다는 것이고 바쁘게 살면 돈도 많이 벌 수 있으니까 말이다. 하지만 마냥 바쁘기만 한 것이 과연 좋기만 한 것일까? 사람들은 바쁘기만 하고, 그에 비해 생각보다 사색하는 시간에 대해선 그리 대수롭지 않게 여기곤 한다. 오히려 낭비라고 생각하기도 한다. 하지만 이 사색하는 시간이야말로 하루 중 아니 인생에 있어 가장 중요한 시간 중 하나이다.

이 세상에서 바쁘기로는 둘째가라면 서러운 사람들이 있다. 바로 막노동꾼들이다. 그들은 새벽 일찍부터 남들 일어나기도 전에 일어나 바쁜 일상을 시작하고 누구보다도 열심히 일한다. 하지만 그건 한 나라의 대통령이나 기업의 CEO들도 마찬가지다. 이들 모두 하루를 그 누구보다도 바쁘고 열심히 산다. 하지만 왜 똑같이 바쁘고 열심히 사는데도, 각각 살아가는 인생은 이렇게나 큰 차이가 발생하는 것일까? 그것은 바로 스스로 생각하는 힘. 즉, 사고의 힘에 달려 있다. 단순히 열심히 사는 것만으로는 충분치 않다. 중요한 건 무엇을 위한 열심이냐는 것이다. 한쪽은 단지 하루 먹고살기 위해 목숨 걸고서 열심히 일한다. 하지만 다른 한쪽은 한 나라를 위해 혹은 이 세상에 가치를 창출하기 위해서 일을 한다. 생각의 크기 자체가 다르다. 한쪽은 스스로 생각할 줄 모르지만, 다른 한쪽은 스스로 생각하며 사고의 힘을 기른 사람이다. 그 차이로 인해 인생의 주인과 인생의 노예로 갈리게 됐다. 스티브 잡스, 마크 저커버그, 빌 게이츠, 일론 머스크, 워런 버핏 등 세상 위에 우뚝 서서 세상을 이끌어가는 이들은 무엇보다 혼자만의 사색 시간을 가장 중요하게 여겼다.

사고의 힘이란 이렇게나 중요한 것이다. 이 사고의 힘이 언제 길러질까? 바로 혼자만의 시간을 통해서 가능하다. 우리가 독서를 해야 하는 이유가 여기에 있다. 독서는 끊임없이 우리에게 생각의 재료를 주고, 그 재료를 통해 우리는 사고의 힘을 길러낼 수 있기 때문이다. 이는 우락부락한 근육의 힘과는 비교도 할 수 없을 정도로 엄청난 힘이다. 자신의 인생이 성장하기 위해서 우리는 의도적으로라도 혼자만의 시간을 따로 떼서 만들어두어야 한다. 그리고 그 시간만큼은 무슨 수를 써서라도 꼭 지켜내야만 한다.

혼자만의 시간은 정말 귀하고 소중한 시간이다. 하루 중 우리는 수많은 사람과 만나며 대화를 하지만 정작 자신과의 대화시간은 얼마나 될까? 혼자만의 시간을 통해 우리는 자신의 깊은 내면을 들여다보고, 살아온 인생을 되돌아보기도 하고, 앞으로의 미래를 계획할 수도 있다. 하지만 대부분 사람이 혼자만의 시간을 두려워만 한다. 밖에서 그리 많은 만남을 가지고 와서도 집에 돌아오면 곧장 핸드폰을 붙잡고 여러 사람과 메시지를 주고받거나 SNS를 한다.

왜 그리 혼자 있는 것에 대해 반감을 갖게 된 것일까? 여럿이 있으면 '인싸'지만, 혼자 있으면 '아싸'인 것이 두려운 탓일까? 혹자는 내게 인맥관리도 인생에 있어 중요한 부분이 아니냐고 묻기도 한다. 하지만 나는 이에 전혀 동의하지 않는다. 사실 인맥관리란 말 자체가 말이 안 된다. 가수들이 인맥관리를 잘 해서 팬들이 많은 것은 아니지 않은가? 아름다운 여자에게 많은 남자들이 따르는 것은 인맥관리를 잘해서인가? 사람들은 가치를 보여주면 알아서 따르게 되어 있다. 그러니 그런 소소한 것에 집착하기보다 혼자만의 시간을 가치 있게 여기고 시간을 소중히 활용해야 한다.

우리는 한 마리의 외로운 독수리가 되어야 한다. 외로운 늑대가 되어야 한다. 외로운 사자가 되어야 한다. 외로움에 대해 결코 두려움을 갖지 말라. 혼자 있을 수 없는 사람들은 언제나 양 떼처럼 남들을 따라다니게만 된다. 그래선 스스로가 인생의 주인으로 살아갈 수 없다. 남들이 하는 말이나 군중심리에 떠밀려 평생을 살아가야 한다.

혼자 있을 수 있는 힘이야 말로 가장 강한 힘이다. 군중이 아닌 리더가 되기 위해선 세상의 소음보다 내면의 소리에 좀 더 집중할 수 있어야 한다. 그럼 사람들은 알아서 당신의 진가를 알아보고 따르게 될 것이다. 양 떼들 마냥 몰려다니는 군중이 되어선 안 된다. 그래선 결코 자신이 누구인지 알 수 없다.

성공학의 대가인 나폴레온 힐은 『결국 당신은 이길 것이다』에서 이렇게 말한다.

"가장 중요한 것은 명확하게 사고하는 힘이며, 명확하게 사고하는 자만이 원하는 인생을 살아갈 수 있다."

– 나폴레온 힐, 『결국 당신은 이길 것이다』

명확한 사고를 길러주는 힘은 바로 혼자만의 시간에서 탄생한다. 소음 가득한 세상에서 정상으로 우뚝 서기 위해 반드시 우린 혼자만의 시간을 가져야 할 필요가 있다. 독서도 하고 산책도 하고 영화도 보는 등 그 시간을 누구보다 생산적으로 활용하라. 스스로 생각하지 못하면 앞으로 인생은 평생 원하지도 않는 일만 하며 노예처럼 살게 될 것이다.

어제와 똑같은 내가 싫어서
나를 바꾸기 시작했습니다

CHANGE

5장

인생을 변화시킬
기회는 매일 찾아온다

01

인생을 변화시킬 기회는 매일 찾아온다

나는 〈쇼생크탈출〉이라는 영화를 정말 좋아한다. 지금까지 이 영화만 열 번은 넘게 본 것 같다. 텔레비전 채널을 돌리다가 이 영화가 방영하는 것을 보면 얼마나 반가웠는지 모른다. 〈쇼생크탈출〉은 주인공 앤디 듀프레인이 은행가로서 승승장구하던 와중 아내와 그녀의 정부를 살해했다는 누명을 뒤집어쓰고 '쇼생크'라는 교도소에 수감되면서 벌어지는 이야기를 다룬 작품이다. 앤디는 오랜 시간을 교도소에 수감되어 있으면서도 끝까지 희망을 잃지 않고 자유로운 삶을 꿈꾸었다. 그에게는 '지와타네호(멕시코 지명)'라는 구체적인 목적이 있었기 때문이다.

"희망은 좋은 거죠. 가장 소중한 것이죠. 좋은 것은 절대 사라지지 않아요."

— 영화 〈쇼생크탈출〉

아무런 희망과 목적도 없이 감옥에 길들여진 다른 수감자들과는 달리 그의 행동만은 유난히 특별했다. 그는 간수장에게 죽을 위협을 받으면서도 동료를 위해서 맥주를 주라 하고, 독방에 갇힐 것을 알면서도 교도소에 오페라 음악을 틀었다. 비록 지옥 같은 상황이었지만 그의 생각과 행동은 '희망'만을 지속해서 이야기했다.

쇼생크 교도소는 자유를 빼앗긴 이들이 모인 곳이다. 교도소의 모든 재소자들은 바깥세상을 꿈꾸지만, 정작 가석방이 되어 자유의 몸이 되고 나면 오랫동안 자유가 없는 삶에 길들여진 탓인지 적응하지 못해 자신의 자유를 반납하고 싶어 했다. 가장 오랫동안 교도소의 터줏대감 역할을 해왔던 '브룩스'라는 인물이 있다. 그는 50년의 세월이 흐른 뒤에야 가석방으로 세상 밖으로 나가게 된다. 그러나 바깥세상으로 나가게 된 브룩스는 기뻐하는 대신 오히려 교도소 밖의 세상에 대한 두려움에 떤다. 그에게는 쇼생크라는 세상이 가장 편안하고 안정된 곳이었기 때문이다. 그는 결국 바깥세상을 견디지 못해 스스로 극단적인 선택을 내려 생을 마감하고 만다. 쇼생크는 재소자의 자유를 잠시 빼앗은 것이 아니라 그들의 삶 자체를 아예 감옥으로 바꾸어버린 것이다.

감옥이라는 장소는 수감자들을 감금하고 감시하는 장소이다. 간수들이 사용하는 가장 효과적인 방법은 바로 수감자들의 희망을 꺾어버리는 것이다. 시간이 흘러 모든 일들에 통제를 받고 길들여지고 익숙해지게 되면 수감자들은 스스로 희망을 버리게 되고 간수들의 완벽한 통제를 받아들인다. 지속해서 죄수들에게 굴욕감, 상실감, 좌절감 등을 심어서 그들의 의지를 완전히 꺾어버린다. 바로 삶에 대한 의지인 희망을 없애는 것이다. 새장에 갇혀버린 새는 나는 법을 잊어버리듯 자유를 잃어버린 삶만을 살 수밖에 없게 된다. 자신이 처한 현실과 타협을 하고 안정성을 추구하다가 마침내 길들여져버리는 모습은 한편으로 우리 사회 모습을 반영하는 모습이다. 그러한 절망적인 상황에서도 주인공인 앤디는 비록 육체는 갇혀 있을지언정 삶에 대한 희망과 인간성을 포기하지 않으려 노력했다. 그러한 희망이 결국 앤디를 20년이란 시간 동안 손바닥보다 작은 망치로 사람이 드나들 수 있는 정도의 굴을 파게 하고, 차곡차곡 자신의 비자금을 만들게 하고, 결국 쇼생크라는 감옥에서 탈옥을 하게 만들었다.

나는 늘 주변으로부터 억압받으며 살아왔다. 인생의 모든 선택지에 있어서 지금껏 단 한순간도 '나'는 없었다. 자신의 인생을 살면서도 정작 주인공이 아닌 조연이 되어 살아야만 했고, 자신이 하고 싶은 일을 하며 살기보다도 늘 타인이 원하고 시키는 일을 해야 했다. 어떤 결정을 하든 나는 없었으며 늘 주위 사람들의 눈치를 보고 옳고 그름을 판단했다. 마치 감옥 같은 인생이나 다름없었다. 나에게 가장 큰 고통은 바로 '좋아하는 일이 아닌 싫어하는 일을 하며 사는 것'이었다. 좋아하는 일을 하며 자유로운 인생을 사는 것이야말로 나의 간절한 소원이었다. 더 이상 이런 감옥 같은 인생을 버틸 수 없었다. 할 수만 있다면 당장이라도 뛰쳐나오고만 싶은 심정이었다.

만약 자신이 죄를 짓지도 않았는데도 불구하고 감옥에 갇혀 있다고 생각해보라. 그것도 한평생을 말이다. 너무 억울하고 속은 분노로 차고, 이를 빠득빠득 갈지 않을까? 그런데 현실은 그렇지 않다. 사람들 대부분은 이를 그저 받아들인 채 살아간다. 마치 오랫동안 길들여진 쇼생크의 재소자들처럼 말이다. 사람들은 자신들이 쇼생크에서 살아가고 있다는 사실을 모른다. 그것은 눈에 보이지 않아 알아차리기가 힘들다. 그럼에도 내가 이렇게 말할 수 있는 증거는 사람들 대부분은 하기 싫은 일을 억지로 참아가면서 하고 살고 있다는 것이다. 그것이 과연 쇼생크의 재소자들과 무엇이 다른 것일까? 자신이 좋아서 하는 일도 아니지만 주위를 둘러보니 다들 그렇게 살고 있는 것이다. 결국 자신도 그런 환경에 적응해버리고 말았다.

그렇다면 왜 사람들은 쇼생크에 갇혀버리고 말았을까? 누군가에게 죄를 지은 것도 아닌데 말이다. 그 이유는 다름 아닌 자기 자신에게 죄를 지었기 때문이다. 사람들은 마음먹기에 따라 얼마든지 자신의 한계를 뛰어넘어 거인이 될 수 있음에도 불구하고 자신을 계발하길 포기하며 현재에 안주하고 말았다. 자신 안에 잠재된 무한한 가능성을 사장시켜버리고 자신의 한계를 정해버렸다. '나는 이제 여기까지다.'라며 말이다. 그것은 자기 자신에 대한 큰 죄가 된다. 그래서 그 대가를 받게 됐다. 그 대가는 평생 자신이 좋아하는 일이 아닌 자신이 싫어하는 일을 하며 살아야 하는 형벌이다. 하루하루 하기 싫은 일을 하며 고통 속에 살게 된 것이다.

그럼에도 사람들은 왜 변화하려 하지 않는 걸까? 바로 두려움 때문이다. 쇼생크의 재소자들처럼 현재 처한 환경에 너무도 길들여진 나머지 새로운 환경에 대해 거부감이 생기고 만 것이다. 바로 '회사 밖은 지옥'이라는 두려움 가운데 살아가고 있는 것이다. 하지만 퇴사를 한 내가 겪은 바깥세상은 오히려 자유로운 세상이었다. 내가 좋아하는 일을 하며 살 수 있기에 하루하루가 행복했다. 정작 하기도 싫은 일에 얽매여서 지옥 속에 살아가고 있는 것은 그렇게 말하는 본인들이 아닐까. 안타까운 사실은 이러한 진실을 깨닫는 이는 극소수에 불과하다는 것이다.

나는 성공한 부자가 되고 싶다. 지식을 많이 쌓아서 똑똑해지고 싶다. 높은 고층 아파트에서도 살아보고 싶다. 한 번도 못 가본 해외여행도 1년에 네 번씩 마음껏 가보고 싶고 멋진 스포츠카도 타보고 싶다. 내가 좋아하는 일을 하며 행복을 만끽하는 자유로운 인생을 살고 싶다. 그래서 나는 도무지 현실에 안주할 수가 없었다. 나에게는 도착해야 할 목적지가 존재했기 때문이다. 하지만 내가 다닌 회사에서는 이런 나를 정신 나간 사람 취급 했다. 회사 밖은 지옥이라고 어떻게 사람이 좋아하는 것만 하며 살 수 있겠냐며 퇴사하고자 하는 나를 기를 쓰고 막았다. 희망과 꿈을 이야기하는 나를 미친 사람 취급했다. 하지만 나는 지금 그런 인생을 살고 있다. 이렇게 책을 쓰면서 내가 좋아하는 일도 하고 돈을 벌게 됐다. 과거의 나에게 일이란 '하기 싫지만 어쩔 수 없이 억지로 해야 하는 것'이었지만 지금의 나는 진심으로 나의 일을 사랑하고 있다. 평생 일하며 살고 싶다. 나는 내가 좋아하는 일을 찾았고 그것을 직업으로 연결했을 뿐이다. 그 결과 평생 내가 좋아하는 일을 하며 살 수 있게 되었다.

사람들 대부분은 감옥에 순응하며 살아간다. 좋아하는 일을 하며 사는 것은 사치라며 말이다. 그것은 금수저처럼 선택받은 소수만이 가능한 삶이라고 말한다. 하지만 단언컨대 누구나 가능하다. 그저 자신이 좋아하는 일을 찾고 그것을 꾸준히 계발하면 된다. 좋아하는 일을 꾸준히 하다 보면 결국 잘할 수밖에 없다. 그리고 그것을 일로 연결시키면 된다. 그러면 나처럼 평생 좋아하는 일을 하고 돈을 벌며 살 수 있다. 이런 삶이 지옥인가? 아니면 천국인가? 혹시 당신도 억지로 하기 싫은 일을 하며 살고 있는가? 삶의 의미를 찾지 못해 방황하고 있는가? 그렇다면 좋아하는 일을 먼저 찾아라. 그리고 그것을 최선을 다해 연구하고 계발하라. 그러면 평생 좋아하는 일을 하며 살 수 있다.

나는 누구보다도 인생을 변화시키고자 하는 마음이 간절한 사람이었다. 감옥 같은 회사를 빠져나오고 반드시 성공하리라 아무도 모르게 이를 빠득빠득 갈고 있었다. 그러한 희망을 간절히 붙잡고 살았다. 그렇게 살다 보니 시간이 흘러 원하는 인생을 쟁취할 수 있었다. 비단 앤디가 갇힌 감옥 뿐 아니라 우리의 삶에서도 목적과 희망은 반드시 필요하다. 그렇지 않으면 평생 감옥에 갇힌 신세를 면치 못한다. 억지로 '살아지는 삶'이 아닌 '살아가는 삶'을 살고자 하면, 인생에 대한 목적과 희망이 절로 생기게 된다. 그 희망을 향해 돌진하라. 그러면 우리의 삶은 훨씬 가치 있고 의미 있는 시간들로 채워지게 된다. 더 이상 자신의 가능성을 사장시키지 마라. 현재 내가 현재 처한 상황이 어떻든 그것은 아무런 상관도 없다. 중요한 건 희망을 잃지 않는 것이다. 자유는 선택이다. 그리고 그것은 순전히 본인의 몫이다.

02

행동하지 않으면 아무것도 변하지 않는다

『부의 추월차선』의 저자인 엠제이 드마코. 그는 30대의 젊은 나이임에도 불구하고 람보르기니 슈퍼카를 타고 경제적 자유를 이룬 부자가 되었다. 그는 독자들에게 조금이라도 젊을 때, 인생을 즐길 수 있을 때 부자가 되어야 한다고 주장한다. 그는 도대체 어떻게 그런 특별한 인생을 살수 있었던 것일까? 그저 운이 좋았던 덕분일까? 열심히 노력하기만 하면 우리도 그런 부자가 될 수 있는 것일까? 그의 두 번째 저서이자 마지막 저서인 『부의 추월차선 완결판 언스크립티드』를 보면 이런 내용이 있다.

20년 전, 그는 대학을 졸업한 지 4년이 지난 스물여섯 살의 청년으로, 시카고에서 운전사로 일하고 있었다. 하루에 12시간 동안 교통정체를 뚫고 운전해야 했다. 어느 날 마지막 손님을 내려주고 집으로 가는 길에 눈보라가 몰아쳤다. 시야는 확보되지 않고 도로가 꽉 막혀 있었다. 그는 차를 길가에 세우고 절망했다. 부끄러움과 불안함이 몰려왔다. 경영학 학위는 아무짝에도 쓸모없는 것처럼 느껴졌고, 좋은 학점이나 1년 조기졸업도 무용지물 같았다. 그의 직업에는 희망이란 없어보였다. 겨우 매달 날아오는 청구서를 막아줄 만큼만 벌고 있었다. 그 순간 그는 생각했다.

"나의 인생은 탈선한 기차이고 나는 거울 속의 패배자에게 신물이 났다고. 나는 새벽 네 시에 울리는 알람시계에 욕을 퍼붓는 일도 이제는 그만두고 싶다고. 술 취한 청년들과 버릇없는 양아치들과 심드렁한 기업 중역들에게 운전수 노릇을 해주는 것도 지긋지긋하다고. 추운 겨울 날씨와 습한 여름 날씨를 견디면서 교통체증 속에서 내 인생이 좀먹어 들어가는 것을 보는 일이 이제 진력이 난다고. 그리고 그때 나는 내 인생을 끝내겠다고 생각했다. 그 순간 모든 것이 변했다. 무언가가 변해야 할 필요가 있었고, 그 무언가는 바로 나 자신이었다."

　　　　　　　　　　　　　　　- 엠제이 드마코, 『부의 추월차선 완결판 언스크립티드』

엠제이 드마코는 누구보다 초라한 밑바닥 인생을 살았던 사람이었다. 그는 어느 눈보라가 심하게 치던 날 초라한 자신의 모습에 분노하여 대오각성하는 경험을 하게 된다. 지금까지의 인생의 결과는 모두 자신의 선택이었음을 깨닫게 된 것이다. 그 순간 이후로 그는 이제까지와 전혀 다른 인생을 살기로 결심한다. 지금이야 멋진 부자의 모습이지만 사실 오늘의 그가 있기까지 수많은 고통의 과정이 동반된 것이다. 고통은 피하고 싶을 만큼 괴로운 것이지만 아이러니하게도 오늘날 그를 만든 것은 다름 아닌 고통이었다.

모든 소년만화에는 항상 분노라는 트리거가 작용한다. 만화 〈드래곤볼〉의 주인공인 손오공은 자신의 절친한 친구인 크리링이 악당 프리저로 인해 죽음을 맞게 되자 초사이언으로 각성을 하게 된다. 그리고 그 이전과는 비교할 수 없을 정도로 어마어마한 힘을 가지게 되어 단숨에 악당 프리저를 쓰러뜨린다. 분노의 힘은 이처럼 엄청나다. 한 사람을 이전과는 완전히 다른 사람으로 만들어버린 것이다. 나는 인생도 이와 마찬가지라고 생각한다. 모든 사람들은 변화된 인생을 꿈꾸지만 그것을 행동으로 옮기는 경우는 극소수이다. 대부분이 어제와 같은 오늘, 오늘과 같은 내일을 살아간다. 그 이유는 무엇일까? 그것은 아직 덜 아프기 때문이다. 인생을 바꾸고 싶을 만큼 간절하지 않고 아직 자신의 인생에 분노할 만큼은 아니기 때문이다. 그러니 인생을 변화시키고자 하는 '바람'은 있어도 그것을 행동으로 옮기지 못하는 것이다. 사실 웬만해서는 사람은 잘 변하지 않는다. 오죽하면 '사람 고쳐 쓰는 것 아니다.'라는 말도 있을 정도니 말이다. 하지만 나는 장담할 수 있다. 누구나 자신의 인생에 분노하게 되는 순간이 온다면 그 이후로 지금까지와는 전혀 다른 인생을 살게 될 것이란 사실을 말이다.

나도 대오각성의 순간이 있었다. 그때가 내 인생의 전환점이자 터닝포인트가 되어 오늘에까지 이르게 되었다. 나는 지금까지 늘 착한 아이로만 살았다. 부모님 말씀 잘 듣고 선생님 말씀 잘 듣고 형 누나 말 잘 듣는 착한 아이 말이다. 그것이 나쁘다는 말이 아니다. 문제는 그중 단 한순간도 '나'는 없었다는 것이다. 주변 사람들에게 언제나 착한 아이로 비춰 지고 싶었던 걸까? 늘 남이 시키는 대로만 하라는 대로만 행동했다. 하기 싫은 것도 제대로 거절하지도 못했다. 그것이 습관이 되다 보니 인생에 그 어떤 선택도 스스로 결정을 내려본 적이 없었다. 본인 인생의 방향조차 제대로 잡지 못했다. 그렇게 방황 속에 평생을 살았던 것 같다.

그러다 어느 순간 깨닫게 된 것이다. 지금껏 한 번도 나의 인생을 살았던 적이 없었다는 것을 말이다. 그 사실이 나를 분노하게 했다. 그리고 더 이상 착한 사람이 아닌 강한 사람이 되어야겠다고 결심하게 됐다. 나는 당당히 말할 수 있다. 인생에 큰 변화를 겪기 위해선 고통과 분노가 필요하다는 것을 말이다. 그 덕분에 나는 한층 더 성장할 수 있다. 간절하게 자신을 바꾸고자 노력했다.

나는 깨달을 수 있었다. 사실 고통은 좋은 것이란 것을 말이다. 만약 고통이 없었더라면 내 인생은 영영 그대로였을 것이기 때문이다. 그래서 나는 과거의 경험에 대해 진심으로 감사하고 있다. 만약 고통받는 당시 상황만을 바라본다면 사람은 모두 좌절할 수밖에 없을 것이다.

그러니 그 고통이 나에게 가져다줄 미래를 바라봐야 한다. 산모가 극한의 고통을 참을 수 있는 것은 새로운 생명이 탄생할 것이라는 희망이 있기 때문이다. 성형수술의 고통을 참을 수 있는 것은 아름다운 외모가 탄생할 것이라는 희망이 있기 때문이다. 피땀 흘려 운동할 수 있는 것은 멋진 근육질 몸매가 탄생할 것이라는 희망이 있기 때문이다. 아놀드 슈 왈제네거는 펌핑 아이언 시절 매일 5~6시간씩 헬스장에서 훈련을 했다고 한다. 그렇지만 그는 미소를 잃지 않았다. 그런 그에게 사람들이 물은 것이다.

"당신은 그렇게 많은 시간 운동을 하면서도 어떻게 얼굴에 웃음기가 사라지지 않는 거죠?"

그는 대답했다.

"목표를 위해 달려나가고 있기 때문입니다."
그는 극한의 훈련 속에서도 늘 미스터 유니버스 타이틀을 얻은 자신의 모습을 보았다고 한다. 반복된 세트 수가 자신을 챔피언으로 만들어줄 것을 알고 있었던 것이다. 셰익스피어는 말했다.

"힘들 때 우는 건 삼류다. 힘들 때 참는 건 이류다. 힘들 때 웃는 자가 일류다."

그러니 우리도 힘든 일이 닥쳐오면 불평하지 말고 오히려 감사하게 여겨야 한다. 그리고 활짝 웃어야 한다. 그것이 자신을 더 큰 사람으로 만들어줄 것이기 때문이다.

무엇이든지 쉽게만 얻으려는 사람이 있다. 로또나 비트코인으로 인생 역전을 노리는 사람들 말이다. 하지만 뭐든지 대가 없이 이룬 결과는 금새 무너져내리고 만다. 로또 당첨자 중 대부분이 금세 파산해버리는 이유이다. 그러니 그런 것을 부러워해선 안 된다. 고통 없이 얻은 대가는 재앙과도 같다. 니체는 '나를 죽이지 못한 모든 시련은 나를 한층 더 강하게 만든다.'라고 말했다. 행동하는 건 분명 귀찮고 힘든 일이다. 하지만 그럼에도 한 걸음씩 나아가는 연습을 해보자. 잠자는 당신의 인생을 분노로 깨워야 한다. 그러면 앞으로의 인생은 분명 달라지게 될 것이다. 어제보다 더 나아간 그 한 걸음이 더 발전된 나를 만들어줄 것이다. 사람들은 시련이 클수록 축복도 크다는 것을 모른다. 시련은 사실 변형된 축복이다. 자신의 작은 그릇을 크게 키워가는 하늘의 방식인 것이다. 그러니 오히려 시련이 올수록 감사히 여겨야 한다. 실패한 사람이 실패한 인생이 아니라 아무것도 하지 않는 사람이 실패한 인생을 사는 것이다.

꿈보다 강력한 힘은 없다

사람들은 말하는 대로 꿈이 이루어진다는 것을 믿을까? 나 역시 쉽게 믿지 못하고 그것을 의심하던 때가 있었다. 말하는 대로 뭐든 다 이루어진다면 누군들 다 꿈을 이루며 살지 않겠냐고 말이다. 하지만 지금의 나는 확신하고 있다. 사람은 누구나 자신이 꿈꾸는 삶을 살 수 있다는 것을 말이다. 사람들이 꿈을 이루길 포기하며 사는 이유는 자신이 먼저 꿈을 포기했기 때문이다. 꿈은 언제나 우리에게 손을 내밀지만 사람들이 먼저 그 손을 뿌리치곤 한다.

씨를 심는다고 하여 곧장 열매가 자라나는 것은 아니다. 계속해서 물을 주고 햇볕을 쬐어주며 오랜 시간을 가꾸어주어야 한다. 하지만 많은 사람들이 씨를 심고 얼마 지나지 않아서 '역시 불가능한가 봐, 역시 세상은 불공평해.'라며 씨를 심은 흙을 파내고 만다. 인간은 자연의 일부이며 자연의 법칙 속에 살아간다. 그러니 원하는 꿈과 목표가 있다면 조급하게 결과를 내려 하지 말고 인내할 수도 있어야 한다.

나에겐 작가가 되고 싶은 꿈이 있었다. 그래서 내가 사용한 방법은 그 꿈을 아예 머릿속에 심어버린 것이다. 형이상학자인 네빌 고다드는 이렇게 말했다.

"우리가 의식적으로 상상을 통제해 내면의 대화를 이루어진 모습으로 바꾼다면 비로소 앞으로 나아갈 수 있습니다. 하지만 우리는 우리의 내면의 대화를 이렇게 완벽하게 바꾸지 못하기 때문에 결과가 확실해질 수 있음에도 불구하고 불완전한 상태에 놓이게 됩니다. 소망이 이루어진 상태를 계속 유지하는 것이 그것을 실현하는 방법입니다. 내면의 대화를 소망이 이루어진 상태와 일치시키고 통제한다면 다른 과정들은 필요하지 않습니다. 그런 후에 우리는 그저 명확한 상상과 의지에 따라 움직입니다. 소망이 이루어졌다고 상상하고, 소망이 이루어졌다는 전제 아래 정신적인 대화를 나누십시오."

그의 말대로 아침, 저녁으로 늘 내가 꿈을 이룬 모습을 상상했다. 잠들

어제와 똑같은 내가 싫어서 나를 바꾸기 시작했습니다

기 전에도 그냥 잠자리에 들지 않고 30분 전부터 내가 꿈을 이룬 모습을 상상하며 잠이 들었다. 이 방법이 효과가 있을지는 몰랐지만 그냥 시키는 대로 했다. 알고 보니 이 방법은 인간 내부의 잠재의식을 자극하는 데 아주 강력한 효과가 있던 방법이었다.

또 나는 나만의 꿈의 지도인 비전 보드를 만들었다. 비전 보드를 만들게 된 계기는 보도 섀퍼의 『돈』이라는 책을 읽고 난 후였다. 그는 이렇게 말했다.

"부자가 되고 싶다면 자신의 잠재의식과 동맹을 맺어야 한다. 잠재의식은 숫자나 글자에 반응하는 것이 아니라 그림에 반응하기 때문이다."

이전까지는 내가 원하는 목표를 글자로 종이에 써서 벽에 붙여두기만 했다. 그런데 이 책에서 말해준 대로 내가 원하는 그림을 벽에 붙인 이후부터는 점점 인생이 변화하기 시작했다. 방향성이 더욱 바로잡히고 온종일 목표를 이루기 위한 행동만을 하기 시작했다.

나는 나폴레온 힐의 책을 좋아한다. 그의 책을 읽고 내 삶에 정말 많은 부분들이 변화를 겪었기 때문이다. 특히 그의 책에 나와 있는 '소망 달성을 위한 6가지 원칙'에 깊은 감명을 받았다. 『놓치고 싶지 않은 나의 꿈

나의 인생1』에는 이러한 소망 달성을 위한 6가지 원칙이 공개되다. 강철왕 카네기 또한 이 방법이 자신을 성공한 부자의 길로 이끌어주었다고 한다. 나는 의심 없이 즉각 이 방법을 실행해보았다.

그 내용은 이러하다.

"1. 당신이 바라는 돈의 금액을 명확히 한다. 단순히 많은 돈을 벌고 싶다는 생각으로는 안 된다.

2. 당신이 원하는 만큼 돈을 얻기 위해 당신은 무엇을 할 것인가를 결정한다. 이 세상에는 대가 없는 보답이란 존재하지 않는다.

3. 소망을 달성하는 기일을 정한다.

4. 돈을 얻기 위한 계획을 철저하게 세우고 설령 그 준비가 덜 되었더라도 상관하지 말고 즉시 행동에 들어간다.

5. 지금까지의 4가지 원칙, 얻고 싶은 돈의 금액, 그러기 위해 할 일, 기일, 철저한 계획을 종이에 상세히 적는다.

6. 이 종이에 적은 선언을 1일 2회 잠자리에 들기 직전과 아침에 일어난 즉시 되도록 큰 소리로 읽는다. 이때 당신은 이미 그 돈을 가졌다고 생각하여 그렇게 믿어버리는 것이 중요하다."

나는 나만의 사명선언문을 만들었다. 그리고 아침, 저녁으로 1회씩 읽었다. 나는 그렇게 꿈과 목표를 아예 머리에 심어버렸다. 표현하자면, 마치 이루어진 꿈에 세뇌당해 살아가는 사람이나 다름없었다. 지금 생각해보면 책을 읽기 시작한 것은 신의 한수였다고 생각한다. 세상에는 이미 성공에 관한 수많은 방법들이 공개되고 그것을 책을 통해 알 수 있었기 때문이다. 책을 읽고 그 내용을 실제로 행동으로 옮겼더니 정말 인생이 변하기 시작한 것이다. 만약 책을 읽지 않았다면 내 인생은 지금까지도 그대로였을 것이다.

하늘은 스스로 돕는 자를 돕는다고 하였을까. 내 꿈들이 하나하나씩 이루어지기 시작한 것이다. 점점 기회가 생기고, 길이 보이고 상황이 하나씩 만들어지기 시작했다. 1년 안에, 내 생애 처음 축가도 불러보고 바디프로필도 찍어보고 여자친구도 사귀어보고 작가의 꿈도 이루었다.

그 외에도 많은 목표들을 이루어냈다. 나는 지금도 이 방법을 통해 많은 것들을 이루어내고 있다. 1년 전의 나, 아니 한 달 전의 내 모습과 비교해보아도 확연히 차이가 날 정도이다. 그러니 당신도 꼭 원하는 꿈과 목표가 있다면 이 방법을 실행해봤으면 좋겠다.

나는 이 세상에는 보이지 않는 악마가 존재한다고 생각한다. 그 악마는 바로 사람들이 원하는 인생을 살지 못하게 만드는 '부정적인 사고'이다. 사람을 스스로 생각하지 못하게 하고 인생에 명확한 목적을 찾지 못해 방황하게 하고 능력 이상의 힘을 발휘할 수 없게 만드는 악마 말이다.

만약 누구든지 인생에 명확한 목표가 없다면 이 악마에게 지배당하게 될 것이다. 이 악마의 목표는 사람들을 두려움에 떨게 만들고 가난하게 만들며 질병에 걸리게 하는 것이 목표이다. 그래서 사람들에게 끊임없이 부정적인 생각들을 주입한다. '아냐 이건 위험해, 실패하면 어쩌지?, 내 인생이 그렇지 뭐.'라고 말이다.

하지만 이러한 악마의 손아귀에서 벗어날 방법이 있다.

첫째, 긍정적인 사고방식을 가져야 한다.

나폴레온 힐은 이렇게 말했다.

"성공을 손에 넣기 위해 필요한 것은 단 한 가지, '긍정적인 사고방식'이다."

이 책에 소개한 것은 이 긍정적인 사고방식을 만들어내기 위한 능력을 개발하는 방법이다. 그의 말처럼 긍정적인 사고방식은 매우 중요한 성공학의 핵심이기도 하다. 똑같은 상황이 주어져도 한 사람은 쉽게 좌절하고 포기하는 반면 다른 한 사람은 일종의 시련이라고 생각하며 끝까지 해내고 만다. 긍정적인 사고방식을 가진 사람들은 난관에 부딪혀도 '어떻게 하면 문제를 해결할 수 있을까?'라며 이것저것 시도하며 방법을 찾고 절대 포기하지 않는다. 그들은 실패가 포기와는 아무 상관이 없다는 사실을 알고 있는 것이다. 실제로 세상에 불가능한 일은 없다. 단지 방법을 찾지 못하는 것뿐인데 말이다. 만약 방법을 구할 수 없다면 타인의 지혜를 활용하면 된다. 이렇듯 긍정적인 사고는 안 되던 일도 가능하게 만들어주지만, 부정적인 사고는 되던 일들도 되지 않게 만들어버린다.

둘째, 명확한 목표가 있어야 한다.

사람들은 인생에 명확한 목표를 설정하지 않기에 자신의 에너지를 낭비하며 이것저것 생각하느라 주의력이 분산된다. 그 결과 우유부단함과 무력함으로 인해 힘이 모아지지 않는다. 우리에게 필요한 건 집중이다. 돋보기의 경우만 보더라도 조직화된 노력의 가치를 충분히 깨달을 수 있다. 돋보기를 통해 햇빛을 확실하게 한 점으로 집중시키면 두꺼운 판자에도 구멍을 낼 수 있다. 돋보기를 치우면 똑같은 광선이 똑같은 판자 위에 내리쪼인다 하더라도 연기는 한 줄기도 나지 않을 것이다. 그러니 우리는 명확한 목표를 설정하고 그것을 이루기 위해 온힘을 한 데 모아야만 한다.

셋째 실천한다.

단순히 소망을 가지고 있는 것과 그 소망을 이루고자 하는 것은 엄청난 차이가 있다. 아무리 훌륭한 계획을 세웠더라도 실천에 옮기지 않으면 소용이 없다. 누구에게나 아이디어는 존재한다. 하지만 길을 아는 것과 길을 걷는 것은 다른 것이다. 꿈과 목표를 현실로 만들어내는 건 다름 아닌 오늘 내가 하는 행동이다. 완벽한 타이밍만을 기다려선 안 된다. 세상에 완벽한 때란 없기 때문이다. 완벽한 때를 기다리지 말고 실행하는 과정에서 완벽을 만들어가야 한다.

사람들은 대개 꿈을 이루려는 사람을 보면 회의적인 입장을 갖곤 한다. 왜냐면 본인들이 가진 에너지와는 다른 에너지를 가진 존재임을 느끼기 때문이다. 꿈이 없는 사람은 사실 죽은 인생과 같다. 그들에게는 '종결'이라는 묘비가 세워져 있다. 살아는 있으나 죽은 좀비나 다름없다. 그래서 꿈을 향해 나아가는 사람들을 '그건 불가능해, 현실적으로 생각해.'라며 입으로 틀어막고 어떻게든 자신들이 있는 곳으로 끌어내리려 하는 것이다. 자신과 별 다를 바 없어 보이는 사람이 꿈을 이루는 것을 보는 것만큼 괴로운 것이 없는 것이다. 만약 주변으로부터 유별난 놈, 미친놈 소리를 듣고 있다면 잘 하고 있는 것이다. 단언컨대 당신이 옳다. 꿈에 미치지 않으면 그 꿈을 이룰 수 없는 것이다. 그러니 당신에게 꿈이 있다면 제발 꿈을 버리지 마라. 꿈을 이루느냐 이루지 못하느냐는 그것을 끝까지 손에 쥐고 있느냐의 차이일 뿐이다. 나 역시 작가가 되고자 하는 길에 수많은 시련과 맞닥뜨리며 좌절을 겪어야 했다. 하지만 시련에 굴하지 않고 목표 달성만을 바라며 꾸준히 나아갔다. 그 결과 꿈을 이룰 수 있었다. 이 세상에 꿈보다 강력한 힘은 없다.

04

도전하는 삶은 아름답다

오스트레일리아의 한 요양원에 말기 환자들을 돌보던 간병인이 있었다. 그녀의 이름은 부로니 웨어이다. 그녀는 수년간 말기 환자 병동에서 일하며 죽음의 문턱에 놓인 이들의 이야기를 수시로 기록했다. 그녀는 환자들이 임종 직전 깨달은 내용을 자신의 블로그에 공유하며 많은 이들의 공감을 얻었고 그것을 『내가 원하는 삶을 살았더라면』이라는 제목의 책으로 펴내기도 했다. 그 책에는 '사람들이 죽을 때 가장 후회하는 5가지'의 내용들이 있다. 그 내용은 이렇다.

첫째, 자신이 원하는 삶을 살지 못했다는 것이다. 이들은 모두 다른 사람의 시선과 기대에 맞춰 삶을 살았던 것을 공통적으로 후회했다고 한다. 남을 의식하는 바람에 결국 이루지 못했던 진짜 자신의 꿈을 말이다. 환자들 대부분이 그때까지도 자신이 하고 싶은 일과 진짜 꿈이 무엇인지조차 깨닫지 못했다고 말했다.

둘째, 일을 너무 열심히 한 것이다. 대부분 남성 환자들이 이러한 후회를 했다고 한다. 이들은 직장 생활 때문에 아내와 자녀들과 따뜻한 가정 생활을 하지 못한 것을 후회하고 안타까워했다고 한다.

셋째, 자신의 감정 표현에 솔직하지 못한 것이다. 많은 환자가 원만한 사회생활을 위해 자신의 목소리를 내지 못한 과거를 후회했다. 웨어는 자신의 감정을 숨긴 결과로 생겨난 억울함이 오히려 환자의 증세를 키운 경우가 많았다고 말을 덧붙이기도 했다.

넷째, 옛 친구들의 소중함이다. 바쁜 일상 속에서 오랜 친구들과 꾸준한 연락을 유지하는 건 분명 힘든 일이다. 죽음을 앞두고서야 오랜 친구들이 보고파서 뒤늦게 연락을 시도했지만 그들의 연락처조차 알 수 없어 절망스러워 했다고 한다.

다섯째. 자신의 행복을 위해 노력하지 못했다는 것이다. 많은 이들이 행복이란 자기 자신이 만드는 것이라는 사실을 너무 늦게 깨달았다고 한다. 오래된 습관과 패턴에 머물러 변화를 시도하지 못하고, 자신의 행복을 위해 노력하지 못한 것을 자책했다고 한다. 그녀는 마지막으로 조언했다.

"인생은 선택이며 인생은 당신의 것입니다. 의식적이고 현명하며 솔직하게 당신의 인생을 선택하십시오. 행복을 선택하십시오."

우리가 살아가는 삶이 팍팍한 탓일까? 많은 사람들이 현실적인 이유들로 인해 진정 가치 있는 삶을 살아가는 것을 애써 외면하곤 한다. 하루하루를 살아나가기 급급한 나머지 이 세상은 점점 '살아가는 삶'이 아닌 '살아지는 삶'을 사는 사람들이 많아졌다.

이 세상에 진정 자신이 가치 있는 삶을 살고 있다고 당당하게 말할 수 있는 사람이 과연 몇이나 될까? 사람들은 왜 도전하기를 꺼려하는 것일까? 실패했다고 해서 실패한 인생도 아닐뿐더러 중요한 건 '도전' 그 자체일 텐데 말이다. 내가 작가가 된 것은 비단 개인적인 이유 때문만은 아니었다. 나는 늘 혼자서 생각했다. 사람들에게 무언가 메시지를 전하고 싶다고 말이다. 분명 맞는 말이지만 모두가 애써 외면하는 그 메시지. 하지만 내가 하는 말이 비록 맞을지라도 그것이 온전한 효과를 발휘하기 위해선 내가 직접 작가가 되어 몸소 증명할 필요가 있었다. 그러한 바람이 나를 작가의 길로 이끈 것 같다.

과거에 나는 '인생은 아무리 발버둥 쳐도 결국 정해져 있는 것'이라는 잘못된 믿음에 갇혀 살았다. 아무리 발버둥 치더라도 절대 벗어날 수 없는 것. 바로 운명이라는 이름의 감옥 말이다. 하지만 이러한 속박에서 나를 벗어나게 해준 것은 바로 책이었다. 책은 나에게 새로운 세상이 있다는 희망을 알게 해주었다. 또한 머리로만이 아닌 직접 그 세상을 살아보게끔 나를 인도해주었다. 머리가 아닌 가슴이 느끼는 삶을 말이다. 그 이후로 나의 도전은 시작되었다.

스티브 잡스는 17세 때 자신의 인생을 바꾸어 준 일생일대의 문장을 만났다고 한다. 그것은 바로 '오늘이 내 인생의 마지막 날이라면, 나는 지금부터 하려는 바로 이 일을 할 것인가?'라는 말이다. 스티브 잡스는 진정 의미 있고 가치 있는 삶에 대해 깨달은 사람이었다. 또한 그는 2004년 췌장암 진단을 받고 종양 제거 수술을 받았다. 1년 뒤 그는 스탠퍼드 대학 졸업식 연설에서 '곧 죽을 것이란 사실을 기억하는 것, 이것이야말로 무엇인가 잃을 수도 있다는 두려움에 빠지지 않도록 해주는 내가 아는 최고의 방법'이라고 말했다. 그의 말처럼 우리는 언젠가 죽는다. 그러니 꼭 끝을 기억하고 살아가야 한다. 후회하지 않는 인생이란 없다. 하지만 끝을 기억하고 살아간다면 적어도 후회를 줄여나갈 수는 있을 것이다. 사람은 죽을 때가 다 되어서야 자신에 대해 깨닫는다고 한다. 당신의 삶의 최종 목적지는 무엇인가? 당신이 생각하는 자신의 최종 모습은 무엇인가? 인생은 늘 끝에서부터 생각하고 그것을 지금부터 시작해나가야 한다.

그저 편한 직장에 눌러앉을 수도 있었다. 하지만 내 인생의 끝을 생각해보니 평생 지금처럼 살고 싶은 생각이 들진 않았다. 나는 안정적인 삶이 아닌 가치 있는 삶을 살고 싶었다. 꿈을 꾸고 도전하는 삶을 말이다. 그래서 언제까지고 직장 생활에만 목을 맨 채 살 수만은 없었다. 어느덧 3년차 직장 생활을 때려치우고 내가 원하는 삶을 살기로 했다. 자신에게 맞는 직장을 찾고 가치 있는 삶을 살아가는 사람들도 있겠지만 사실 대부분의 직장인은 돈 문제 때문임을 잘 알고 있다. 나는 대부분의 직장생활은 모두 아르바이트와 같다고 생각한다. 진짜 자신의 천직을 찾기까지 잠깐 겪게 되는 아르바이트 말이다. 모든 사람에게는 자신이 바라고 원하는 일이 있고 그것이 바로 그 사람의 인생 끝에서의 모습이다. 그러니 자신의 이상향을 찾아가고자 나아가는 걸음을 절대 멈추지 말아야 한다.

인생은 결국 자기 자신을 찾아나가는 여정이기 때문이다. 나는 나와 같은 많은 청춘들에게 '자신의 삶을 살라.'라는 말을 해주고 싶다. 상황과 여건에 의해 피치 못할 어려움에 처해 있는 사람들도 분명 있을 것이다.

하지만 그렇다고 해서 평생 그곳에 얽매여 살 수만은 없는 게 아닌가? 주어진 환경을 극복하는 것 또한 본인의 능력이고 숙제이다. 더는 돈, 부모님 때문이 아닌 진정 자신이 원하고 바라는 인생을 살아야 한다.

도전하는 삶은 정말 아름답다. 나는 인생에 수많은 도전을 통해 돈과는 바꿀 수 없는 수많은 값진 경험을 할 수 있었다. 컴퓨터 앞에 앉아만 있으며 세상 모든 것을 알고 있다고 자만하던 때와는 달리, 직접 몸으로 부딪혀가며 하나하나씩 인생을 배우고 깨우쳐 갔다. 그래서 나의 20대는 돈으로도 바꿀 수 없을 만큼 정말 소중하다. 안주하는 삶이 아닌 도전하는 삶을 살기로 했다. 그 이후 나의 삶은 매 순간 도전을 통해 크게 성장했다. 누군가는 내게 이렇게 묻곤 한다. "굳이 그렇게까지 해야겠어? 너무 열심히 사는 것도 독이야."라고 말이다. 알고 보니 도전의 가장 큰 적은 도전하지 않고 경험하지 않은 자들의 조언이었다. 앞에서 나는 인생이 변화하기 위해서는 안전지대를 뛰쳐나와야 한다는 말을 했다. 나를 발전하지 못하게 막는 것이 바로 이 안전지대에 있는 사람들이었기 때문이다. 안전지대를 떠나야 한다는 말은 비단 장소를 옮기는 것만이 아닌 지금까지 내가 겪은 환경을 완전히 정리하고 벗어나야 한다는 말이다. '내 주변 사람 다섯 명의 평균이 나'라는 말처럼 주위에 끊임없이 새로운 변화를 주지 않으면 사람은 변화할 수 없고 성장할 수 없다.

나는 초등학교 친구는 초등학교 때까지, 중학교 친구는 중학교 때까지, 고등학교 친구는 고등학교 때까지, 대학교 친구는 대학교 때까지, 회사 동료는 회사 다닐 때까지만 만나면 충분하다고 생각한다. 관계를 끊어버리라는 말이 아니다. 1년에 한두 번 동창회나 결혼식 때 만나는 정도면 충분하단 생각이다. 실제로 나의 성장과 발전은 주변인들과의 관계를 정리한 후부터 시작됐다. 매일 시도 때도 없이 핸드폰을 붙잡고 게임을 하거나 의미 없는 문자메시지를 주고받으며 살았다. 또 남의 SNS나 유튜브 영상들을 보며 시간과 인생을 허비했다. 그러니 필연적으로 그러한 환경을 벗어나야만 했다. 아인슈타인은 '어제와 똑같이 살면서 다른 미래를 기대하지 말라'고 말했다. 나는 지금까지와는 다른 행동을 시작했다. 작가의 세미나를 가고 강연을 들으러 갔다. 새로운 사람들을 사귀기 위해 독서 모임에 참여하기도 해보고 전문가를 찾아가 컨설팅과 개인 코칭을 받으며 나의 발전을 위해 끊임없이 배움에 투자하기 시작했다. 내가 접해보지 못했던 세계들을 접해보고 자신의 가치를 높이기 위해 노력하며 안전지대를 계속해서 넓혀나갔다. 그렇게 살다 보니 어느샌가 만나는 사람이 달라지고 나의 수준이 달라지고 인생이 기하급수적으로 변하기 시작했다.

　나는 나와 같은 이 땅의 청춘들에게 '자신의 삶을 살라'고 말해주고 싶다. 상황과 여건이 어려움에 처한 사람들도 있을 것이다. 하지만 그렇다고 해서 평생 그렇게 살 수는 없는 것이 아니겠는가? 우리는 결국 자기 자신을 찾아야만 한다. 앞으로 나의 인생이 어떻게 펼쳐질지 나도 잘 모르겠다. 하지만 분명한 것은 도전은 새로운 변화를 만들고 그 변화는 나를 더 큰 도전으로 이끌어 더 큰 변화를 가져올 거란 것이다. 스티브 잡스는 스탠퍼드 대학 졸업식 연설에서 마지막으로 이렇게 말했다.

"다른 사람의 삶을 대신 사느라 시간을 허비하지 마십시오. 스스로 위대하다고 생각하는 일을 하십시오. 항상 갈망하고 끝없이 (배울 것이 남는) 어리석은 사람으로 살아가십시오."

세상에 의미 없는 일은 아무것도 없다

스티브 잡스는 자신이 걸어온 인생의 여정이 마치 하나의 점을 이어가는 이야기였다고 말한다. 그가 말하는 점이란 '인생의 큰 사건'을 말한다. 사생아로 태어난 스티브 잡스는 가난한 양부모 밑에 입양되어 어렵게 마련한 등록금으로 리드대학에 입학했으나 6개월 만에 자퇴했다. 자신이 창업한 회사인 애플에서 폭군으로 비쳐져 자신이 고용한 CEO와 이사회의 결정으로 쫓겨나기도 했다. 그 후 넥스트&픽사를 창업하여 〈토이스토리〉를 제작하고 3D 애니메이션의 새바람을 일으켜 정식 CEO로 재발탁되기도 했다. 그는 췌장암에 걸리면서도 2011년 죽음 직전까지 제품 개발에 몰두하여 아이폰이라는 새로운 스마트 시대를 열기도 했다. 그는 스탠퍼드대학 연설 중 이런 말을 했다. 태어나자마자 입양이 되어 양부모 아래서 자란 일로 시작하여 애플의 성공이 있기까지 있었던 많은 일들이 마치 자신의 인생에 있어 하나의 '점'과 같았고, 그 점과 점이 이어져 지금의 자신과 애플이 있었다고 말이다. 매 순간 호기심과 직관을 따라 선택한 길이 오늘의 애플이라는 후회 없는 결정을 보게 했다는 것이다. 그는 사람은 미래를 내다보며 점을 이을 순 없으나 과거를 돌이켜봄으로써 점을 이을 수 있다고 이야기했다.

스티브 잡스, 그의 삶은 짧았지만 삶의 매 순간 열정을 다해 살아온 그의 일생은 시대의 롤모델과도 같다. 나는 삶에 대한 정의를 '자기 자신을 찾아가는 과정'이라고 생각한다. 누구도 태어나자마자 완성된 채로 태어난 인간은 없다. 각기 태어난 환경과 생김새, 그리고 성격도 다르지만, 모두에게 공통적으로 주어진 단 하나의 소명이 있다면 그것은 바로 자신을 완성하는 일이다. 대리석을 조각낼 때 그 안에 잠재된 이상적인 모습을 그리듯 우리들도 외부환경에 치이며 살아온 나머지 그동안 잊고 살아오던 우리 내부에 잠재된 진정한 자기 자신을 찾는 것이다. 바로 자아실현을 말한다. 이는 점과 점이 이어져 만들어진 인간 고유의 이상적인 자아이다.

미국의 심리학자 매슬로우는 인간이라고 하는 생물학적 개체가 살아가면서 갖게 되는 다섯 가지 욕구에 대해 말한다. 이를 '매슬로우 욕구단계이론'이라고 부른다. 그의 말에 의하면 인간의 욕구는 강도와 중요성에 따라 5단계로 분류할 수 있다고 한다. 1단계는 생리적 욕구이다. 이는 식욕, 휴식, 잠자리 등 인간의 생명을 유지하기 위한 기본적이고 본능적인 욕구를 의미한다. 2단계는 안전 욕구이다. 인간은 생존을 위해 음식을 섭취하지만 단순히 음식을 섭취한다고 해서 안전이 보장되는 것은 아니다. 우리는 주변 환경의 끊임없는 위협 가운데 살고 있기 때문이다. 바로 자신의 생명, 건강, 육체적 안전을 지키고자 하는 욕구이다. 3단계는 사회적 욕구이다. 생존과 안전이 보장된 상태인 인간은 집단적 활동, 인간관계를 통해 자신의 존재 의의를 확인하는 사회적 욕구를 갖게 된다. 사회 속 유대감을 통하여 또 다른 만족감을 얻는 것이다. 예로 친분, 우정, 애정, 소속감 등에 대한 관심으로 나타난다. 4단계는 자기존중의 욕구이다. 이는 소속 단체의 구성원으로서 명예나 권력을 누리려는 욕구이다. 인간은 사회적 유대감을 통해서도 만족을 느끼지만, 이왕이면 지위, 신분이 상승하여 더 많은 관심을 받기 위해 사회적으로 더 높은 지위에 오르고자 한다. 마지막 5단계는 바로 자아실현의 욕구이다. 자신의 재능과 잠재력을 충분히 발휘하여 자기가 이룰 수 있는 모든 것을 성취하려는 가장 수준 높은 수준의 욕구이다. 바로 목표 성취, 자기계발 등이다. 이는 앞서 4가지 욕구를 포함하는 정신적인 만족에 해당한다. 이 5단계의 욕구를 모두 충족하는 사람은 진정한 자아실현을 통해 충만한 만족감을 느끼며 인생을 살아간다.

나는 한때 1단계인 생리적 욕구에만 충족한 삶을 살았었다. 그저 먹고 싸고 마시며 단순히 생명을 유지하기 위한 최소한의 활동만을 하며 살아갔다. 속된 말로 짐승만도 못한 삶이었던 것이다. 인간으로 태어나 짐승만도 못한 삶을 살아가는 게 얼마나 비참한 것인지 겪어보지 않은 사람은 모른다. 살아도 사는 게 아닌 것이다. 그래서 늘 더 나은 단계의 욕구에 대한 결핍과 갈망이 있었던 것 같다. 하루하루가 불평불만인 삶이었다. 세상에 나같이 폐인처럼 살아가는 사람들이 또 있을까 싶을 정도로 자존감은 바닥이었으며 자신을 못마땅하게 여겼다. 다른 사람들을 보자니 다들 행복해 보이고 적어도 친구들과 여행도 다니며 평범하게라도 살아가고 있었는데 왜 나만 이렇게 살아가는 건지 싶어 매번 우울해지곤 했다. 하지만 지금 생각해보면 그때의 경험이 있었기에 지금의 내가 있을 수 있게 되었다고 생각한다. 나는 진심으로 지난날 과거에 감사하고 있다. 중요한 건 과거로부터 무엇을 배웠느냐는 것이다.

내가 그 시절 얻을 수 있었던 가장 큰 교훈은 바로 '자신의 인생은 자신이 책임져야 한다'는 것이었다. 매일 집에만 틀어박혀서 살던 내게 가장 큰 적은 부모님이었다. 부모님과는 하루하루가 전쟁의 연속이었다. "제발 공부 좀 해라, 나가서 일 좀 해라."라고 말씀하시는 부모님께 내가 할 수 있는 최대의 반항은 '나한테 또 잔소리하면 평생 이렇게 살 거야.'였다.

문제는 그 말이 곧 내 인생의 주인은 부모님이라는 것과 다르지 않다는 것이었다. 만일 자신의 인생을 사랑하는 사람이라면 절대 자신을 학대하는 일은 하지 않았을 것이다. 자신의 인생이 아닌 타인의 인생의 일부라고 생각하니 그렇게 함부로 자신을 학대할 수 있는 것이다. 내 인생의 주도권을 타인에게 빼앗겼다는 것. 그것만큼 억울하고 분노해야 할 일이 또 있을까? 만약 누군가 내 팔과 다리 중에 한쪽을 가져간다면 온전히 생활하지 못하기 때문에 다시금 되찾으려 안간힘을 쓸 것이다. 더군다나 몸도 아닌 자신의 영혼을 빼앗긴 사람이 이러한 사실에 분노하지 않을 수가 있을까? 이는 바보나 다름이 없다.

우리는 착한 사람이 아닌 강한 사람이 되어야 한다. 당한 만큼 되갚으라는 말이 아닌 자신의 인생은 스스로가 지킬 수 있어야 한다는 말이다. 누군가 사랑과 걱정이라는 핑계로 내 인생을 조종하려 든다면 그것을 단호하게 뿌리칠 수 있어야 한다. 그것이 설령 부모님이라도 말이다. 자신의 인생조차 제대로 지키지 못하면서 앞으로 살아갈 험난한 세상에 자신의 가족을 제대로 지킬 수나 있을까?

나는 온전히 자신의 삶을 살아가지 못하고 있었다. 그때 내게 가장 필요했던 말은 "너가 하는 일 모두 잘될 거야. 응원할게."라는 말이었다. 내 인생의 권한을 다른 사람에게 맡겨버리니 오히려 반항심과 거부감만 커질 뿐 정작 내 삶을 살지 못해 망가져가기만 했던 것이다. 어쨌든 그에 대한 책임과 대가도 결국 자신이 져야만 하는 것이었다. '내 인생이 이런 것은 다 엄마 때문이야!'라고 말해도 결국 모든 대가는 자신이 치러야만 한 것이다. 그러니 무엇보다 자신이 직접 인생의 주도권을 잡고 살아가는 것이 중요하다. 또 그것만이 욕구단계 5단계인 자아실현에 이를 수 있는 길이기도 하다.

인생에 의미 없는 순간은 한순간도 없다. 내가 이러한 과거에 감사함을 느끼는 이유는 그때 경험을 통해 내 인생의 소중함을 몸소 깨달았기 때문이다. 실패한 인생에서도 분명 배움의 요소가 존재하고 그것은 훗날 더 나은 인생을 만들어줄 성공의 씨앗이 되어준다. 그런 의미에서 나는 인생이란 극복해나가는 데에서 비로소 의미가 있다고 생각한다. 아무런 실패와 아픔 없이 온실 속의 화초처럼 자란 사람은 앞으로 삶에 약간의 시련만 닥쳐와도 쉽게 무너져내리기 쉽다. 오히려 일찍이 많은 실패를 겪은 사람일수록 감사해야 한다. 그 과정에서 더 단단한 나로 만들어지기 때문이다. 중요한 건 실패하지 않는 게 아닌 넘어져도 다시 일어서는 것이다.

내가 만약 과거에 좌절하고 자신을 실패자로 규정지었다면 지금의 나 또한 없었을 것이다. 진정 강한 사람은 실패하지 않는 사람이 아니라 실패해도 다시 일어서는 사람이다. 시련과 고난을 극복하고 묵묵히 앞으로 나아가는 기개를 가진다면, 앞으로의 인생에 어떠한 어려움이 있더라도 꿋꿋이 뚫고 나아갈 수 있을 것이다.

살아온 인생이 어떻든 간에 점과 점이 연결될 것이란 믿음을 가지고 오늘 하루를 최선을 다해 살아가는 것이다. 그러한 과정을 겪으며 진정한 자기 자신을 찾게 될 것이다.

어제와 똑같은 내가 싫어서 나를 바꾸기 시작했습니다

06

어제와 같은 삶을 살면서 다른 삶을 기대하지 마라

나는 항상 미래의 멋진 모습이 된 나를 꿈꾸며 하루하루를 살아간다. 나에게는 인생에서 꼭 도달해야 할 명확한 목적지가 있기 때문이다. 그래서 늘 발전적인 삶을 살아가고자 스스로 노력하고 있다. 어떠한 문제에 직면하거나 지체하게 될 때는 절대로 쉽게 좌절하거나 포기하지 않는다. 어떻게든 돌파구를 찾고자 이것저것 시도하며 방법을 찾는다. 그러다 보면 어느새 해결책이 나오게 되고 다음 단계의 나로 성장해 있다. 인생은 끊임없는 문제의 연속이기도 하지만 하나씩 문제를 해결할수록 내 인생도 점차 발전하게 된다.

사람의 인생은 문제를 직면했을 때 받아들이는 태도에 따라 달라진다고 생각한다. SBS〈골목식당〉프로그램을 보면 정말 다양한 유형의 식당들이 등장한다. 백종원 대표에게 직접 솔루션을 받아 이전보다 더욱 흥하는 가게가 있는 반면, 이상하리만큼 크게 망하는 가게들도 있다. 왜 이런 차이가 발생하는 것일까? 백종원 대표가 사람을 가려가며 솔루션을 해준 탓일까? 내가 볼 때 그의 인생에 절대 대충이란 법은 없다. 자신이 할 수 있는 최선을 다해 모든 내공과 노하우들을 열정적으로 쏟아낸다. 그럼 백종원 대표의 실력이 부족한 것일까? 그는 대한민국이 인정하는 요식업계 최고의 전문가이다. 문제는 바로 조언을 받아들이는 태도에 있다.

대개 솔루션에 신청한 가게들은 지금보다 더욱 흥하고 싶은 마음에 방송의 리스크를 감안하고 출연을 결심한 것이다. 모든 가게는 하나의 공통된 목적을 가지고 있지만, 결과는 성공과 실패로 나뉘게 된다. 방송에 나간 뒤 잘되는 식당들을 보면 한결같이 공통점이 있다. 바로 백종원 대표가 하라는 대로 묻지도 따지지도 않고 신뢰하며 실천한다는 것이다. 반면 그 외 식당들은 어떠할까? 다른 가게의 사장님들은 백종원 대표가 하는 말은 듣지 않고 본인의 방식만을 고집한다. 그저 더 나은 레시피만 요구할 뿐, 다른 조언은 필요 없다는 것이다. 고심 끝에 잠시 듣는 척하다가도 얼마 가지 않아 예전 본인의 방식으로 다시 돌아간다. 이런 것들을 보자면 한 가지 느끼는 바가 있다. 배우는 것보다 중요한 것은 바로 비우는 것이란 것이다. 아무리 아낌없는 조언을 해줘도 본인의 옛 방식들을 버리지 못한다면 아무런 소용이 없는 것이다. 모든 문제의 원인은 바로 자신에게 있는 것이었다.

인생이 달라지기 위해선 무엇보다 행동이 바뀌어야 한다. 왜냐면 인생이란 우리가 지금껏 해온 행동의 결과물이기 때문이다. 하지만 그 전에 반드시 선행되어야 할 것은 지금까지의 방식들을 모두 내려놓아야 한다는 것이다. 항아리에 물이 가득 차 있다면 아무리 새로운 것을 넣어도 소용없을 것이다. 오히려 기괴하게 섞이기만 할 뿐이다. 방송에 출연한 모든 가게들이 솔루션에 힘입어 더욱 잘 되고자 하는 목적은 동일했지만, 문제에 직면했을 때 받아들이는 방식에 따라 그 결과가 천차만별로 달라지게 된 것이다.

지금은 정보가 넘쳐나는 정보의 홍수시대이다. 누구나 인터넷을 통해 검색만 하면 쉽게 정보를 알 수 있는 시대가 된 것이다. 그래서일까. 우리는 어느 순간부터 아는 게 너무 많아지게 됐다. 자신이 아는 게 많다고 느끼기에 달리 배움의 필요성을 느끼지 못하는 것이다. 하지만 사람은 자신이 다 안다고 생각하는 순간부터 서서히 무너지기 시작한다. 배울 필요성을 느끼지 못해 성장의 문이 닫히고 마는 것이다. 그러니 우리는 이제 반대로 해야 한다. 많은 사람들이 더 많이 채우고자 노력할 때, 우리는 채우는 게 아닌 비우는 연습을 해야 한다. 만약 인생에 발전이 없고 답답한 상황이라면 자신의 생각을 쓰레기라 여기고 비울 줄 아는 용기가 필요하다. 그리고 나보다 더 나은 사람의 조언을 온전히 받아들이고 수용해야만 한다. 가장 빨리 성장하는 사람은 가장 잘 비우는 사람이다.

우리에겐 '다 알고 있다'가 아닌 '다 배우겠다'는 사고방식이 필요하다. 이러한 사고방식을 가진 사람은 하루하루 나날이 발전할 수밖에 없다. 발 밑으로 지나가는 개미를 보고도 배울 점을 찾는다. 그 결과 나날이 급성장하게 된다. 자신의 마음속에 교만이 가득 찬 사람은 책을 읽던 누군가의 강의를 듣던 간에 절대로 삶이 변하지 않을 것이다. 내가 아는 것이 정말 아는 것인지 모르는 것인지 확인하는 방법은 의외로 간단하다. 아는 대로 살고 있으면 아는 것이고 아는 대로 살고 있지 않다면 모르는 것이다. 사실은 자신이 다 안다고 생각하는 사람이야말로 정말로 배움이 시급한 사람인 것이다.

남의 도움이 필요 없다고 하는 사람 또한 마찬가지이다. 이 세상에 혼자의 힘으로 잘 된 사람은 아무도 없다. 만약 본인의 힘으로만 모든 것을 해결하려고 한다면 결국 시간이 지나 지쳐서 나가떨어지고 말 것이다. 사람은 완전한 존재가 아니다. 그래서 때론 지치고 힘겨울 때가 있다. 그럴 때 나를 일으켜주고 손 내밀어 줄 누군가가 꼭 필요하다. '사람 인(人)'

자의 유래를 보면 혼자서는 일어설 수 없기에 사람과 사람이 서로 지탱을 해준다 하여 만들어진 모양이라고 한다. 사람은 본래 서로 도우며 살아야 하는 존재인 것이다. 둘 이상이 합심할 때 비로소 온전한 인간이 탄생한다. 우린 항상 부모님께 항상 감사해야 한다. 부모님은 힘든 순간이든 슬픈 순간이든 행복한 순간이든 가리지 않고 늘 변함없이 우리를 사랑해주시기 때문이다.

인생은 사소한 관점의 차이로도 완전히 뒤바뀔 만큼 간단하기도 하지만, 그 사소한 차이를 깨닫지 못해 대다수의 사람들이 평생 변함없는 인생을 살아가기도 한다. 사실 변화가 없다는 말은 지고 있다는 말과 다르지 않다. 만약 내게 사소한 관점의 변화를 주게 된 사람을 만난다면 진심으로 그에게 감사해야 한다. 그런 사람은 인생에서 은인인 것이다. 예를 들어 매번 약속을 지키지 못하고 지각하는 사람이 있다고 치자. 이는 단순히 시간약속을 지키지 못한 것으로 보일 수 있지만, 사실은 자신과의 싸움에서 지고 있는 것이다. 진정 프로는 큰 것보다 오히려 작은 것들을 세심하게 관리하기 때문이다. 둑이 무너지는 게 작은 구멍으로부터 시작되고 사람이 길을 가다가 넘어지는 게 큰 바위가 아닌 작은 돌멩이 때문이듯, 사람들이 '별것 아니야.'라고 무시하는 것들이 사실은 '별것'일 때가 많다. 만약 자신의 인생이 지고 있다고 생각하는 사람일수록 오히려 작은 것에 세심히 관심을 더 기울여야 할 것이다. 우리는 인생에 일어나는 작은 변화들을 결코 간과해서는 안 된다.

　나는 사람이 단순히 나이를 먹는다고 해서 성장하는 게 아니란 것을 알았다. 배우는 것만큼이나 중요한 것이 비우는 것이라는 것을 알았다. 한때 내가 모든 것을 다 알고 있다는 착각 속에 빠져 지냈던 적이 있었다. 겸손하지 못해 다 아는 것처럼 잘난 체하며 살았고 남의 도움 따위는 필요 없다며 애써 나약함을 감추려 했다. 그 결과 얼마 가지 못해 절망을 맛봐야만 했다. 그 순간부터 나는 겸손한 자세로 배움을 찾아다니기 시작했다. 스스로 나약함을 인정하고 진정으로 배움에 돈을 투자하며 나를 가꾸어가기 시작했다. 그랬더니 나의 가치가 높아지고 수준이 높아졌으며 만나는 사람들이 달라지게 됐다. 몇십 년 동안 제자리걸음으로 돌던 삶이 짧은 기간에 기하급수적으로 변화하기 시작한 것이었다. 인생이 점점 잘 풀리기 시작하고 좋아질 수가 있었다. 나는 삶에 대한 기본적인 태도가 얼마나 중요한 지 몸소 배울 수 있었다.

　우리는 항상 배워야 한다. 그 마음가짐만으로도 모든 것이 달라진다. 동네 조기축구에서 프로 축구로, 동네 구멍가게에서 대형 프랜차이즈로 말이다. 항상 다 배우겠다는 마음가짐을 가지고 살아가야 한다. 배움에 투자하는 것은 가장 빠르게 아니 유일하게 당신의 쳇바퀴 같은 인생을 바꾸어 줄 단 하나의 통로이다.

07

내가 달라졌듯이 당신도 달라질 수 있다

사람은 누구나 자신만의 세계에 살고 있다. 몇십 년 동안 살면서 보고 듣고 겪어오며 알게 된 자신만의 세계 말이다. 하지만 사람들은 흔히 자신이 아는 세계가 전부인 듯 살아간다. 내가 깨달은 한 가지 확실한 사실은 자신이 알지 못하는 더 큰 세계가 늘 존재한다는 것이다.

나의 경우 첫 번째로 알게 된 새로운 세계는 바로 책이었다. 책을 읽기 전까지 나는 인생에 있어 유일하게 학교 공부만이 유일한 통로이자 해답이라고만 생각했다. 하지만 책을 읽을수록 깨닫게 된 것은 내가 살고 있는 세계가 우물 안 개구리였다는 사실이다. 책은 나의 극히 제한적인 사고 지경을 빠르게 넓혀주었다. 인생은 한 가지 길이 아닌 여러 갈래 길이 있다는 것을 보여주었다. 그때가 나의 첫 번째 터닝포인트였다. 지금까지의 사고방식이 산산이 깨부숴진 순간이었다. 두 번째 세계는 바로 만남을 통해 더욱 구체화 되었다. 책을 읽는 것과 실제로 책에 나온 사람들을 만나는 것은 매우 큰 차이가 있었다.

　　나는 운 좋게도 그런 사람을 실제로 만날 기회를 얻을 수 있었다. 그는 이미 내가 원하는 모든 것을 가진 사람이었다. 그것도 30세가 채 안 되는 나이에 말이다. 한창 여자친구를 만나고 싶어 연애 상담을 요청했던 찰나에 그와 만남을 가질 수 있었다. 내가 그런 사람을 만날 수 있는 방법은 돈을 투자해서만이 가능했다. 그와 나눈 대화는 한 시간 정도로 짧았지만 그때 만남은 가히 충격이었다. 똑같은 세상에 살면서도 그가 사는 세계와 내가 사는 세계가 너무도 거대한 차이가 있었기 때문이다. 그는 직장인이면서도 근로소득 외에 따로 사업을 통해 소득을 얻고 있었고 또 투자소득도 얻고 있었다. 그 금액은 상상도 할 수 없을 만큼 컸다. 그가 손목에 차고 있는 시계와 옷, 타고 온 스포츠카만 봐도 그가 평소 어떤 생활을 하고 있는지 잘 알 수 있었다. 처음에 나는 당연히 그가 금수저일 것이라 생각했지만 그는 금수저도 아니었을뿐더러 오히려 흙수저였다. 맞다. 그는 바로 자수성가형 부자였던 것이다. 지금까지 책에서만 보던 사람을 실제로 만난 것은 그때가 처음이었다. 그가 만나는 사람들은 모두 사업가들이었고 여자들 또한 남달랐다. 모두가 SNS 메인에 등장하는 배우와 모델들뿐이었다. 또한 그에게선 말하는 한 마디 한 마디가 모두 여유가 흘러넘쳤다. 그때 만남은 아직까지도 내게 강렬한 기억으로 남아 있다.

그와의 만남에서 느끼게 된 것은 크게 2가지였다. 첫 번째는 나 같은 모태솔로도 연애에 성공할 수 있다는 것이었다. 두 번째는 아무리 가난한 사람이라도 배우고 노력하면 누구나 부자가 될 수 있다는 것이었다. 그와의 만남을 통해 더욱 자신감을 얻을 수 있었다. 그가 마지막으로 내게 해준 말은 이것이었다.

"도훈 씨는 이미 여러 가능성을 많이 갖고 계시네요. 이렇게 저를 찾아온 것도 그렇고 대화를 통해 많은 것을 느낄 수 있었어요. 어떤 면에선 도훈 씨가 부러워요. 제가 그 나이 때는 전혀 도훈 씨 같이 생각해본 적이 없었거든요. 분명 저보다도 훨씬 더 크게 되실 거예요."

나는 아직까지도 그가 나에게 해준 말을 기억하고 감사하게 생각하고 있다.

세상에는 나만 모르는 세계가 있다. 내가 미처 겪어보지 못한 더 큰 세계들이 있다. 하지만 보통 사람들은 자신의 영역과 한계를 벗어나지 못한 채 살아간다. 하지만 분명한 것은 그러한 세계가 엄연히 존재한다는 것이고 그 세계에 편승하게 되면 내 인생도 좀 더 나아진다는 것이다. 그 핵심은 바로 배움이었다. 배움을 통해 나의 가치와 수준을 높이고 자연스럽게 그 세계에 편입해야 하는 것이었다. 그것을 알고부터 나의 삶은 빠르게 달라질 수 있었다.

이 책을 읽는 사람들은 모두 어제보다 더 나은 인생을 꿈꾸며 이 책을 읽고 있을 것이다. 그러기 위해 가장 먼저 선행해야 할 것은 자기 자신에 대한 투자를 아끼지 말아야 한다는 것이다. 보통 사람들은 돈을 아끼기 위해 시간을 낭비하지만 나는 그렇지 않다고 생각한다. 우리에게 있어 시간만큼이나 중요한 것은 없고 젊음이라는 소중한 자산을 잃지 않기 위해 돈을 투자할 수 있어야 한다. 젊을수록 인생을 즐기고 앞으로의 인생도 그렇게 살아야 한다. 그러니 반드시 배움에 돈을 투자할 수 있어야 한다.

나는 인생이 달라지기 위해 정말 많은 노력을 했다. 그 간절함으로 나는 성형수술을 했고 개명을 했고 책을 읽고 다이어트를 하는 등 많은 노력을 쏟았다. 그것은 아직도 현재진행형이며 이렇게 작가가 된 이 순간도 더 나은 꿈을 이루기 위해 하루하루 모든 에너지를 쏟아부으며 살아가고 있다.

젊을수록 꿈과 목표를 잃지 말고 그것을 이루기 위해 아낌없이 투자를 해야 한다. 그것만이 진정 인생의 의미가 있는 것이다. 꿈과 목표는 인생의 방향과도 같다. 방향을 잃은 인간은 그저 목적 없이 방황하며 떠돌다가 생을 마감할 것이다. 그런 인생은 아무런 의미도 발견할 수 없다.

꿈과 목표를 이루는 데 필요한 방법을 말해주고 싶다. 그것은 바로 시간 활용을 잘해야 한다는 것이다. 벤자민 프랭클린은 이렇게 말했다.

"인생을 사랑한다면 시간을 낭비하지 말라. 왜냐하면 인생이란 시간 그 자체이기 때문이다."

시간은 금이라는 말이 있다. 하지만 시간은 금보다 더 소중하다. 시간은 인생 그 자체이다. 우리는 돈이 아닌 시간을 중요시하는 습관을 가져야 한다.

첫째, 아침 일찍 일어나는 습관을 가져야 한다. 성공한 사람 중 늦잠을 자는 사람은 아무도 없다. 아침은 하루의 방향키와 같다. 아침을 어떻게 시작하느냐가 하루의 질을 결정하는 중요한 부분이다. 일찍 일어나는 건 오늘도 성공적이고 보람찬 하루를 보내겠다는 자신에 대한 예의이자 태도이다.

둘째, 빠른 속도로 일 처리를 해야 한다. 똑같은 일을 하더라도 한 사람은 남들에 비해 두세 배 빨리 성과를 내는 반면 다른 사람은 두세 배나 느리게 성과를 내는 사람이 있다. 그러니 일 처리의 속도를 높이고 시간을 절약해야 한다. 그런 사람일수록 남들보다 더 많은 성과를 낼 수 있다. 이는 남들보다 두세 배나 더 많은 인생을 산 것이나 다름이 없는 것이다.

셋째, 타인의 시간을 사야 한다. 바로 배움에 돈을 투자해야 한다는 말이다. 타인이 평생에 걸려 이뤄온 삶의 성과를 우리는 이리저리 헤매지 않고 돈으로 살 수 있다. 물론 그 가격은 그에 비례하여 싸지만은 않을 것이다. 하지만 이것은 단순히 방법론을 얻는 것이 아닌 한 사람의 평생의 경험과 인생을 사는 것과도 같다. 그렇게 얻은 지혜는 절대 어디 가지 않고 나에게 남기 마련이다. 타인의 인생을 산다는 것은 그만큼 남들보다 더 많은 시간을 더 산 것과도 같다. 어리석은 사람들은 돈 때문에 시간을 낭비한다. 예를 들면 똑같은 상품이라도 최저가 상품을 찾아내기 위해 이리저리 사이트를 뒤져가며 1시간씩 시간을 날리는 사람들도 있다. 하지만 진정 현명한 사람은 돈보다 시간을 더 중요시한다. 시간을 아끼기 위해 돈을 투자하는 것이다. 그래서 돈을 생각하지 않고 가치가 있다면 큰돈도 투자한다. 우리는 먼길을 돌아갈 필요가 없다. 돈보다 시간을 아끼는 사고방식이 몇 년의 시간을 줄이고 최단기간에 자신을 정상의 길로 인도해주는 것이다.

물방울이 합하여 대양을 이루고 한 줌의 흙이 모여 태산을 이루듯 무엇보다도 오늘 나의 한 걸음이 중요하다. 꿈과 목표를 가진 사람을 막을 수 있는 것은 아무것도 없다. 나는 꿈과 목표를 가진 것만으로도 인생이 이렇게 변화할 수 있었다. 단언컨대 누구든지 마음먹기에 따라 현재의 자신을 뛰어넘어 원하는 존재가 될 수 있다. 그러니 자신감을 가지고 지금부터 한 걸음씩 발걸음을 옮기는 것이다. 꿈을 잃지 않고 꾸준히 행동하다 보면 누구나 반드시 결실을 얻게 될 것이다. 나이는 중요하지 않다. 다른 것들은 모두가 핑계일 뿐이다. 인간으로 태어나 꿈을 향해 달려가는 것만큼 가치 있는 것은 없다.

에필로그

나는 아무것도 아닌 사람이었다. 가진 것 하나 없고 평범 그 이하의 삶을 살아가던 사람이었다. 하지만 내가 유일하게 가진 것이 하나 있었다면 남들은 감히 상상도 못할 만큼 큰 꿈이 있었다는 것이다. 급박한 세상의 소용돌이에 휘둘려 많은 사람들이 잊어버린 가장 소중하고도 귀한 것 말이다. 영혼 없는 육체가 빈껍데기이듯, 꿈이 없는 인생은 살아도 사는 것이 아니다.

마크 트웨인은 이렇게 말했다.

"지금으로부터 20년 후에, 당신은 당신이 한 일보다 하지 않았던 일들을 더욱 후회할 것이다. 그러니 뱃머리를 묶고 있는 밧줄을 풀어 던져라. 안전한 항구로부터 벗어나 항해를 떠나라. 당신의 항해에 무역풍을 타라. 탐험하라. 꿈꾸라. 발견하라."

할 수 있었는데 그것을 뒤늦게 깨닫는 것만큼이나 슬픈 사실이 없을 것이다. 나를 바꾸기 위해 시작한 노력이 새로운 도전을 만들고 그 도전은 나를 더 큰 도전으로 이끌어, 나를 더 큰 사람으로 만들어줬다. 그 핵심은 바로 '큰 꿈을 꾸고 도전하라'는 말로 귀결된다. 나는 이 방법을 통해 내 운명을 바꿀 수 있었다. 꿈을 크게 가지니 그에 맞는 현실이 내 삶에 하나씩 창조되기 시작한 것이다. 나중에 알고 보니 이 방법은 인간의 잠재능력을 무한하게 이끌어내는 성공학의 핵심이었던 것이다.

사람은 자신이 꿈꾸는 인생을 살아갈 때라야 진정으로 빛나고 가치 있는 삶을 살아간다. 꿈을 갖는 것은 돈이 많고 적은 것과는 아무런 상관이 없다. 또한 나이와도 아무런 상관이 없다. 만약 팍팍한 현실이 못마땅하다면 팍팍한 현실을 탓할 게 아닌 꿈이 없는 자신의 모습을 탓해야 한다. 나는 진심으로 내 인생이 즐겁다. 앞으로 살아갈 날들을 생각하면 두근거리기만 하다. 나에게는 이뤄야 할 꿈이 100개나 더 있기 때문이다. 그리고 그것들이 곧 이루어질 것 또한 알고 있다. 매년 종이에 적은 꿈들이 하나씩 이뤄지는 것을 볼 때마다 얼마나 마음이 행복한지 모른다. 나는 모두가 이러한 경험을 꼭 해봤으면 하는 바람에서 이 책을 쓰게 되었다. 꿈에 도전하는 과정에서 발생하는 실패를 결코 두려워하지 말라. 꿈을 향한 노력은 실패를 통해 더욱 빛이 나는 법이니까. 이것들은 비단 나의 이야기만이 아니다. 이제 당신의 차례이다. 당신은 분명 나보다도 더 큰 존재가 될 것이다. 이 책을 끝까지 읽었다는 것이 바로 그 증거이다. 당신은 정말 귀하고 가치 있는 사람이다.

마지막으로 나폴레온 힐의 말로 이 책을 마무리하고자 한다.

"만약 그대가 파멸한다고 생각한다면 그대는 파멸하고 만다. 이기고자 할 때도 이길 수 없다고 생각하면 승리는 그대에게 미소 짓지 않는다. 될 대로 되라는 식으로 생활한다면 그대는 실패한다. 성공은 세상 도처에 널려 있다. 성공은 인간의 의지에서 비롯된다. 모든 인간의 정신 상태에서 결정된다. 만약 그대가 낙오자가 될까 우려한다면 낙오자가 될 것이다. 당신이 높은 지위에 오르기를 원한다면 반드시 된다는 신념을 품어라. 기회가 언제나 힘이 강하고 재빠른 사람에게만 찾아오는 것은 아니다. 성공은 '나는 할 수 있다'고 생각한 사람에게 온다."